Lapidu
Die Geschichte einer Reise

Klaus Voswinckel

Lapidu

*Die Geschichte
einer Reise*

Verlag Sauerländer
Aarau · Frankfurt am Main · Salzburg

Klaus Voswinckel
Lapidu. Die Geschichte einer Reise

neue texte bei sauerländer
Umschlag von Rolf Krättli

Copyright Text, Illustrationen und Ausstattung
© 1979 by Sauerländer, Aarau/Switzerland and Frankfurt am Main/Germany
Herstellung: Sauerländer AG, Aarau
Printed in Switzerland

ISBN 3-4971-1826-X
Bestellnummer 09 01826

CIP-Kurztitelaufnahme der Deutschen Bibliothek

Voswinckel, Klaus:
Lapidu: d. Geschichte e. Reise / Klaus Voswinckel. –
Aarau, Frankfurt am Main, Salzburg: Sauerländer, 1979.
(Neue Texte bei Sauerländer)
ISBN 3-7941-1826-X

19. Juni

Morgen abend gehts los – Viviane hat schon ihren Koffer gepackt, die
Batterien sind aufgeladen und durchgetestet, ich habe noch mal die
Kabel überprüft, alles bestens. Jetzt heißt es nur noch die letzten Stunden
überstehen, und dann: ab nach Süden, über die Berge und immer nur
den Träumen nach... Drückt uns die Daumen, Freunde. Wir werden
den Abend aus den Angeln heben.

Ich schreibe im Zug. Was mit mir werden soll, ist mir im Augenblick ziemlich unklar. Ich weiß nur, daß ich heil über die Grenze gekommen bin und keinen Pfennig mehr in der Tasche habe. Verschiedene Dinge sind etwas schiefgelaufen, scheint es. Nicht, daß ich irgendwie zu klagen hätte – aber hier draußen, wenn man aus dem Fenster sieht und sich hinauslehnt in den Fahrtwind, brennen überall Johannisfeuer. Das ganze Brennertal ist voll davon, alle paar Kilometer ziehen wieder neue vorbei, auf jedem Gipfel da, was heißt das? Bin ich nun eigentlich abgebrannt, durchgebrannt oder was bin ich? Nein, Viviane ist nicht bei mir. Sie sitzt irgendwo im Auto weiter südlich und fährt in Richtung B. (Bologna, Bari, ich habe keine Ahnung, wo ich sie wieder treffen werde, vielleicht ja überhaupt nicht, es gibt auf dieser Strecke ziemlich verwirrend viele Orte, die mit B. anfangen, und ob sie mich vom Zug abholt, in B., ob sie es schafft, noch vor mir da zu sein, und ob sie überhaupt das für uns lebensnotwendige Geld bei sich hat, jetzt, wo eine Rückkehr für uns beide völlig ausgeschlossen ist, ist mehr und mehr fraglich).

Viertel nach Zwei. Aus dem Nebenabteil dringt Musik zu mir herüber. «Addio amore» von Modugno. Jemand hat sein Transistorradio angedreht und singt sogar mit von Zeit zu Zeit. Sonst sind kaum Leute im Zug. In Klausen, gegen Mitternacht, stieg einmal ein braunhaariger Jesuitenpater zu, der mir gegenüber sofort in Tiefschlaf verfiel und pünktlich in Trient wieder aufwachte, um grußlos aus dem Abteil zu wanken. Seither hat der Zug nicht mehr gehalten. Er ist nur von Zeit zu Zeit durch kleinere Dörfer gefahren, in denen aber alles wie ausgestorben war. Nichts, keine Menschen ... Bald müßte es eigentlich wieder hell werden. Jedenfalls fände ich ganz angenehm, wenn endlich der Morgen wieder anbräche – die dauernden Feuer da machen müde, ich meine: wenn man so zum Bahnhof gerannt ist wie ich und dann noch von zwei Polizisten verfolgt wurde, wenn man nicht einmal die Zeit hatte, seine Unschuld zu beweisen, sondern hinter dem eben aus der Halle fahrenden Zug her hetzen mußte, dann hat man wohl das Recht, etwas erschöpft zu sein ... Jetzt wenigstens schnell nachholen, was passiert ist. Ruhig und der Reihe nach. Wie alles losging.

Gestern abend, in der Augustenstraße.

Kurz vor sechs muß das gewesen sein. Ich stand um diese Zeit noch an der Tankstelle, der Verkehr hatte schon nachgelassen. Am Himmel zogen ein paar diffuse Wolken auf. Föhn. Ich hatte gerade die beiden Tanksäulen abgeschlossen und wollte zur Kasse hinübergehen (um mich zu verabschieden, um mir mein Geld abzuholen), da plötzlich krachte es im Verlagshaus gegenüber. Ein unheimlicher Knall. Ehe ich noch begriffen hatte, was passiert war, rannten mehrere Angestellte aus dem Verlag hervor und sahen zum Fenster im zweiten Stock hoch, aus dem ein grünlich-schwarzer Qualm kam. Qualm, Rauch, nach einer Weile auch Rußfetzen, die mit glühenden Papierbögen über dem Haus aufstiegen und sich dann hinter den Dächern langsam verloren. Mir wurde mehr und mehr klar, daß es sich um das Zimmer des Verlagsleiters handeln mußte. Denn etwas später, als die erste Feuerwehr in unsere Straße einbog, kam aus der entgegengesetzten Richtung ein Krankenwagen gefahren, gefolgt von mehreren Polizeiautos – alle mit Blaulicht und Sirenen. Eine ältere Frau, die gerade aus dem gegenüberliegenden Laden getreten war, lief beim Anblick der bremsenden Wagen sofort wieder ins Innere des Geschäfts zurück, wie um in Deckung zu gehen oder mit der Sache nichts zu tun zu haben. Andere liefen in die Hauseingänge oder suchten sich erst mal einen sicheren Standort auf dem Bürgersteig, von wo sie (genauso wie ich) in genügendem Abstand alles wie eine Filmhandlung betrachten konnten. Denn was dort jetzt ablief, war nicht real. Es war eher wie ein übergroßer Ausschnitt aus einem Actionfilm – das Feuer wie ein Feuer, die Polizisten wie in einer Szene mit Polizisten.

Die ersten Gerüchte, die umgingen: im zweiten Stock sei eine Bombe explodiert und man vermute, daß auch das Archiv im ersten Stock hinter den Büroräumen in Flammen stünde. Eine seltsame Stimmung, ja im Grunde eine kaum noch zurückgehaltene Erwartung (daß alles herunterbrannte) griff unter den Leuten bald mehr und mehr um sich. «Paß auf», sagte einer neben mir, «jetzt bricht das gleich alles in sich zusammen und ist dann ein Trümmerhaufen.» Plötzlich merkte ich, daß mir das Blut bis in den Hals schlug. Hinten kam Viviane aus dem Verlag. Sie hatte einen schwarzen Aktenkoffer unterm Arm. Ich winkte ihr zu. Daß ihr nichts passiert war, hatte ich im Grunde niemals angezweifelt. Aber mich verwirrte, daß sie jetzt, ohne mir zurückzuwinken, sofort zum Buick herüberlief (ich hatte ihn wie verabredet vor der Werkstatt abgestellt) und nicht erst zu mir kam. Vielleicht erkannte sie mich nicht gleich unter den Leuten. Oder sie dachte, ich sei schon nach Hause gegangen, weil, ja gut, weil ich ein bißchen vom Wagen weggegangen war. Denn ehe ich noch hinlaufen konnte, sprang sie jetzt in den Buick, warf noch im Einsteigen ihren Koffer hinten auf den Rücksitz und startete mit Vollgas in Richtung Schellingstraße, so als ginge es ihr um Sekunden. Gerade als sie um die Ecke gebogen war, kamen dann mehrere Polizisten aus dem Haus und gaben über Megaphon bekannt, jede Person mit schwarzem Lederkoffer sei sofort festzuhalten.

Schnell, etwas tun, irgendwas. Sicher würde gleich ein Zeuge auftreten und von dem wild um die Ecke biegenden Wagen erzählen. Wie ich jetzt dastand und überlegte, was ich machen sollte. Die hergekramten Wörter, die ich mir zurechtlegte, mit denen ich (mich dauernd beruhigend) durch die Leute ging und die ich dann vor einem Polizisten wiederholte: «Grüß Gott, ich habe da eben einen Mann gesehen, in dunkler Flanelljacke, der hatte einen schwarzen Lederkoffer bei sich und ist in diese Richtung gelaufen.» Natürlich gab ich dabei genau die falsche Richtung an und fügte auch noch der Klarheit wegen hinzu: «In Richtung Bahnhof.» Ich habe keine Ahnung, wieviel Glaubhaftigkeit in meinem Gesicht gelegen hat. Er ging zum Wagen zurück und sprach irgendwelche Sätze in die Sprechfunkanlage hinein, die ich nicht verstehen konnte, die ich mir aber in vielfältig überlagerten Bildern ausmalte.

Und jetzt?

Schon nach drei ... Wir sind eben aus dem Brennertal gefahren. Draußen Hügel, dunkle Zypressen, die manchmal näherkommen, manchmal in die Ferne rücken. Fast hätte ich es vergessen: der Mond scheint. Die Zypressen werfen leichte Schatten über die Felder, und man sieht die Hänge ganz silbern. Ich bin hellwach geworden. Zunehmende Redelust, Schreiblust, Lust, mit irgendjemandem zu sprechen, Sehnsucht nach Viviane.

Komm, weiter.

Die Zeit, die ich zwischen den Leuten noch den Löscharbeiten zusah, ehe ich dann nach Hause ging. Die Schwarzfärbung des Rauchs, wenn einer der Wasserstrahlen in ihn hineinglitt und anderswo Funken aufsprühten. Schließlich brannte da nicht nur ein Gebäude oder sonst was ab, sondern ein Stück meiner eigenen Vergangenheit. All meine Erinnerungen an die Verlagszeit, die zehn Wochen, die ich dort als Setzer tätig war, die zeitweiligen Einfälle an der Setzplatte, die heimliche Zusammenarbeit mit Viviane, sie oben in der Redaktion, ich unten mit meinen Buchstaben, bis ich dann gefeuert wurde und ersatzweise an die Tankstelle gehen mußte, weil man mir unsinnigerweise zum Vorwurf machte, daß ich verschiedene Male ein paar Wörter falsch gesetzt hatte, zum Beispiel – lächerlichstes Beispiel – «Mord» statt «Wort» oder «verwässerte Sargplage» statt «verbesserte Marktlage», all das lebte noch einmal auf und erlosch. Vielleicht hätte ich schneller nach Hause gehen sollen ... Sieben, acht Minuten, dann war das untere Ende der Georgenstraße erreicht und man sah schon von weitem über das Pflaster: der Buick stand nicht da. Nein, es ist klar (wem erzähle ich das? mit wem rede ich hier eigentlich?), wie ich jetzt blitzartig über die Straße und ins Haus lief. Ich wartete gar nicht ab, bis der Fahrstuhl unten ankam, sondern nahm gleich mehrere Stufen auf einmal, stürzte die frisch gebohnerten Treppen zum vierten Stock hoch, schloß oben die Tür auf, stürmte in die Wohnung – Viviane war nicht mehr da.

Sie mußte eben aufgebrochen sein. Im Badezimmer brannte noch Licht. Als ich hinging, fand ich eine Nachricht auf dem Spiegel, die sie mit einem schwarzen Filzstift offenbar in großer Eile hingeschrieben hatte:

Kann nicht mehr warten. Komm im Zug nach.
Nimm den nächsten in Richtung Traum.
Wir treffen uns morgen in B.
                Viviane

Kurzweilige Lähmung im Kopf, so als würden einem die Gedanken in den Körper oder die Hände sinken und nicht mehr wissen, wo sie wieder herausfinden. Viviane war also losgefahren, soweit klar. Nur warum? War sie in Verdacht geraten? Konnte sie tatsächlich nicht mehr warten, wie sie schrieb? Oder waren ihr einfach die Nerven durchgegangen, wegen dieses lächerlichen Zwischenfalls vorhin? Ich rief am Bahnhof an. Der nächste Zug nach Süden ging um 19 Uhr 10. Das waren noch gut 20 Minuten, und ich mußte jetzt sofort die nötigsten Sachen in den Koffer werfen, Wäsche, Hemden, dieses Buch hier, alles wahllos durcheinander – mir machte vorläufig nur Sorgen, daß am Bahnhof jede Menge Polizei stand. Mein Koffer sah ziemlich dunkel aus, er war dunkelblau, fast schwarz. Jeder falsche Schritt konnte jetzt die absurdesten Konsequenzen haben. Noch einmal zum Spiegel zurück, die Nachricht verwischen, dann lief ich schon mit dem Koffer in der Hand zum Fahrstuhl und schloß, während ich langsam Stockwerk für Stockwerk in ihm herunterfuhr, für Momente die Augen.

Ruhig Blut, sagte ich mir.

Du gehst jetzt ganz ruhig zum Bahnhof, nimmst den Zug um 7 Uhr 10 und fährst weit fort von hier… Gleich, wenn du aus dem Fahrstuhl steigst, bist du schon unterwegs in Richtung Taxistand, alles geht sehr schnell, du brauchst dich nicht umzusehen, niemand sieht dir von hinten nach oder schaut dich an, niemand auch kommt dir in die Quere, du mußt nur ganz ruhig weiter deinem Ziel entgegengehen. Kurz bevor du ins Taxi steigst, überprüfst du noch einmal möglichst unauffällig die Umgebung. Hinten entfernt sich vielleicht ein Betrunkener, der wie jeden Abend laut scheppernd eine Büchse vor sich herschießt. Sonst fällt dir nichts Störendes auf. Während du nun dem Taxifahrer deinen Koffer gibst, denkst du ganz fest daran, daß an dem Koffer nichts Besonderes ist. Auf der Fahrt dann schließt du einfach die Augen und denkst mehrere Minuten lang an gar nichts mehr. Auf diese Weise kommst du plötzlich, viel früher als du erwartet hast, beim Bahnhof an. Natürlich lächelst du jetzt und zahlst dein Fahrgeld, um ruhig, ruhig, ganz ohne Übereilung quer durch die Bahnhofshalle bis zum Schalter zu gehen. Bevor du die Karte verlangst, stellst du den Koffer neben dir auf den Boden und siehst ihn nicht mehr an. Du mußt stets den Eindruck erwecken, als sei dir der Koffer und alles, was du tust, völlig selbstverständlich. Verlang keine Fahrkarte, die womöglich weiter reicht, als das Geld in deinen Taschen reicht. Aber laß dir auch nicht anmerken, daß du kaum noch Geld bei dir hast. Sollte jetzt jemand an deine Seite treten, tust du einfach so, als ginge er dich nichts an. Und glaub nicht, daß irgendjemand dich von hinten plötzlich anspricht. Du gehst wie mit dir selber beschäftigt den ganzen langen Bahnsteig bis zum vordersten Wagen hinunter und läßt dir viel Zeit dabei. Dann steigst du ein, genau im Moment, wo der Zug sich in Bewegung setzt, und fährst seelenruhig aus der Bahnhofshalle quer durch die unzähligen Männer in Zivil, die an den Zügen stehen, um immer noch seelenruhig auf deinem Koffer niederzusinken unds iebenundzwanzigmal Luft zu holen.

Soweit der Plan.

Natürlich kam alles ganz anders. Schon mit dem Taxi wurde es nichts – der Stand an unserer Straßenecke, wo sonst immer einige Taxis herumstehen, war dieses Mal leer. Und andere Autos, die wenigstens nicht abgeschlossen waren und die ich vielleicht mittels Kurzschließung hätte starten können, waren ebenfalls nicht aufzutreiben. Also zu Fuß gehen…

10

Das heißt laufen, nein, rennen. In irgendeiner Zwischenlage von Laufen und Rennen, den wild schlenkernden Koffer in der Hand, mußte ich jetzt los, noch einmal durch diese mir von Grund auf vergangene Stadt, in der ich (seit wie langer Zeit?) nichts mehr wahrnahm, nichts mehr erleben konnte, in der mir alles zu einer Anhäufung von stumpfen Regeln wurde – «die ganze Stadt ein Schilderwald», hatte Viviane einmal gesagt, «alles nur Maßregelung und Zeichen, die uns an jeder Straßenecke für tot erklären, und ohne daß wir es richtig merken, wird die Stadt für uns genauso unwirklich wie ein Fernsehbild» –, durch diese Stadt fühlte ich mich jetzt laufen, nur um (Wunsch! Wunsch!) mit heiler Haut aus ihr herauszukommen. Ich, seltsame Vorstellung, in einer völlig abgestandenen, von keinem Wind durchwehten Großstadtluft, ich war von Kreuzung zu Kreuzung immer erstaunter, wie meine Lungen das überhaupt durchhielten. Je weniger ich zur Seite sah, auf etwas achtete, desto besser schienen sie zu funktionieren. Und als ich dann einmal bei Rot über die Kreuzung lief, fast noch überfahren worden wäre und gleich auf der anderen Seite eine Frau mit grauer Einkaufstasche rempelte (zwei oder drei Bierflaschen fielen zu Boden), da ist man wohl auf mich aufmerksam geworden. Jedenfalls schimpfte die Frau so laut, daß plötzlich ein Pfiff schräg über die Straße kam, und als ich mich umdrehte, kam ein Polizist drüben von der Ampel her auf mich zugegangen und erhob seine Hand. Moment ...

(Eben Fahrkartenkontrolle. Schon zum dritten Mal seit dem Brenner. Der Schaffner lächelte eigenartig, als er mich hier mit dem Buch auf den Knien schreiben sah – im frühen Morgengrauen, kurz hinter Verona, im Zug. Was er wohl gedacht hat? Ein nimmermüder oder von Schlaflosigkeit geplagter Reisender vielleicht. Ein schreibender Globetrotter oder so etwas, jedenfalls nur weit herbeigezauberter Unsinn, nichts Verdächtiges.
Wunsch, was denn?
                          Und wann?
Alles stürzt in die Vergangenheit zurück, mit jedem Satz, den ich darüberlege, um es zurückzudrängen, bis es sich schließlich in graue Schemen auflöst und kaum noch zu sehen ist hinter dem Geschriebenen – dann wird sich der Mond endlich bis vor die Augen trauen, und die Arme werden sich leichter auf alles zubewegen, was um mich ist.)

«Kommen Sie mal her», rief der Polizist. Ich lief lieber weiter, hatte nur den Gedanken, keine Zeit mehr zu verlieren. Vom Turm der Josephskirche läuteten soeben die Glocken 7 Uhr. Was hätte ich auch sagen sollen? Mein einziger Fehler war vielleicht, daß ich ihm die Trillerpfeife nicht wegnahm. Denn wie er nun pfiff und nicht mehr damit aufhörte und ich mich endlich nach einer Weile wieder umsah, da waren es schon zwei Polizisten, die mit großer Anstrengung hinter mir herliefen und offenbar die Verfolgung aufnahmen. Absurd. Ich war sehr in Eile, das war alles. Ich mußte meinen Zug erreichen. Die beiden Polizisten, weiß der Teufel, warum die so hartnäckig hinter mir her waren. Auf die Dauer muß man doch etwas müde werden, dachte ich, man wird doch auf die Dauer ein wenig schlapp machen, müde Gelenke bekommen, zumal sie zehn oder fünfzehn Jahre älter waren als ich. Wozu also diese Mühe? Selbst nach der nächsten Kreuzung, die wir überquert hatten, ja selbst noch in einer Seitengasse vom Josephsplatz waren die Typen nicht abzuschütteln, im Gegenteil, sie holten Meter für Meter auf. Und alles meinetwegen. Mehr und mehr fühlte ich mich wie verirrt in einen Kriminalfilm, dachte auch kurzweilig lauter Gedanken, die ich aus solchen Filmen kannte: gleich geht hinter dir ein Schuß los, der erste geht ins Bein, dann immer mehr, bis du am Boden liegst und die Welt vor dir wie einen Zug abfahren siehst ...

Wünsche, irgendwie über mich wegzuspringen in diesen Zug, bis nichts mehr von den Erinnerungen übrigbleibt. Die ganze Verfolgung wie ein böser Traum. Endlich mit meinen Sinnen da hinauskommen. Mich vor ein Auto schmeißen und selbst auf die Gefahr hin, daß ich davon überrollt werde, versuchen es anzuhalten.

Schließlich der Lastwagen, dem ich nachlief, als er unmittelbar vor mir an einer Kreuzung anfuhr, auf den ich jetzt aufsprang mit einer besinnungslosen Entschlossenheit all meiner Wunschgedanken, ich rutschte fürchterlich ab beim ersten Sprung, weil ich mich nur mit der rechten Hand an der Klappe festhalten konnte, die Beine riß es seitlich aufs Pflaster zurück über irgendein herausragendes Stück Eisen gleich unterhalb der Ladeklappe. Stechende Schmerzen im linken Knie, während ich beim zweiten Versuch wenigstens in Hockstellung hinten zum Hängen kam und mich langsam nach innen zog ... Umziehen, alles, sofort, ehe sie am Bahnhof anrufen würden. Kaum war ich im Laderaum und sah, wie die Polizisten hinten um die Ecke bogen, riß ich mir Hemd und Hosen vom Leib und zog mir andere an, wechselte die Jeans mit der Cordhose. Weiter. Den blauen Koffer konnte ich jetzt auch nicht mehr gebrauchen. Ich fand ein Stück Segeltuch. In das packte ich schnell alle Sachen, die ich im Koffer hatte, raffte alles wild durcheinandergestapelt zusammen, warf es mir über die Schulter. Dann wartete ich nur noch auf die nächste Kreuzung mit einem Rotlicht und sprang hinten vom Wagen ab.

Zwei Minuten später trat ich in die Bahnhofshalle.

Das heißt, ich humpelte. Vernünftig gehen konnte ich nicht mehr. Wenn ich das linke Knie nicht steif machte, knickte es durch, und wenn ich mich darüber wegschwang, stieg ein wellenartiger Schmerz bis zu den Hüften hoch. Wie muß das gewirkt haben? Ich, ausgerechnet, der ich mir eigens vorgenommen hatte nicht aufzufallen, humpelte hier wie ein seekranker Betrunkener quer durch die in der Halle stehenden Menschen hindurch, die Leute drehten sich schon vereinzelt nach mir um, einige wiesen wohl auch mit der Hand auf mich – was sollte ich schon tun? Um mich zu beruhigen und aus meinem Humpeln wenigstens eine Art Rolle zu machen, fing ich nun auf einmal leise zu summen an. Ich schwang meinen Seesack durch die Luft und sang, so sehnsüchtig, wie mein verbliebener Atem es noch zuließ, ein Lied von der Südsee:

> Hoch geht die See,
> wir gehen über Bord,
> wir gehen unter,
> Marie, Marie,
> du darfst nicht weinen.
> U. s. w.

So kam ich zum Fahrkartenschalter. Meine Betrunkenheit stellte sich als einigermaßen annehmbares Alibi heraus. Daß mir zwar die Hand zitterte, daß ich nun wohl auch vor lauter Angst schon ziemlich blaß aussah und mich dementsprechend immer wieder umdrehte, weil ich jeden Moment meine Verfolger hinter mir erwartete, paßte eher verständlich in meinen von heimlichen Brechern durchschüttelten Auftritt. Kaum war ich am Schalter angekommen, holte ich das gesamte Bargeld aus der Hosentasche (30 Mark in Scheinen, der Rest Kleingeld, mein in den letzten Tagen eingenommenes Trinkgeld, das ich noch bei mir hatte) und fragte, wie weit ich damit käme.

Wohin? «Oh, nach Süden ...», sang ich und entwickelte sofort eine weitere Strophe daraus, in die ich zur Erklärung noch einige Bemerkungen über meine Reiseroute, meine Abfahrtszeit und meinen allgemeinen

Zeitdruck einfließen ließ. Es war 7 Minuten nach 7 ... Leider ließ sich die Frau hinter der Glasscheibe von diesem Auftritt nicht beeindrucken. Sie zählte betont ruhig die Geldstücke durch, bis sie dann endlich (ich war längst dazu übergegangen, nur noch die Sekunden abzusingen, sang schon «95» und war nahe dran, in meine alte Rolle zurückzufallen, zumal mir bis zur Abfahrt des Zuges, wenn ich genau rechnete, noch genau 25 Sekunden blieben) mit einer Fahrkarte nach Bologna ankam. Also Bologna. Mir ist unklar, ob sie gesehen hat, daß in diesem Moment zwei ältere Polizisten in die Halle kamen. Überflüssig zu erklären, um wen es sich handelte. Meine beiden Verfolger sahen sich stark erschöpft und etwas nach vorn gekrümmt, wie mir gleich auffiel, mit sichtlicher Kurzatmigkeit nach meinem Koffer um, den sie natürlich nirgends finden konnten. Ich wandte sofort das Gesicht ab, hätte mich am liebsten irgendwo in der Luft verstecken mögen. Noch so ein Wettlaufen, dachte ich, werden wir alle nicht überstehen. Sie nicht und ich nicht. Lieber ließ ich der Frau das restliche Wechselgeld im Schalter liegen und summte so kaum hörbar vondannen, in die Leute hinein, zwischen denen ich mir manchmal Deckung suchte – überall, wo sie dichter beisammenstanden oder mir entgegenkamen, glitt ich wie magnetisch angezogen hinein und nahm sogar in Kauf, häufig angerempelt und beiseitegestoßen zu werden.

Was die beiden Typen inzwischen taten, ob sie mich sahen, ob sie vielleicht einem anderen Mann mit blauem Koffer nachgingen oder wem sie sonst auf der Spur waren, weiß ich nicht, weil ich mich nicht mehr umgesehen habe. Ich weiß nur, daß ich mitten zwischen den Leuten bereits den Abfahrtspfiff hörte und, als ich in der Halle ankam, den Zug schon langsam aus dem Bahnsteig fahren sah ...

Hinterher, noch einmal. Im Loslaufen schien es mir wie eine Verdoppelung der Ereignisse, die in seltsamer Planmäßigkeit (oder was war es?) eigens für meine Verwirrung arrangiert war. Die beiden Polizisten, der Zug, das Fortlaufen vor dem Pfiff und jetzt dem Pfiff entgegen. Ohne Rücksicht auf meine Beine begann ich noch einmal gottserbärmlich zu laufen, vergaß alle Müdigkeit in mir und rannte hinter dem Zug her. Mein Knie, dachte ich, wenn mein Knie mich nur jetzt nicht im Stich läßt, in dieser Schlußphase. Die Vorstellung, hier noch zusammenzusacken, kam mir völlig idiotisch vor. Lange rannte ich mit den Schlußlichtern um die Wette. Dann, als ich schon neben ihnen herlief und mein Knie immer noch ein Stück durchzuhalten schien, nahm ich zum letzten Mal meine Kräfte zusammen und setzte zum alles entscheidenden Sprung an, ja, und was soll ich nun sagen? Ich landete wohlbehalten mitsamt meinem Seesack auf dem Trittbrett, zerrte die grüne Wagentür auf, stolperte in den Zug hinein – und der Rest, wie ich zum Abteil wankte, wie ich dort irgendwo niedersank und mir die Augen zufielen, das spielt inzwischen keine Rolle mehr.

Bei Einbruch der Dunkelheit kam die deutsche Grenze, der Zoll hat mich in Ruhe gelassen, zwei Stunden später dann Innsbruck und gegen Mitternacht endlich der Brenner, letzte Grenzstation, wo die Uhren eine Stunde nach vorn sprangen und ich mich in meiner grenzenlosen Müdigkeit unter den Sitz verkroch – vielleicht schreibe ich ein andermal davon. Bozen, Rovereto, alles schon sehr lange her. Wenn in Bologna nichts passiert, fahre ich irgendwie nach Süden weiter, wie, weiß ich noch nicht. Komm, pack ein. Hinten über den Feldern geht schon die Sonne auf.

Viviane war nicht am Zug. Ich habe den ganzen Bahnhof abgesucht – außer den Rangierarbeitern und einer Handvoll unausgeschlafener Fahrgäste, die sich da am Kaffeestand drängten und ihren ersten Espresso in sich hineinkippten, war nichts zu sehen ... Knapp zwanzig Minuten blieben mir, um meine Fahrkarte zu verlängern. Schwarz mochte ich nicht weiterfahren, weil es nur neue Schwierigkeiten gebracht hätte. Erster Versuch: bei zwei jungen Italienern, die mich zu einer Tasse Capuccino einluden, wohl weil ich so durstig aussah oder weil sie erfahren wollten, was ich hier in Bologna unternehmen wollte, so früh am Morgen, wo die meisten Häuser noch im Schatten lagen, jeder noch halb für sich, noch halb im Nachtrhythmus, und draußen, vor dem Bahnhof, fährt ein einsamer Wasserwagen vorbei und sprengt die Gehsteige ... Ich mochte sie nicht weiter belästigen.

Etwas später dann ein Mann mit schwarzen Lackschuhen und schwarzer Aktentasche, dem ich sofort nachging. Ein echter Bolognese, dachte ich. Er kaufte eine Fahrkarte nach Bari. (Von Bari hatte Viviane manchmal gesprochen, sie kannte da einen Typ vor einigen Jahren, der ihr wohl auch verschiedene Mal geschrieben hat.) Während ich hinter ihm herging, stellte ich mir immerzu vor, wie ihm die Fahrkarte aus der Tasche fiel. Wenn sie nun ein Loch hat, dachte ich. Solche Karten finden ja häufig schnell ein Loch und fallen hindurch, es braucht gar nicht groß zu sein, zack, sind sie durchgefallen, und nachher wundert man sich dann, wenn man das Loch entdeckt. Schließlich lief ich von hinten in den Mann hinein und nahm ihm, während ich mich noch entschuldigte, daß ich ihn gerempelt hatte, die Fahrkarte aus der Tasche. Vor lauter «Scusi», «Prego» und «Grazie» hat er es wahrscheinlich gar nicht gemerkt. Später, als wir schon fuhren, kam er noch einmal draußen an meinem Abteil vorbei, mit immer noch derselben ehrwürdigen Haltung – einen Moment zögerte er, ob er eintreten sollte, ging dann aber seltsam unentschlossen weiter.

21. Juni, schon Nachmittag

Geschlafen, gedöst. Den ganzen Tag über, ohne aufzustehen. Leute sind hier eingestiegen, wieder ausgestiegen. Einmal ein Schmuggelhändler, der mir eine silberne Uhr anbot, ich habe ihm lange zugehört und dann versucht, ihm meine eigene anzudrehen. Natürlich erfolglos. Sonst: Städte, Dörfer, die von Stunde zu Stunde immer staubiger werden. Je weiter wir nach Süden kommen, desto staubiger. Manchmal hält der Zug sogar schon irgendwo auf freier Strecke an, bei entlegenen Schildern, die wohl als Bahnhof gelten, obwohl man weit und breit keine Ortschaft sieht.

Blicke aus dem Fenster ...

Was vorbeizieht, vor Bari, vor Foggia, im Zug. Eine verirrte Möwe schwirrt da über die Felder, die schon ganz verbrannt sind im Juni. Die Hitze hängt im Abteil, beinahe körperlich, sie wird von der Zugluft, die durchs Fenster kommt, nur noch stärker zusammengedrängt, jetzt müßte sie eigentlich bald eine Kopfform ergeben, also dann Heißluftaugen, Heißluftzähne und schließlich auch Heißluftohren, aber kleine. Während eine Colaflasche aus dem Fenster geworfen wird, flattert Wäsche an einer Leine vorbei und ist schon aus dem Blickfeld. Mitten in der Ebene steht der feuerspeiende Agip-Löwe auf einem gelben Plakat. Also muß da eine Straße gehen, denkt sich der Bauer mit seinem Strohhut (denke ich) und läßt seinen Strohhut so schief, wie er auf seinem Kopf sitzt, sitzen. Denn schon beschleunigt wieder die Lok, schnell noch aus dem Fenster kann man das Ortsschild lesen, das immer kleiner wird, «Roggio» hieß es, eine Landstraße mit Bäumen schneidet die Felder durch, rechts gelbe Stoppeln, links Acker, und offenbar weht hier ein Seewind. Wo also ist das Meer zu sehen? Außer dem alten Griechen, der mir gegenüber eingeschlafen ist und Korfu entgegenträumt, wo er wohnt, sitzt niemand im Abteil. Alle sind schon ausgestiegen. Einen Muli habe ich bislang noch nicht gesehen.

23. Juni, Matera

Nur schnell weiter so. Nächste Eintragung. Damit die letzte vergangen ist. In Bari, 4 Uhr nachmittags, standen zwei Männer am Zug. Anfangs achtete ich nur wenig auf sie, weil ich nach Viviane Ausschau hielt. Aber Viviane war nicht da. Ich wollte schon wieder aufgeben und nach Brindisi weiterfahren (der letzten, noch möglichen Station mit B. auf dieser Strecke), da fiel mir auf, daß einer der Männer einen schwarzen Koffer trug. VIVIANES LEDERKOFFER – schlagartig ging mir der Gedanke durch den Kopf: das war haargenau derselbe Koffer, den sie aus dem Verlagshaus getragen hatte, dieselbe Form, dieselben Klappverschlüsse. Und ebenso plötzlich, wie ich ihn jetzt wiedererkannte, begann ich auch zu begreifen, warum der Mann ihn so demonstrativ hin- und herschwenkte. Er wollte mir ein Zeichen geben. Wollte mich aus dem Zug holen, falls ich mit dem Zug gekommen war.

Statt länger zu überlegen, ging ich auf den Bahnsteig hinaus und versuchte es nach einem kurzen Lächeln mit meinem Zauberwort: «Viviane?» Die beiden nickten. Ihr Nicken kam sogar in einem merkwürdig abgestimmten Gleichtakt. Der mit dem Koffer – er war ungefähr einen Kopf kleiner als der andere – streckte mir währenddessen schon die Hand entgegen, ich sah, daß er lauter Tätowierungen an den Armen hatte, Anker, Nixen u.s.w., und während er mir nun die Hand schüttelte, als seien wir alte Freunde, begann sein Begleiter völlig überraschend in tiefem Norddeutsch zu reden. Viviane, sagte er, hätte nicht zum Bahnhof kommen können. Sie sei von der langen Reise noch erschöpft («beduselt», «Mattscheibe», «ein bißchen groggi» und ähnliche Worte). Er sagte das alles eher gelangweilt und wie unbeteiligt, mir schien, als sei ihm ganz gleichgültig, welche Gefühle ich dabei bekommen würde. Wollte ich etwas genauer wissen, wich er aus und zog sich auf allgemeine Erklärungen zurück wie: sie sei nämlich bestens aufgehoben, und wir könnten ja auch gleich hinfahren, wenn ich nichts dagegen hätte.

Vor dem Bahnhof hatten sie einen roten Fiat 124 geparkt. Wir stiegen ein und fuhren zunächst über die Hauptstraße, dann durch die Altstadt, durch ihre immer enger werdenden Gassen, die nach einer Weile auch immer leerer wurden (offenbar waren es keine Wohnhäuser in diesem Viertel, oder die Leute hielten um diese Zeit noch ihren Mittagsschlaf), in Richtung Hafen. Ein paar Minuten vergingen, in denen wir nur

18

schweigend nebeneinander saßen, manchmal zueinander herüberblickten und uns anlächelten, dann bog der Wagen nach links in eine kleine Sackgasse ab, und tatsächlich: an ihrem Ende stand der Buick. Seltsam, ihn wiederzusehen. Er stand da wie ein fast unwirkliches Monstrum vor einer halb abgeblätterten Hausfassade, die vielleicht nach einem Lagerhaus aussah oder einem Geräteschuppen, aber bestimmt nicht nach einem Hotel ...

«Und hier soll Viviane wohnen», fragte ich.

Die beiden schienen zu merken, daß es mir nicht ganz geheuer war, hier zu landen. Sie öffneten die Türen – der Norddeutsche zog mich mehr oder weniger gegen meinen Willen aus dem Wagen und versuchte mich mit der Bemerkung zu beruhigen, sie sei hier nämlich wirklich sehr gut aufgehoben. Wieso eigentlich immer aufgehoben?

Er hätte mir lieber mal erklären sollen, was diese Kiste hinten im Buick sollte. Da lag nämlich eine dicke Kiste auf dem Rücksitz. Wie kam die da rein? Soweit ich weiß, hat Viviane nie mit solchen Sachen zu tun gehabt, schon gar nicht mit Kisten, wo draußen «Feuergefahr» draufsteht oder «Explosionsgefahr» oder ähnliches. Ich hätte das gern mal genauer gewußt. Immerhin versuchte ich ja auch, näher an den Wagen heranzukommen – aber leider hakten mich die Männer plötzlich ein und zerrten mich mit großer Kraftaufwendung zu dem Haus herüber, ich verstand gar nicht, warum sie es so eilig hatten, vielleicht hatten sie den Verdacht, ich könnte einen zweiten Wagenschlüssel bei mir haben und wollte auf- und davonfahren. Irgendsoetwas. Denn der Norddeutsche fing nun auf einmal auf mich einzureden an und fragte, ob ich einen solchen Schlüssel hätte.

«Natürlich nein», sagte ich.

«Was heißt hier Nein», fragte er.

«Nein», sagte ich.

Das machte ihn aber noch wütender. Er konnte offenbar nicht begreifen, daß ich ihm diese Antwort gegeben hatte. Je öfter und leiser ich mein «Nein» sagte, desto mehr steigerte er sich in eine Angriffswut hinein. Als er dann nahezu brüllte und dauernd verlangte, ich solle meine Antwort widerrufen, fiel mein Blick auf ein kleines Hausschild, das ich wohl die ganze Zeit schon gesehen, aber nicht richtig gelesen hatte. Vielleicht war es mir bisher nicht aufgefallen, weil es mir so bekannt war. Es war nämlich der Nachname von unserem Verlagschef.

«Hör mal, den kenn ich doch», rief ich – eigentlich nur, um etwas vom Thema abzulenken.

19

Aber das war anscheinend ein Fehler. Denn im nächsten Moment landete ein harter Schlag an meinem Kinn, ich prallte zurück, fiel rückwärts gegen die Hauswand, stand aber sofort wieder auf und sagte den Satz noch einmal. Wieder ging eine Faust an meinen Kopf, diesmal kam sie allerdings von dem Kleinen. Blöderweise lächelte er auch noch. Als ich zum zweiten Mal aufstand und meine Gewißheit – ich weiß nicht aus welchem Widerspruch – schon zum dritten Mal hervorbrachte, gingen sie beide auf mich los. Eine Reihe von Schlägen, Tritten und Schubsen trieb mich Stück für Stück weiter an der Hauswand entlang, ich ließ einfach die Arme hängen und wehrte mich nicht – wie hätte ich mich auch wehren sollen? Solange sie auf den Brustkorb einschlugen, behielt ich noch die Augen auf. Aber als sie dann mit ihren Stiefelabsätzen gegen mein Schienbein traten und dann auch noch der Norddeutsche, der offenbar die Kontrolle verloren hatte, ein von werweißwoher geholtes Holzstück auf mich niederfahren ließ, ging ich zu Boden. Während ich zusammensackte, hörte ich noch, wie sie sich über mir zuflüsterten, ob das nun vielleicht zu doll gewesen sei. Dann hatte ich einen schönen Traum.

Traum Bari.

Das Wetter war wunderbar. Eine einzige, schwarze Wolke stand am Himmel. Als wir sie länger ansahen, fiel eine große steinerne Faust aus ihr hervor und schlug in unser Haus ein, das voller Innenhöfe, Treppen und Balkone war. Der rechte Hausflügel brach ohne viel Lärm sofort in sich zusammen. Während jetzt im Hintergrund andere Fäuste fielen, liefen meine beiden Bekannten aus der Tür hervor und versuchten sich, auf den Knien kriechend, weil sie vor Angst nicht anders vorankamen, in den linken Haustrakt zu retten. Die Ballustrade begann über ihnen zu schwanken und stürzte dann über den ganzen Rest des Hauses her. Alles versank in einem Trümmerfeld. Es gab keine Schreie. Der Himmel war blau und wolkenlos wie je. Als wir uns umsahen (Viviane und ich, wir standen auf dem letzten, frei in der Luft schwebenden Treppengeländer hoch über der Stadt), entdeckten wir dicht hinter uns einen riesigen, gut vier Meter hohen Kopf, der freundlich über die Trümmer blickte. An seinem Hals hing statt des Körpers nur ein Armschwengel. Sieh mal da, sagte Viviane. Der Kopf war völlig unversehrt geblieben. Ja, wir schienen uns fast sicher zu sein, daß dieser Kopf bei allen Häusern, die um uns zusammengebrochen waren, jetzt erst frei und lebendig aus den Trümmern steigen konnte, um ruhig seine Augen zu öffnen ... Genauso ruhig wie wir.

Als ich wieder aufwachte, lag ich auf einer Pritsche in einem engen, hohen Raum. Über mir stand ein rothaariger Matrose, der mich – wenigstens kam es mir so vor – etwas unbeholfen ansah. Er sagte mir, er hätte hier auf mich aufzupassen.

«Wo ist Viviane», fragte ich leise.

Ich merkte, daß mir die Lippen wehtaten. Sie waren offenbar während des Träumens beträchtlich angeschwollen, auch konnte ich mich auf meiner Pritsche kaum bewegen, Fesseln, ja, dicke Stricke waren um meinen ganzen Körper geschnürt, ich war nicht einmal in der Lage, die rechte Hand zu heben, um diesen Rothaarigen zu begrüßen. Was war das für ein Mensch? So, wie er mich ansah, mit seinen Albinoaugen, machte er nicht den Eindruck auf mich, als sei er mir irgendwie feindlich gesonnen. Er wirkte eher betreten, beinahe schuldbewußt.

«Bitte, was ist hier los», fragte ich mühsam, «was waren das eben für Fäuste in der Luft?»

Der Rothaarige rührte sich nicht. Er sah mich eine lange Zeit schweigend an und fing dann erst nach einer größeren Überlegung (während der ich schon mitbekam, daß der Raum keine Fenster oder Luken hatte und nur von einer provisorischen Glühbirne beleuchtet wurde, die allerdings sehr grell auf meine Pritsche schien) in gebrochenen deutschen Sätzen zu erklären an: Er sei hier nämlich selber ein Gefangener. Jedenfalls habe er das Ganze nicht gewollt. Viviane habe heute vormittag bei ihm angerufen und gefragt, ob sie bei ihm schlafen könne. Er kenne sie flüchtig von früher. Natürlich habe er auch zugesagt, aber leider habe Viviane nicht gewußt, daß sein Telefon von diesen Leuten hier, für die er manchmal arbeiten müsse und von denen er auch seinen Telefonanschluß bekommen habe, mühelos mitgehört werden könne. So seien kurz nach dem Anruf ein paar von den Typen bei ihm aufgetaucht und hätten ihn unter Androhungen dazu gezwungen, mit ihnen zusammen auf Viviane zu warten. Wie sie dann gekommen sei, habe man sie gleich festgenommen und zu dem Haus hier gebracht.

«Aber warum denn das Ganze», fragte ich, «warum hält man uns denn hier fest?»

Der Rothaarige beugte sich jetzt ganz nah zu mir herunter und flüsterte mir ins Ohr: Man vermute, sagte er fast unhörbar, daß Viviane bestimmte Unterlagen bei sich hätte, die man gern wieder in eigene Hände bekommen wolle. Inwiefern «wieder», hat er mir nicht mehr erklärt. Er fügte nur noch hinzu, daß man diese Unterlagen allerdings bislang noch nicht gefunden hätte, auch in ihrem Koffer nicht, und daß man sie jetzt solange festhalten werde, bis man die Unterlagen wiederbekäme.

Mir wurde etwas schwindlig. Was hatten denn, überlegte ich, so entlegene Probleme wie die Telefonanschlüsse von Bari mit Viviane und mir zu tun? Und wozu dann noch diese haarsträubende Geschichte mit den Unterlagen? Aus allem, was der Rothaarige sagte, ging hervor, daß man Viviane offenbar gerade deshalb festhielt, weil sie keine Unterlagen bei sich hatte, keinerlei Schuldmomente, nichts, was man ihr irgendwie anlasten konnte. Und nur deshalb hatte man mich am Bahnhof abgefangen, hatte mich danach durchgeprügelt und niedergeschlagen und obendrein noch auf einer Pritsche festgebunden? Ich gab es auf, weiter darüber nachzudenken. Der Kopf tat mir weh, mehr fiel mir im Moment nicht dazu ein.

Kurz darauf kamen die beiden Typen wieder in den Raum. Sie waren auf einmal voller Freundlichkeit. Wie es mir denn ginge, wollten sie wissen, ob ich mich auch wohlfühle, ob ich einigermaßen bequem liege. Ich müsse schon entschuldigen, daß es hier keine besseren Betten gäbe. Bari sei eben nicht die Welt.

«Ich habe Kopfschmerzen», sagte ich.

Das ließe sich ändern, meinten sie mit einer spürbaren Erleichterung, mir helfen zu können, und gingen zum Waschbecken hinüber, um ein Glas mit Wasser zu füllen. Dann kamen sie zurück und flößten mir eine poröse, weiße Pille ein. Mir fiel auf, daß gerade in diesem Moment der Rothaarige hinten aus dem Raum verschwand.

«Was ist das für eine Pille», fragte ich.

«Schon gut», sagten sie und steckten mir, ehe ich noch überlegen konnte, wie ich mich wehren sollte, die taubeneigroße Pille in den Rachen, kippten ein halbes Glas Wasser nach und, gut, ich schluckte und schluckte, und die Wirkung kam auch viel schneller, als ich erwartet hatte. Binnen von Minuten war ich schon so zu Kräften gekommen, daß ich am liebsten ein paar Bäume ausgerissen hätte, wenn nur welche im Raum gestanden hätten. Und daß ich nicht die Fesseln zerriß, lag im Grunde nur daran, daß die beiden Männer sie schon gelöst hatten und mich freundlich aus dem Zimmer zogen.

Merkwürdig. Jetzt, wo ich wieder aufrecht stand, hatte ich ein schier unstillbares Bedürfnis zu gehen.

22

Draußen, auf dem Flur, es war sehr dunkel da, schritt ich sofort die ganze Länge des Ganges ab, ohne auch nur ein einziges Mal anzuhalten. Meine Begleiter hatten alle Mühe, hinter mir herzukommen. Das Gefühl, auf zwei Beinen zu stehen und diese auch noch bewegen zu können, hätte mich glatt durch Wände gehen lassen. Ich wollte nur gehen, immer nur gehen, egal wohin und in welcher Richtung. Hindernisse hätten mich eher nur gefreut. Ich wäre durchgegangen. Die einzige Fürchterlichkeit, die mir hätte passieren können, wäre zweifellos gewesen, wenn ich hätte stehenbleiben müssen. Und darum ging ich auch, sowie sie mich festhalten und wieder in eine andere Richtung schleusen wollten, sofort in diese Richtung weiter, nur um nicht anzuhalten und in mir starr zu werden. Denn das wäre das Schlimmste gewesen. Einmal hier stehenbleiben, dachte ich, und alles erstarrt in mir wie Metall. Ich mußte dauernd so einen Metallpanzer durchbrechen, mit jedem neuen Schritt, den ich machte, mußte ich wieder so einen Metallpanzer durchbrechen, der mich von mir abbringen wollte, mich insgeheim ermorden wollte, und jedesmal, wenn ich dann einen Schritt schaffte, wuchs auch dieses Gefühl in mir, daß ich ihn besiegt hatte. Ja, ich hatte ihn besiegt. Zeitweilig glaubte ich sogar, ich würde mit jedem Schritt größer werden. Vielleicht war das nur die Treppe, auf die wir jetzt stiegen, aber ich schließe nicht aus, daß ich tatsächlich größer geworden bin. Meine Beine schienen mir immer gewaltiger zu werden. Der ganze Körper weitete sich. Und dann, als wir das obere Treppenende erreichten, fühlte ich mich auf einmal so gut, daß ich meine Lungen einfach nicht mehr zurückhalten konnte und mitten im Gehen, mitten in einem Schritt, plötzlich aus voller Kehle «VIVIANE» schrie.

Der Schrei kam mir so heraus, er war nicht einmal vorgeplant, niemand, auch meine beiden Typen nicht, hätte mich daran hindern können. Und was noch viel wichtiger war: nach ein paar Sekunden, als wir schon wieder durch neue, andere Gänge gelaufen waren und die beiden auf mich einredeten, wir würden jetzt zu ihrem Chef gehen, ich solle mich um Gottes willen nicht danebenbenehmen, kam aus dem unteren Stockwerk eine ferne, durch mehrere Mauern gedämpfte Antwort – von Viviane. Ganz deutlich erkannte ich ihre Stimme. Sie war also wirklich da. Hier in Bari, fernab von allem, was uns miteinander verbinden konnte, rief sie die zwei geheimnisvollen, allein für uns beide verständlichen Worte: «ZIFFER HILF».

Das war ein Code – soviel war mir sofort klar. «ZIFFER» (wir hatten das oft gespielt) sollte bedeuten, daß man das folgende Wort entziffern mußte, und zwar in allen möglichen Umkehrungen. «HILF» war nur der Ausgangspunkt dazu. Viviane meinte bestimmt nicht, daß ich ihr helfen sollte, das wäre viel zu einfach gewesen. Aber was dann?

Leider fehlte mir jetzt die Zeit, um genauer darüber nachzudenken, denn meine beiden Seelenverkäufer hatten schon eine Tür aufgemacht und schoben mich in diesen Raum hinein.

«Das ist er», sagten sie.

So, und das war also ihr Chef.

Er stand da auf der anderen Seite des Raums, zwischen zwei stark abgedunkelten Fenstern, geschützt von einem Schreibtisch, ein kleiner, rundlicher, völlig glatzköpfiger Mann.

«Setzen Sie sich doch», sagte er. Daß er Deutsch konnte, hatte ich natürlich längst erwartet.

«Nein danke, ich gehe lieber», sagte ich.

Mir wäre nur angenehm gewesen, wenn er erst mal seine dunkle Sonnenbrille abgesetzt hätte. Sie störte mich nämlich im Nachdenken, schon gar in diesem Raum, wo man keine fünf Meter ruhig gehen konnte, ohne auf irgendwelche Bekanntheiten zu stoßen ... Auf dem Schreibtisch lagen zum Beispiel Zeitungsartikel, die ich selber mal gesetzt hatte. Und an den Wänden dann, wenn man weiterging, hingen immer wieder Fotos, die mir ebenfalls geläufig waren, wahrscheinlich hatte ich sie im Verlag gesehen: Tanker, Frachter und ähnliches, Bilder von Schiffen, eines mit dem Namen «Santo Spirito». Zu allem Überfluß sah ich dann auch noch mein Tagebuch auf dem Schreibtisch liegen. Ja, dieses Buch. Während ich es betrachtete, zog der Mann Vivianes Koffer unter dem Tisch hervor und eröffnete das Gespräch mit lauter Fragen, die mich immer weiter von der Entzifferung meines Codes entfernten. Seine Worte begannen mir manchmal im Kopf zu rauschen und schwellten dann kurzweilig ab wie ein in die Ferne versinkender Wasserfall, um von einer ganz anderen Seite wieder aufzutauchen. Ich verstand nur das wenigste. Wenn ich mich zwischendurch umdrehte, sah ich ihn schräg nach vorn gebeugt mit beiden Händen über den Koffer streichen und irgendwo in den Raum sehen. Da sei eine ganze Menge Geld drin, sagte er schließlich, ich könnte auch einen großen Anteil davon abbekommen, wenn ich ...

«Wenn ich», fragte ich.

«VX», sagte er plötzlich.

«Was heißt denn VX», wiederholte ich halb in Gedanken versunken und dachte lieber über mein Codewort nach, das, wenn ich es umdrehte,

24

immerhin schon verständlichere Formen annahm: «HILF» hieß von hinten gesprochen «FLIEH». Ich sollte nicht helfen, sondern fliehen. «Tun Sie nicht so naiv», sagte der Glatzkopf. «Wir wissen ganz genau, daß Sie die Akte VX besitzen, Sie brauchen uns bloß zu sagen, wo Sie sie versteckt haben, und Sie sind ein freier Mann.»

«Oh ja, natürlich, ein freier Mann», murmelte ich und arbeitete sofort an meinem Codewort weiter: «FLIEH» enthielt ja ohne Zweifel auch das Wort «LIEF», und dieses wieder, wenn man es umdrehte, «FIEL». Ergab sich also...

Der Mann rauschte schon wieder in meine Gedanken hinein. Er wollte offenbar unbedingt aus mir herauskriegen, wo ich die Buchstaben VX gelassen hatte. Dabei gehörte VX gar nicht in den ferneren Umkreis meiner Kombination.

«Was soll die Rederei», fragte ich.

«Ich glaube, Sie verstehen mich nicht ganz richtig», sagte er. «Unsere Rederei besteht seit zwanzig Jahren, und wir haben uns nie etwas zuschulden kommen lassen.» Er meinte wohl Reederei. Und da er nun mal so ungehemmt (und voller Echos, die überall von den Wänden widerhallten) am Reden war, fügte er auch noch hinzu, er hätte klare Beweise dafür, daß niemand anders als ich es damals gewesen sei, der in jedem Zeitungsartikel über sein Unternehmen statt «Reederei» bloß «Rederei» gesetzt habe. Ich würde das wohl nicht abstreiten.

«Nein», sagte ich.

Das heißt, ich hörte gar nicht mehr hin. Mein vorläufiges Ergebnis war mir im Moment wichtiger, und ich mußte jetzt dringend ein paar Schlüsse daraus ziehen. Ergab sich also die Kombination:

HILF
FLIEH
LIEF
FIEL

Wenn ich nicht alles falsch interpretiert hatte, meinte Viviane: ich sollte mir helfen, indem ich fliehen sollte, indem ich lief, indem ich fiel.

«Können Sie nicht etwas mehr Licht machen», bat ich ihn. «Wenn ich kein Licht habe, kann ich auch nicht richtig zuhören. Und vernünftige Antworten geben kann ich dann schon gar nicht.»

«Ganz, wie Sie wollen», meinte der Mann, rückte allerdings erst noch mal seine Sonnenbrille zurecht und drückte dann mit einer zögernden Handbewegung auf einen Druckknopf neben sich.

Was folgte, war wunderbar. Kaum hatte er gedrückt, gingen hinter ihm die Rolläden in den Fenstern auf, und alles weitere erschien mir dann nur noch wie ein Sog: im rechten Fenster sah man den ganzen Hafen mit seinen Kaianlagen, Fischer, die ihre Netze an Land zogen, Fährboote, Eisenkähne, die etwas schief im Wasser lagen, Kräne, Ziehwinden, Stapel von Kisten und ganze Ladeluken voll Ölfässer, und dann erst in dem linken Fenster, während es nach oben ging, brach zu meiner noch viel größeren Verwunderung die glutrote Sonne über Bari durch. Man muß sich vorstellen: ich hatte die ganze Fahrt über, von Bologna bis Bari, nicht auf die Sonne geachtet, hatte sie vor lauter Schlafen, Schreiben und Nachdenken (obwohl keine Wolke am Himmel stand) nicht einmal gesehen. Und jetzt stand sie da plötzlich riesengroß und glühend rot in diesem Fenster. Was sollte ich denn machen? Ich bekam weiche Knie, griff nur noch reflexartig, um irgendetwas halbwegs Haltbares in meiner Hand zu haben, nach diesem Koffer da auf dem Schreibtisch und natürlich auch nach meinem Tagebuch, das zwischen den Zeitungen begraben lag, und sprang einfach nur kurzschlüssig und voller Sonnensehnsucht durch das Fenster hinaus ins Freie ...

Ein ungeheurer Sprung. Die Scheiben splitterten zwar um mich herum, aber sonst habe ich mich nicht verletzt. Weh tat nur der Aufprall auf dem Zwischendach, bei dem sich mein linkes Knie schon wieder meldete und unangenehm durchknickte, ehe ich dann ohne mein eigenes Zutun über das Dach rutschte und zweieinhalb Meter tiefer in die Gasse fiel, direkt neben den Buick, der bereits im Schatten stand und (die Gedanken schwirrten förmlich in meinem Kopf) sofort eine neue Möglichkeit bot, wie ich wieder ans Licht kommen konnte. Wenn ich jetzt losfahre, dachte ich, durch die Gassen fahre und dann immer nach Westen aus der Stadt fahre, kann ich vielleicht noch einmal heute abend die Sonne sehen. Wer weiß, vielleicht würde ich sie noch einholen und mir in die Magengrube pflanzen. Wenigstens überlegte ich nicht länger, sondern holte den Ersatzschlüssel unter dem Kühler hervor (das alte Versteck, er war noch da, ich brauchte bloß mit den Händen unter die Haube zu greifen), dann warf ich Koffer und Tagebuch auf den Rücksitz, legte den ersten Gang ein und fuhr los.

Weiter. Meine Flucht. Meine Fahrt.

Daß ich meinen Seesack nicht mehr bei mir hatte, kümmerte mich im Augenblick recht wenig. Ich war vollauf damit beschäftigt, durch die engen Gassen zu fahren, die jetzt wieder voller Menschen waren, ich mußte andauernd auf die Hupe steigen, mußte manchmal sogar eine Art Slalom fahren, was bei den Ausmaßen des Buicks verschiedene Male schwindlig machte. Verglichen an den deutschen Straßenverhältnissen war diese Fahrweise (die mit Verkehrsschildern nichts zu tun hatte – man gab sich eher Handzeichen, kleine Fingerzeichen oder fuhr mit erhobenen Armen über die roten Ampeln weg) eigentlich kein Fahren mehr, sondern ein Navigieren. Ich navigierte so durch die Altstadtstraßen, und das Einzige, was mich störte, war vielleicht nur die Kiste hinter mir, die merklich auf die Hinterachse drückte und mich jedesmal am Beschleunigen behinderte. Aufkommende Gedanken, was da drin war. Einmal, als ich mich nach hinten umdrehte und den Deckel ein bißchen anhob, sah ich eine Fülle von kleinen runden Paketen, die in Papier gewickelt waren, schwer und handlich offenbar. Gut zum Hinauswerfen ...

Nur, hier in Bari, mitten im Verkehrsgewühl, mochte ich sie nicht aus dem Fenster werfen. Eine Schachtel Nazionali lag vorn im Handschuhfach. Ich zündete mir eine an – sieben, acht Züge, dann sah ich bereits die Sonne wieder vor mir und fuhr ihr nach, immer stadtauswärts eine schnurgerade Straße hinunter, vorbei an Fabrikgeländen, Flächen, Ödplätzen, auf denen manchmal Kinder spielten. Ein Schild nach «MODUGNO» zog vorbei. Modugno – ob da vielleicht Domenico geboren war. Mir ging sein Lied durch den Kopf, das ich gestern abend noch im Zugabteil gehört hatte, das wenige Italienisch, das ich aus dem Lied kannte, ich merkte, daß ich dazu leise mitsang und mit dem Steuer spielte.

Sole alla valle, sole alla collina.
Per le campagne non c'è più nessuno.
Addio, addio amore.
Io vado via.

«Io vado via», das hieß auch: ich gehe weg, ich gehe meinen Weg, auf den Feldern ist weit und breit niemand zu sehen, nur die Sonne hinten im Tal und auf den Hügeln ... Wirklich, am Horizont sah man jetzt die Berge aufsteigen. Es war alles wie im Lied. Ich brauchte nur noch weiterzufahren, aufs Pedal zu drücken und weiter auf die Berge zuzufahren, auch wenn meine Geschwindigkeit, zumal es jetzt unmerklich aufwärts ging, nie über 70–80 km hinauskam. Ob ich damit die Sonne erreichen würde, schien fraglich. Der Buick reagierte auf die geringsten Steigungen bereits mit Fehlzündungen, egal wie ich schaltete, selbst noch im Zurückschalten knallte manchmal eine ganze Serie von Fehlzündungen aus dem Auspuff heraus. Kann sein, daß es an der Kiste lag oder auch am italienischen Benzin – mir war es kaum noch möglich, auf die auseinandergeborstenen Olivenbäumen zu achten, die links und rechts an mir vorbeizogen. So schön sie auch sein mochten, ich hatte keine Zeit sie zu betrachten, hatte keine Augen für sie. Das einzige, was ich dann erst wieder wahrnahm, war dieser Fiat 124, der plötzlich in meinem Rückspiegel auftauchte:

Der rote Fiat, ja, meine beiden SEELENVERKÄUFER.

Sie waren mir also gefolgt. Ganz deutlich erkannte man im Rückspiegel ihre beiden Gesichter, die in der Sonne förmlich glühten. Und sie waren schnell. Wenn nicht bald ein Tal kam, waren sie viel schneller als ich. Mir wurde zunehmend unwohl, als ich an die vollgeladene Kiste hinter mir dachte. Was sollte ich tun? Das erste Mal, als sie zum Überholen ansetzten, kam ich noch so einigermaßen davon, weil wir gerade eine Kuppe erreichten und der Buick, durch sein Übergewicht, gleich hinter der Kuppe stark beschleunigte und auf eine größere Siedlung zu mehr und mehr an Vorsprung gewann. Aber ein zweites Mal würde das nicht gutgehen.

Das völlig Groteske war nur, daß der Ort, durch den wir jetzt hindurchfuhren, eben Modugno war, eine trostlose Trabantensiedlung voller Staub und grauer Häuser, zum Weglaufen triste. Und darum wohl bog ich auch, sobald sich eine Möglichkeit dazu bot (meine Erinnerungen an bestimmte Momente auf dieser Fahrt sind äußerst ungefähr, kann sein, daß das Rauschen im Kopf alle anderen Dinge zeitweilig beiseiteschob und eine überwältigende Macht ausübte), links von der Hauptstraße ab und fuhr eine kleine Schotterstraße hinunter, nur um diesen Anblick zu vergessen und weiter ins Tal hinunterzukommen. Ich hoffte auf Vorsprung. Vielleicht, dachte ich, schaffen sie hinter mir die Kurve nicht oder sie fahren sich im Schotter fest. Noch war ich ja im Vorteil. Noch ging es weiter abwärts, und ich konnte unentwegt beschleunigen, ohne dabei auf den Fiat zu achten – ich sah ohnehin nur Staubwolken, die hinter mir in großen Mengen aufstiegen, vom Fiat keine Spur. Ob er mir noch folgte, blieb mir lange Zeit ein Rätsel. Gewissermaßen fuhr ich jetzt auf bloßen Verdacht hin, obwohl ich ja wie ein Gejagter fuhr, so brachial in diese Schlucht hinein und machte dabei noch alle möglichen Sprünge über Absätze, ganz zu schweigen von den vielen Bauchlandungen, die ich immer wieder in den Schotter setzte, ohne dabei allerdings steckenzubleiben.

Seltsame Fahrt. Als ich unten in die Schlucht kam, war ich vor lauter Schleudern beinahe seekrank geworden. Ein kleiner Bach floß zwischen den Steinen durch, und ich hatte nicht mal die Ruhe, darüber nachzudenken, wieso eigentlich dieser Bach eine dermaßen tiefe Schlucht hier ins Gebirge gerissen hatte. Denn kaum fuhr ich hinüber (ich bangte noch, ob die Brücke meinem Gewicht standhielt), tauchte hinten der Fiat wieder auf. Einen Augenblick war ich jetzt dem Heulen ziemlich nahe. Vor mir stieg der Weg in steilen Serpentinen in die Berge hoch, und es war klar: wenn ich da hochfuhr und mir nicht binnen kurzem eine neue Idee kam, die grundsätzlich etwas an meiner Lage veränderte, würden sie mich einholen. Und zwar bald ... Verzweifelte Überlegungen, wie ich aus meinem Nachteil noch einen Vorteil machen konnte. Alles, was mir dazu aus Actionfilmen einfiel, war lächerlich. Ich konnte nur noch versuchen, meinen Wagen wieder schneller zu machen, und das ging wieder nur dadurch, daß ich Ballast abwarf. Die Chance war gering, aber es war die einzige.

Komm, werd es endlich los ... Zur Beruhigung zündete ich mir zunächst noch eine Nazionali an und griff dann (wohlgemerkt im Fahren, es blieb mir nur die linke Hand zum Steuern übrig) hinten über die Rücklehne in die Kiste hinein und nahm ein Paket heraus. Vielleicht hätte ich es nicht anzünden sollen. Aber der Fiat war schon so nahegerückt und mir schwirrte der Kopf von soviel Kurvenfahren, daß ich in meiner Arbeit mehr und mehr hektisch wurde und – alles ging so schnell vor sich – mit meiner Zigarette die kleine Schnur berührte, die unten aus dem Paket ragte. Wenigstens brannte sie sofort los, und mir blieb gar nichts übrig, als das Paket in hohem Bogen aus dem Wagen zu werfen.

Ja, gut, nach hinten. Direkt nach hinten. Das Paket war eben draußen, da gab es schon einen dumpfen Knall hinter mir, und ich sah noch im Rückspiegel eine Stichflamme, die aus der Kühlerhaube des Fiats kam, ehe er seitlich über die Böschung fuhr und in die Schlucht rollte, um unten nach mehreren lautlosen Überkugelungen merkwürdig ruhig zu verbrennen ... Jetzt, wo ich ihn brennen sah, kam mir schon wieder alles wie im Film vor. Ich fühlte mich wie vor eine Filmleinwand versetzt, die an den Seiten durch meine Fenster begrenzt wurde, und wäre nicht dieses Rauschen gewesen, das meinen Kopf und meinen Körper mit einem dauernden Schwindelgefühl erfüllte, ich hätte vielleicht sogar aufgehört zu fahren. So aber fuhr ich immer weiter ins Gebirge hinein, ohne auch nur ein einziges Mal zur Besinnung zu kommen. Es war fast wie im Traum. (Die wenigen Erinnerungen, die ich noch an das Ende habe, kommen mir nachträglich etwas verwirrend vor. Ich will sie aber dennoch festhalten.) Mein Buick fuhr mich drei Stunden lang wild und wie absichtslos durch die Gegend. Die Mühsal anzuhalten, machte er sich nicht. Ich sah wohl Menschen, die mich anstarrten, später auch in Asche zusammenfielen, aber was eigentlich die Anstrengung sollte, im Fallen auch noch den Mund aufzumachen und mir eine Stille ins Gesicht zu blasen, verstand ich immer weniger angesichts dieser völligen Verwilderung aller Drehzahlen. War ich denn noch am Leben? Tote Gebirgsbewohner, die rings um mich her aus ihren Gräbern stiegen, gaben mir von den Hängen herab recht – und sie fügten noch hinzu, daß es mit ein paar lächerlichen Steuerversuchen nicht getan sei. Lieber warfen sie sich vor die Räder und hörten, wie die Knochen dabei zerfahren wurden, das, meinten sie, sei immerhin etwas bei dieser unumschränkt herrschenden Grabesstille. Schön, etwas zu hören. Die durch die Luft fliegenden Keulen machten allerdings den Abendwind nicht lauter, und ich kann auch nicht sagen, daß ich erstaunt war, als ich meine Sonne verschwinden sah. Man soll nicht immer gleich in Panik geraten, rief mir ein deutscher Tourist zu und überschlug sich lauthals lachend an der benachbarten Felswand. Das nur, um meine Verfassung zu schildern. Wichtiger erschienen mir jetzt die über die Straße laufenden Ziegenherden, die nur aus Haut und Knochen zu bestehen schienen und mir alles entgegenhielten, was sie anzubieten hatten. In was war ich denn geraten? Das Glück der Rasereien vernichtete Ninive, sang der Abendstern, und irgendein Wahnwitz meines Namens klapperte ganz Nordapulien ab. Ich gebe das zu bedenken. Irgendwann las ich einmal den schönen Namen «Alberobello», ein Schild, das dahin führte, darunter stand «Trulli» – aber mein Buick war längst vorbeigefahren, und ich gab es auch auf, ihn zu beeinflussen.

Nach drei Stunden Fahrt, der Mond stand schon am Himmel, kam ich dann aus einer Schlucht heraus in eine verlassene, völlig ausgestorbene Höhlenstadt, nirgends Menschen zu sehen, auch Tiere nicht, der Buick stotterte noch gerade in eine Höhle hinein, ich fiel in Schlaf, und als ich wieder aufwachte, nach vierzehn Stunden traumlosen Tiefschlafs, war ich in MATERA.

25. Juni

Wetterumschwünge:

1. Im Koffer ist kein Geld. Der Mann in Bari hat mich belogen. Alles, was ich im Buick fand, war ein zerknitterter 500-Lire-Schein, der noch von Viviane stammt.

2. Was ich nicht wissen konnte: über der Höhlenstadt gibt es noch eine andere Stadt, das heutige Matera. Inzwischen war ich schon mehrere Male oben. Habe auch Leute getroffen, die etwas Deutsch konnten. Vor einigen Jahren (sagte mir der Zeitungsverkäufer) wohnten die meisten Menschen noch hier unten, dann (erklärte mir ein Mann im Zigarettenladen, der längere Zeit in Wolfsburg war) sind alle in Neubauten umgesiedelt worden, weil (wie mir der Kellner in der Pinte oben erzählte) hier unten Seuchengefahr drohte. Manche Leute (das sagte mir wieder der Händler, dem ich meinen Lederkoffer vermachte, für 4300 Lire, mehr war ihm leider nicht abzuhandeln) würden immer wieder versuchen, in ihre alten Höhlenwohnungen zurückzukommen, deshalb habe man sie fast alle zugemauert oder ausgeräuchert, wenigstens unbewohnbar gemacht.

3. Matera heißt Matéra.

4. Jedesmal das Erschrecken, wenn ich einen roten Fiat auf den Straßen sehe.

5. Es gibt keine deutschen Zeitungen hier. Keine Ahnung, was über den Verlagsbrand berichtet wird. Vielleicht sind schon Bilder von uns im Umlauf.

6. Sturm, gestern abend, der von den Bergen herunterkam, ein ungeheures Heulen in den Felsen. Ich brauchte lange, um endlich einzuschlafen.

7. Meine Höhle scheint eine ehemalige Krypta zu sein. Der Buick steht im Dunkeln neben dem Altar. Ein einziges Felsloch geht nach Süden hinaus, man sieht auf die gegenüberliegende Steilwand, drüben auf der anderen Seite des Tals. Fernes Geläute von da. Ein paar Schafe, die über die Kuppe ziehen. Oder sind es Ziegen?

8. In vielen Höhlen liegen noch Reste alter Einrichtungen herum, Reste von Möbeln, zerbrochenes Geschirr, vergilbte Kalender, die an den Wänden hängen. Die Fenster sind mit Brettern vernagelt.

9. Desinfektionsgeruch.

10. Mein linkes Knie wird immer dicker. Es will nicht abschwellen. Besonders morgens, wenn ich aufstehe, habe ich Schwierigkeiten in Gang zu kommen, Mühe aufzutreten.

11. Besser, wenn der Buick jetzt erst mal ein paar Tage in der Höhle bleibt. Vielleicht sind irgendwelche Suchaktionen im Gang. Keine genauen Vorstellungen, wie es weitergehen soll. Nach Bari kann ich nicht zurück.

12. Ich warte auf Einfälle.

13. Das meiste Geld schon wieder ausgegeben – Pasten, die ich gegessen habe, Spaghetti, Fettuccini, Canelloni und diese Sachen, ich habe auch viel Rotwein getrunken. Das Nächste, was ich versetzen werde, wird wahrscheinlich meine Uhr sein.

14. Jetzt läuten oben die Glocken.

Verkriech dich nicht. Komm aus deinem Schneckenhaus heraus und mach deine Augen auf. Niemand trachtet dir hier nach dem Leben. Du bist mitten im Aufatmen, auch wenn die Neubauten, in die die Leute umgesiedelt sind, schon wieder wie Bruchkästen aussehen. Laß dich von solchen Quergedanken nicht irre machen. Du hast nichts mehr zu verlieren, sieh das ein, du hast nur noch zu gewinnen. Es gibt wirklich keinen Grund, daß du bei jeder kleinsten Streichholzflamme zusammenzuckst. Feuer kann dir nichts anhaben. Du mußt dir nur klarmachen, daß deine Sehnsucht eine Richtung ist. Geh ihr einfach nach. Komm, schüttel deine Ängste ab, schwing dich auf die Beine und geh los. Dein Knie wird schon durchhalten.

Matera, 27. Juni

Auf dem Platz, oben. Die Leute da. Kurz nach Sonnenuntergang kommen sie aus allen Seitenstraßen angeschlendert, jeder für sich, jeder in seiner eigenen, verlangsamten Gangart, grau wie die Häuser um sie, ja, sie begrüßen sich, sie beginnen über irgendetwas zu reden, alle scheinen sich zu kennen, bald stehen sie schon murmelnd in kleinen Gruppen auf dem Platz herum, hier, da, in der Abendluft, ein alter Mann kommt aus der Espressobar herüber, jemand ruft «Giuseppe», man versteht aber die Antwort nicht, weiter hinten geht ein Priester über den Platz, einige drehen sich nach ihm um und werfen ihm ein paar Worte zu, die anderen scheinen sich nicht um ihn zu kümmern – es sind fast alles Männer, alle dunkelgrau gekleidet wie die Steine hinter ihnen, die Frauen sind wie vom Erdboden verschwunden, höchstens, daß ab und zu ein einsamer Laster über den Platz fährt, hupend, im Schrittempo, aber man achtet nicht weiter darauf, eher schlendert man jetzt zum Kino herüber und besieht sich die Bilder, die man längst kennt, alte, halb heruntergerissene Plakate, ein bläuliches Messer, das in einen Rücken fährt, ein schreiender Frauenmund, der sich darüber aufbäumt, «Il diavolo di Milano» – sind das nun Schreckbilder oder Wunschbilder vom fernen Norden, wo man viel mehr verdient?

Noch keine Neuigkeiten.

Matera, 29. Juni

Möglicher Hinweis: Vivianes Landkarte.

Morgen mehr davon. (Heute bin ich zu besoffen, Leute, ich hätte fast meine Höhle nicht mehr wiedergefunden, und das im Vollmond, müßt ihr wissen, ich bin immerzu eingeladen worden, diese ganze Runde da oben wollte doch tatsächlich immer wieder wissen, ob ich nun im Hotel wohne ... Schlaft gut, und laßt eure Sterne über euch schwirren.)

Was heißt bloß «Lapidu», «Lapidu», kann mir das mal einer sagen?

30. Juni

Es wird langsam Zeit, daß ich von hier wegkomme. Dieser Zustand, oben, unten, einerseits oben Leute zu treffen, oben Bekanntschaften zu machen und dann, wenn die Rede auf meine Unterkunft kommt, schon wieder in Ausreden zu verfallen, weil ich meine Höhle hier unten verschweigen muß. So als lebe ich im Nirgendwo. Die dauernden Lügen, um oben zu verhindern, daß man mich nach unten begleitet. Gestern, als wir in der Kneipe aufbrachen, kam ich mir schon richtig schäbig vor, weil ich bereits auf die Aufforderung, noch etwas durch die Straßen zu gehen, mit lauter Abwehrgesten reagierte und abrupt in die Seitengassen davonlief, aus Angst, ich könne sie nicht anders loswerden.

Hinzu kommt, daß ich heute vormittag, als ich zum Caffè hinauf wollte, hier zwischen den Höhlen einen Mann entdeckte. Er hatte ein Notizbuch in seiner Hand, schrieb irgendetwas hinein, ging dann zur nächsten Höhle und schrieb wieder etwas hinein. So ging er von Höhle zu Höhle. An manchen Höhlentüren klopfte er sogar an, ja er versuchte sie manchmal aufzuzerren, offenbar prüfte er, ob noch jemand in ihnen wohnte. Das alles fand gut hundert Meter über der Krypta statt. Mein einziger Vorteil war, daß sich während seines Prüfgangs, der sehr ausführlich war, mehr und mehr der Himmel zusammenzog und daß es dann gegen Mittag endlich zu regnen anfing. Als die ersten Regentropfen fielen, klappte er das Buch zu und verschwand bis auf weiteres auf der Treppe oben.

Seither regnet es in Strömen. Regen, Gebirgsregen, der über die Höhlen niederfällt und einem so vorkommt, als würde er nie aufhören. Auf den Wegen haben sich längst Bäche gebildet, man hört es überall rieseln, gluckern, alle paar Augenblicke fegt der Wind hier in die Felsen hinein und läßt es stärker aufrauschen, schauerartige Böen, die sich unten ins Tal hinein verlieren, um dann oben von den Bergen her wieder anzuschwellen. Und bei diesem Wetter soll ich losfahren ...

Ja, wohin –

Es gibt zwei vage Anhaltspunkte, die ich auf Vivianes Landkarte gefunden habe. Sicher sind es ganz fragwürdige und zudem auch völlig zusammenhangslose Möglichkeiten, von denen noch die eine (vielleicht realere, vielleicht die, die ich jetzt wählen müßte) ein unlösbares Rätsel ist:

1. Viviane hat auf der Karte verschiedene Orte angekreuzt. Das sind zunächst mal die, durch die wir schon gefahren sind, Bologna, Ancona, Foggia, Bari. Soweit also nichts Besonderes. Aber dann gibt es da noch (ich merkte es erst, als ich die Karte weiter auffaltete und in irgendeiner ungläubigen Erwartung alle südlichen Landstriche mit dem Finger abging) einen winzigen Bleistiftpunkt in Südapulien, weit unten am Stiefelabsatz von Italien. Er ist leicht ins Papier eingedrückt – und ich entdeckte ihn auch, zumal er von der Kartenzeichnung kaum zu unterscheiden war, erst mit dem Finger, dann mit den Augen. Was soll ich jetzt davon halten? Einerseits kann ich nicht ausschließen, daß der Punkt nur zufällig, durch einen bloßen Ausrutscher da hingekommen ist. Dafür spräche wohl auch, daß er keinen Ort, nicht einmal eine Straße oder so was bezeichnet. Aber andererseits: warum ist er so präzise in die Karte eingestochen? Und warum befindet er sich ausgerechnet in der Mitte zwischen den Orten Acquarica, Leuca, Gemini und Taurisano, Orten, die doch ihrem Namen nach alle an Sternzeichen und alte Geschichten erinnern? Könnte er nicht vielleicht das Ziel unserer Sternfahrt sein? Oder bilde ich mir diese Möglichkeit nur ein, weil ich ihn bereits gefühlt habe, weil ich das Gefühl habe, einen Kontakt mit ihm zu haben?

2. Das Wort «Lapidu». Es steht hinten auf der Rückseite der Karte. Daß Viviane es geschrieben hat, ist so ziemlich alles, was ich daran verstehe. Ich habe schon alle Namen auf der Karte abgesucht, habe mich auch oben bei den Leuten danach erkundigt, aber niemand konnte mir eine Erklärung geben. Den Gedanken, «Lapidu» als Code zu lesen, gab ich nach ersten Ansätzen wieder auf, weil es dabei immer fremder wurde. Es begann zu schwirren, zerfiel in lauter Klänge, die mich verwirrten. Nur habe ich jetzt manchmal den Eindruck (wahrscheinlich weil es mir zwei Tage lang durch den Kopf geht), ich würde es von früher kennen. Je mehr ich daran denke, desto mehr geraten meine Vorstellungen durcheinander, und ich weiß bald nicht mehr zu unterscheiden, was Erinnerung, was Vorstellung und Phantasie ist.

Also nach Süden. Heute abend, wenn es dunkel geworden ist. Wie weit mein Benzin noch reicht, wird sich zeigen. Wichtiger ist: ich habe einen kleinen Bleistiftpunkt voller Hoffnungen.

37

1. Juli

Gegen zehn Uhr fuhr ich aus Matera los. Der Weg ins Tal hinab, durch die Sassi, war an vielen Stellen von Schlamm überschwemmt worden. Steinschlag war gefallen. Ich mußte immer wieder an die Bergkante heranfahren, um ihn zu umgehen, schwarze, unabsehbare Tiefen lagen neben mir, man wußte nicht, wo das endete. Zeitweilig kam es mir vor, als würde ich auf einem frei in der Luft schwebenden Stück Straße fahren, das hoch über einen Abgrund führte und jeweils nur so groß war, wie meine Scheinwerfer reichten. Die Sicherheit, daß es hier Berge gab, feste Zusammenhänge von Gegenständen und Wege, die zu etwas führten, schien mir irgendwie unglaubwürdig. Ich dachte: wenn es jetzt hell würde, mit einem Schlag, würde ich vielleicht furchtbar erschrecken, weil um mich herum nichts als schwindelerregende Leere ist. Erst als ich weiter nach unten kam, beruhigten sich diese Gedanken langsam wieder, und ich hörte auch auf, an abstürzende Autos zu denken, Autos, die schon im Stürzen voller Flammen standen und nirgends zerschellten, immer nur weiterfielen, minutenlang durch die Dunkelheit hindurch. All das versank allmählich. Ab und zu schlugen noch ein paar Fallböen auf den Buick herab und drückten ihn zur Seite, dann ließen auch sie nach, und ich blieb allein mit dem Regen.

Lange achtete ich auf nichts mehr, ich sah nur die gleichmäßig auf die Scheibe schlagenden Regentropfen, die an ihr zerliefen, egal wo ich hinfuhr, immer kamen sie schräg von vorn in meinen Lichtkegel geflogen und stürzten auf die Scheiben zu, so als würden sie nur mir gelten, als sei nur ich ihr einziges Ziel gewesen. Es hatte etwas Aussichtsloses, wie der Scheibenwischer jedesmal die Regentropfen beiseiteschob und kurz eine freie Fläche schuf, auf der sofort neue aufprallten. Ich fühlte mich benommen davon. Die Augen wurden mir schwer. Ich begann, irgendwelche Sätze in den Regen zu reden.

Später, als ich schon über die Murge fuhr, tauchte einmal ein Hund vor mir auf. Seine Augen blitzten in die Scheinwerfer, er hatte ein glänzendes, hellgelbes Fell. Kurzweilig verwirrte ihn, was da auf ihn zukam, dann schlich er mit durchgedrücktem Rücken in die Felder fort. Es wurde wieder finster. Solange es geradeaus ging, horchte ich jetzt auf die untergründigen Nebengeräusche des Motors, neue, fast unhörbare Töne, die in regelmäßigen Abständen wiederkehrten, klangen aus dem

Brummen auf, sie ergaben Melodien, bald glaubte ich rhythmische Leit-
motive aus ihnen herauszuhören, sie schienen manchmal zu flüstern,
seltsame Zischelgeräusche, ohne daß ich verstand, was sie bedeuten
könnten. Ich hätte gern ein Kofferradio bei mir gehabt, Musik, die mich
über dieses Hochplateau begleitete. Alles war so fern.

Weiter dann. In Castellaneta sank der Benzinanzeiger auf Reserve. Ich
brach eine Tanksäule auf, füllte Super nach und kurvte weiter, über
Palagiano nach Taranto. Taranto selbst umging ich. Ich wollte ver-
meiden, mit meinem Nummernschild gesehen zu werden, schon weil es
eine Hafenstadt ist und weil ich Verbindungen zwischen Taranto und
Bari befürchte, man weiß ja nicht, wie weit die ihre Netze gespannt
haben. Hohe Fabrikschlöte stiegen da irgendwo aus der Dunkelheit auf.
Qualm und Schwefelgeruch, der mir in die Nase stieg, obwohl ich die
Fenster bis oben geschlossen hatte. Später ließ dann langsam der Regen
nach. Erste Autos tauchten vor mir auf, viele mit mangelhafter Beleuch-
tung, Dreiräder, wackelige Lastwagen, die links und rechts von mir in
die Felder fuhren, vermummte Gesichter auf ihnen. Je mehr ich jetzt
wahrnahm, desto schneller begann die Zeit wieder zu laufen. Es gab
sichtbare Einzelheiten, Punkte, an die man sich halten und die man ver-
folgen konnte. Kurz hinter Manduria setzte schon die Dämmerung ein.
Ein leuchtender Streifen stieg am Horizont auf und riß mehr und mehr
die Wolken auseinander, mit wachsender Helligkeit unterschied ich
Olivenbäume, Orangenbäume, ich sah lauter kleine Steinmauern um
mich her – und jetzt, wo ich wieder zu mir kam, begann ich auch allmählich zu begreifen, wie sehr mich das eigentlich erschöpft hatte, die
Fahrt, der Regen, diese unentwegte Anspannung. Mein Körper war
ganz starr geworden. Vor allem das linke Knie, das ich die meiste Zeit
über kaum bewegen mußte, tat nun jedesmal weh, wenn ich auf die
Kupplung drückte. Es schien sich dagegen zu wehren, daß ich noch
weiter kuppelte. Mit jedem neuen Umschalten kehrten diese Schmerzen
wieder ...

Zehn Minuten nach acht. Ich sitze hier im Schatten einer Mauer. Rechts
von mir der Buick. Hinten ein paar Agaven, die über der Steinmauer
aufragen. Weiter entfernt sieht man ein blaues Schild mit weißer Auf-
schrift: «Nardo-Gallipoli» steht da. Es sind die nächsten Orte hier. Der
Boden ist noch feucht. Von Zeit zu Zeit kriecht eine Eidechse zwischen
den Steinen hervor und flitzt dann wie vom Blitz getroffen davon, wenn
sie meine schreibende Hand entdeckt.

Traum, beim Schlafen vorhin.

Ich betrachtete noch mal den Bleistiftpunkt auf der Landkarte. Wie ich mich langsam über ihn beugte, merkte ich, daß ich aus großer Höhe auf ihn zuschwebte und daß der Bleistiftpunkt ein tiefes Loch war, in das ich jetzt mit einer Seilwinde hinuntersauste. Unten war nicht etwa Wasser wie in einem Brunnen, sondern eine seltsame Ansammlung von Mumien, Menschen, die alle in Zeitungspapier gewickelt waren. Als ich in ihnen landete, schaute von oben der Verlagsleiter in den Schacht hinab und lachte erbärmlich. Natürlich schoß er auch. Und zwar mit einer Winchester, wie ich sie oft in Western gesehen habe. Während er so auf mich einballerte, klagte er mich an, ich hätte seinen Buick gestohlen oder so was. Ich, ein jämmerlicher Tankwart, rief er, ein unfähiger Setzer und so weiter, sein Lachen hallte ziemlich unerträglich in diese Mördergrube hinein, bald konnte ich vor lauter Echos kaum noch etwas verstehen. Nur später, als er eine lange Pause einlegte, hörte ich noch einmal einen Satz heraus, den ich irgendwann selber mal – mit vollem Recht – in seiner gottverdammten Zeitung gesetzt hatte:

«MAN SOLL AUS SEINEM HERZ KEINE FÖRDERGRUBE MACHEN.»

Dieser Satz, der ihn damals fast zur Weißglut gebracht hatte, kam jetzt lächerlich ironisch aus seinem Mund. Und als ich endlich seine Kugeln in mir spürte, schmiß er etwas Schweres, das mir eine ganze Zeit lang oben die Sicht versperrte, in den Schacht hinab. Es war Viviane. Noch bevor sie auf mich niederfiel und mich zerschmetterte, zog ich es vor, wieder aufzuwachen.

Immerhin werde ich meine Konsequenzen daraus ziehen. So unwahrscheinlich auch sein mag, daß einer dieser Herren an dem Punkt auftaucht – ich werde doch vorsichtshalber erst mal den Buick umspritzen. Wie, weiß ich noch nicht.
Aber daß er grau sein wird, grau wie die Kalksteinhöhlen von Matera, ist mir jetzt schon klar.

Gallipoli, 3. Juli

Lust, jetzt, etwas zu sagen über diese Stadt am Golfo di Taranto, wo
ich vorerst hängengeblieben bin, mit-ohne Wagen (er steht ein Stück
weiter außerhalb in einem Pinienwald), inzwischen zwei Tage lang, weil
ich noch Geld brauche, Geld für etwas Farbe und ein paar Zusatzteile,
die dringend in den Motor müssen,

auf den letzten Kilometern hierher
fing der Auspuff schon zu spucken an, die Kompression ließ nach und
der Buick stieß einen Qualm wie der heilige Geist aus. Ich begann schon
abergläubisch zu werden, dachte, das ist jetzt der Verlagsleiter, der sich
an mir rächen will, bald wurde es so schlimm, daß ich überhaupt nur
noch über Feldwege zu fahren wagte und jedem, der in meine Sichtweite
kam, vorzeitig auswich, um nicht schief angesehen zu werden –

also Gal-
lipoli, Gallípoli, was soviel wie «schöne Stadt» heißt, der Name ist
griechisch, es war mal vor langer Zeit, vor zweitausend Jahren oder noch
mehr, eine griechische Kolonie. Griechisch, so erzählte man mir, sei
jetzt noch vieles in dieser Gegend hier, in der Nähe von Gallipoli gebe
es noch Orte, wo man einen griechischen Dialekt spreche, offiziell sei er
verboten, aber «offiziell» sei ja ohnehin nur, was vom Norden verordnet
werde, der Norden sei nicht Apulien, nicht Puglia ...

Staubige Straßen,
die hinunter bis zur Lagune führen, man überquert eine kleine Brücke,
läßt rechts den Hafen liegen (er ist zu klein, um mir gefährlich zu werden), und plötzlich ist man mitten im Zentrum von Gallipoli, leuchtend
weiße Häuser, die alle ineinander übergehen, Bögen, Balkone, Treppen,
die seitlich an den Mauern auf die Dächer führen, man kann sie hinaufgehen, kann ebenso über die Häuser wandern wie durch die Gassen
unten, anfangs war ich ganz geblendet von soviel Helligkeit. Der Boden
schien plötzlich unter mir zu schwanken. Ich überlegte, wie man mich
wohl aufnehmen würde, ob ich nicht schon auf den ersten Blick hier wie
ein Eindringling wirken müßte, zumal ich mich ja dauernd umsah, überall haltmachte und die Leute beim Arbeiten beobachtete.

Aus lauter

41

Verlegenheit trat ich an einen Obststand und kaufte ein Pfund Tomaten. Die Frau hinter dem Karren wickelte die Tomaten in ein Stück Zeitungspapier ein und sah mich verwundert an. Ich sollte wohl irgendetwas sagen. «Gibt es hier eine Carrozzeria», fragte ich schließlich. Darauf hatte die Frau offenbar nur gewartet, sie gab mir zwar keine Antwort, rief aber einen Mann herüber, der sich gleich noch einmal meine Frage anhörte. «Carrozzeria, Carrozzeria», wiederholte ich jetzt mehrmals. Inzwischen waren auch zwei andere herangetreten und fragten, was ich gesagt hätte. Kinder kamen aus den Hauseingängen gelaufen, ein alter Mann erhob sich von seinem Stuhl, auf dem er gedöst hatte, alle umdrängten mich, diskutierten über mich und meine Frage und wollten auch wissen, woher ich komme, ob ich Inglese, Francese oder Tedesco sei. Ich sei aus «Germania federale», sagte ich. «Ah, si, Rocco», warf der Alte ein, und er nickte dabei so überzeugend, als habe er wirklich des Rätsels Lösung gefunden.

Auf einmal begann ich viel gelöster zu werden. Mir war es egal, daß mein Wort «Carrozzeria» mehr und mehr unterging. Die unsichtbaren Wände, die ich vorher um mich herum gespürt hatte, fielen bald wie Einbildungen von mir ab. Plötzlich merkte ich, daß ich viel mehr italienische Worte sprechen konnte, als ich mir bisher zugetraut hatte. Wenn ich nicht weiterwußte, nahm ich meine Hände mit zu Hilfe und erinnerte mich dabei an den Taubstummen in Matera, den ich abends in der Kneipe getroffen hatte und der mir allein mit seinen Händen lange Geschichten erzählen konnte. Ich hatte das Gefühl, erstmals wieder sprechen zu lernen, körperlich zu sprechen.

Wir gingen was trinken, saßen draußen in der Sonne am Lagunenrand. Wind kam vom Meer herüber, oben auf den Dächern flatterten ein paar Wäschestücke. Wenn jemand vorbeikam, blieb er stehen, setzte sich zu uns oder holte andere herbei. Manchmal waren wir sieben, manchmal zehn. Später gingen wir dann durch die Lagunenstadt wieder zum Hafen zurück und suchten Rocco auf.

Rocco, Robertos Neffe, Margheritas Enkel, Anna, Ettore, die anderen Familienmitglieder sind fortgegangen, ausgewandert nach Norden oder sonstwohin, Rocco war ein Jahr in Deutschland, zuletzt in Rüsselsheim bei Opel, wo man ihn wegen fehlender Aufenthaltsgenehmigung erst doppelt unterbezahlte und dann, als die Arbeitsplätze zurückgingen, eines Tages der Behörde übergab und einfach so dafür sorgte, daß er ausgewiesen wurde. Seither ist Rocco wieder in Gallipoli und arbeitet bei Roberto in der Werkstatt – ich kam mit ihm ins Gespräch, als er gerade einen Fiat 500 reparierte und merklich erstaunt war, daß ich mich mit Motoren so gut auskannte. Die anderen standen im Halbkreis um uns herum und sahen uns angespannt zu. Manchmal übersetzte Rocco. Er wiederholte auf italienisch, was ich ihm eben erzählt hatte, meine halb wahre, halb erfundene Geschichte, wie ich hier hergekommen sei:

daß ich mein Geld verloren hätte, daß ich jetzt versuchen wolle, etwas für die Weiterfahrt zu verdienen, daß ich vorerst nicht daran dächte, nach Deutschland zurückzukehren, Apulien gefalle mir viel besser. All das bekam für mich, wenn er es übersetzte, viel mehr Glaubwürdigkeit als auf Deutsch. Ich hatte den Eindruck, daß seine Übersetzung erst etwas Stichhaltiges daraus machte, im fremden Wortklang wirkte es viel richtiger, paßte viel besser in diese Umgebung, auch wenn ich manche Wörter gar nicht verstand oder nur erahnte, was sie bedeuten konnten. Das Nicken der anderen, die allgemeine Anteilnahme, die man mir entgegenbrachte, machte alles zu etwas Wirklichem.

Gegen Mittag kam Roberto aus Nardo herüber. Er war schnell einverstanden, ich kann jetzt ein paar Tage mit in der Werkstatt arbeiten. Schlafen tue ich bei Rocco, in dem kleinen Zimmer, wo einst Francesco, Roccos Bruder, wohnte, bevor er nach Frosinone ging. Ein Kruzifix hängt da über dem Bett. An der Wand ein rosa Madonnenschinken. Wenn man das Fenster aufmacht und sich hinauslehnt, sieht man über die Balkone, Dächer und Terrassen hinweg hinten den blauweißen Leuchtturm von Gallipoli. Bist du nun froh?

Gallipoli, 4. Juli

Über Nacht ist ein Frachter in den Hafen eingelaufen. Lauter Pferde stehen auf dem Deck. Siebzig, achtzig Pferde, dicht aneinandergedrängt. Sie kommen aus Jugoslawien. Die ersten zwanzig sind schon auf den Kai heruntergetrieben und werden mit langen Stricken zu einem Pulk verbunden. Alle scheinen noch ermüdet von der Fahrt. Man sagt, sie kommen zum Roßschlachter. Aber hier sind auch einige Bauern aus der Umgebung vorgefahren, die jedem einzelnen ins Maul fassen und ihre Zähne untersuchen. Es gibt eine ganze Reihe, die auch wirklich, trotz ihrer müden herunterhängenden Köpfe, nicht wie alte Schlachtpferde aussehen. Jetzt wird der Pulk die Straße hochgetrieben. Ein Mann voraus, der alle an einer Leine hinter sich herführt. Sie trotten wie abwesend hinterher. Eigenartig – kein Wiehern, kein Aufbäumen. Auch auf dem Schiff nicht: die vielen Pferde, die da noch zusammengedrängt an Deck stehen, wenden nicht einmal ihre Köpfe, um diesem Hufgetrappel nachzusehen. Das Schiff heißt «Crotone».

4. Juli, später

Ich habe etwas Merkwürdiges festgestellt: Wenn ich schreibe, tut mein linkes Knie nicht mehr weh. Jedesmal wenn ich damit anfange, gehen die Schmerzen langsam zurück, die Verspannung im Knie läßt nach, ich vergesse mit jeder neuen Zeile mehr die Knieschwellung, spüre auch kein Blutpochen mehr, und zwar nicht nur während des Schreibens, sondern auch eine ganze Zeit danach. Je mehr ich mich aufs Schreiben konzentriere, desto geringer ist dann hinterher der Schmerz. Jetzt, im Moment, wo ich dies schreibe, ist er schon wieder fast verschwunden. Fort, wie verflogen. Das Knie wird zwar nicht dünner dabei, im Gegenteil, es scheint gerade während der Schmerzlosigkeit um so mehr anzuschwellen, aber ich fühle mich innerlich leichter.

Am Anfang war mir dieser Zusammenhang gar nicht aufgefallen. Ich habe auch keine Erklärungen für ihn, wenigstens keine psychologischen oder medizinischen Erklärungen ... Nur seit er mir klar ist (genaugenommen seit gestern), habe ich mir auf alle Fälle vorgenommen, jedesmal, wenn die Schmerzen einsetzen, auf der Stelle etwas zu schreiben. Das bedeutet, daß ich von nun ab dauernd etwas Schreibbares mit mir herumtragen muß, dieses Buch hier, einen Zettel, egal wie unangenehm das sein wird. Es gibt keine andere Medizin.

Einzige Frage: was wird Rocco sagen? Was wird er für ein Gesicht machen, wenn ich morgen mit Zettel und Bleistift in der Werkstatt aufkreuze und mitten im Arbeiten plötzlich den Bleistift zücke, um irgendetwas Schmerzstillendes aufs Papier zu schreiben? «Die Ventildichtung ist ausgeschlagen.» «Roberto ist nach Alezio gefahren.» Wird er nicht denken, ich sei etwas seltsam im Kopf? Oder, noch schlimmer, ich sei einer dieser wandelnden Enthusiasten, die nichts erleben können, ohne es gleich aufs Papier hinzuschreiben? Und gesetzt den Fall, ich würde ihm von meiner Setzer-Tätigkeit erzählen, müßte er nicht den Schluß daraus ziehen, ich könne eben die blöden Wörter nicht vergessen? Nachträglich überlege ich mir natürlich, warum ich in den letzten Tagen so viel geschrieben habe: War es wirklich der Druck der Ereignisse? Oder habe ich nur (unbewußt) dauernd mein Knie beruhigt – was gleichzeitig heißt, daß ich es eben dadurch immer mehr zum Anschwellen gebracht habe? Wo steckt denn die Verletzung? In meinem Knie? In meinem Schreiben? In allem beiden? Rocco würde jetzt lachen.

Wir haben den Tag schön durcheinandergebracht. Er, ich. Sprach ich von Fiat, begann er von Opel zu sprechen. Versuchte ich italienische Ausdrücke zu gebrauchen, gab er mir sofort deutsche Fachausdrücke zurück. Redete ich dann von Lancia, führte er Kadett und Admiral in die Debatte ein. Er redete von Deutschland, ich von Italien. Erwähnte ich die Streiks in Turin, erzählte er von den Aussperrungen in Rüsselsheim und erklärte mir, wie die ausländischen Arbeiter dort in Kasernen lebten, wie man sie in Betonbauten isoliert habe, wie man alles von vornherein so angelegt habe, daß sich die Arbeiter eines Landes nie alle zur gleichen Zeit treffen könnten. Seien die einen mal zu Hause, hätten die anderen gerade Schicht. Es habe auf diese Weise kaum eine Möglichkeit gegeben, sich gemeinsam zu besprechen. «Warst du mal in Rüsselsheim», fragte Rocco. Ich hatte Lust, ihm meine ganze Geschichte zu erzählen ...

Deutsche Zeitungen.

Natürlich gibt es hier in Gallipoli keine zu kaufen. Aber vor der Stadt, sagte Rocco, ein Stück südlich an der Küste entlang gebe es zwei deutsche Camper, die hier seit mehreren Wochen Urlaub machten. Die habe man verschiedentlich mit deutschen Zeitungen gesehen. Wahrscheinlich würden sie die Zeitungen per Post bekommen. Ich solle doch mal hingehen. Zum Glück kam Rocco nicht selber mit. Der Anblick meines Fotos in der Zeitung (um das Schlimmste einmal anzunehmen) hätte ihn nur in Verwirrung stürzen müssen. Ich ging allein. Unten am Hafen – es war schon Nachmittag – wurden gerade die Fische aufgeschnitten. Pesce spada, Calamari, zwei Meter lange Schwertfische lagen da, bauchige Silberfische, Körbe voll Miesmuscheln. Später, als ich schon die Küstenstraße entlangging, sah ich auch noch einen Jungen, der einen Tintenfisch aus dem Wasser gezogen hatte und immer wieder auf den Boden schlug, so als könne er ihn nicht totkriegen. Die acht Arme wurden immer staubiger. Dann kamen die Dünen. Pinien, Krüppelkiefern, in denen die Hitze hängenblieb und überall die Zikaden sirrten. Leute am Strand, ab und zu, weiter in der Ferne sah man ein Fischerboot, ich kam um eine Biegung, zwischen hohen Sandgräsern, und plötzlich entdeckte ich meine Deutschen.

Sie spielten gerade Ball, in den Dünen. Beim Näherkommen merkte ich, daß sie beide nackt waren. Der Mann gab kurze, atemlose Befehle von sich und warf den Ball jedesmal in eine Richtung, in die die Frau dann laufen mußte. Ihre schlenkernden Brüste schienen ihn nicht aufzuregen. Gut zwanzig Meter hinter ihnen stand der Wohnwagen, mit einem Düsseldorfer Nummernschild, Stühle und Luftmatratzen neben ihm, ich erkannte Kochgeschirr, seitlich neben dem Wagen hatten sie Wäsche aufgehängt. Ich legte mich leise in Deckung und wartete.

Nach einer halben Stunde trat endlich ein, was ich erwartet hatte. Der Mann nahm die Frau huckepack und hüpfte mit ihr rittlings rechts zum Meer herunter. Sie fielen sofort lachend in die Wellen. Vorsichtshalber zog ich jetzt erst mal meine Schuhe aus, drehte mich nach allen Seiten um und schlich dann zum Wohnwagen hinüber. Während sie da hinten um die Wette schwammen und sich nach einer Weile stumm umklammerten (sie ragten wie Bojen aus dem Wasser), suchte ich alle Schubladen und Regale nach meiner Zeitung durch. Ich fand drei Ausgaben. Die erste stammte vom 17., die zweite vom 18., die dritte vom 19. Juni ... Sie, die letzte, war noch nicht mal richtig ausgepackt. Offenbar war sie erst heute morgen mit der Post gekommen. So lange, 14 Tage oder noch mehr, braucht also die Post hier, dachte ich. Das hieß: wieder nach draußen, alles so liegenlassen und zu meinen Schuhen zurück. Nichts vom Verlagsbrand. Nichts über Viviane oder mich, wenn überhaupt etwas kommen wird – ich muß mich noch zwei Tage gedulden.

Ich komme wieder.

Gallipoli, 5. Juli

Wie lange ist das schon her, die Zugfahrt nach Süden, dieser Aufbruch? Und jetzt, wo hänge ich hier herum? Mit welchen Gefühlen im Bauch?

Briefe, die ich irgendwohin abschicken möchte. Nach Bari, Brindisi – wo finde ich deine Adresse? Bist du überhaupt noch da? Oder schon am Bleistiftpunkt, viel früher, als ich dort sein kann? Sag, denkst du jetzt an mich, jetzt, in diesem Augenblick, wo ich dir das sagen möchte und es nicht mehr aushalte, immer nur stattdessen in dieses Buch hinein-zuschreiben, so als sei mir geholfen damit?

Als sei das Buch eine heimliche Verbindung zu dir.

Sechs Uhr nachmittag.

Ein Hund liegt da in der Sonne. Fliegen umschwirren seinen Kopf. Alle paar Sekunden zuckt er mit dem Fell, dann brausen die Fliegen über seinem Kopf auf, drehen zwei schnelle Runden und setzen sich wieder in sein Fell.

Kannst du das hören?

Die Stille, plötzlich, wenn man sie bemerkt.

Das in Schwingung geratene Innere, Wolken, die durch die Magengrube getrieben werden, unendliche Strecken entlang, Anfälle von Allein-sein, etwas, das in mir zerreißen möchte und nicht kann.

Ich habe manchmal Angst, aus mir herauszukippen und kopfüber in meinen Schatten zu stürzen. So, einfach voraus.

Anwesend-abwesend, immer weiter hineingezogen in diese Fernen hier und immer mehr das Verwundern, wie ich mich zurechtfinde, ohne eigentlich zu wissen, was daraus werden soll.

Wenn es nach Rocco ginge, müßte ich unbedingt noch vier Wochen hierbleiben.

48

Für ihn ist alles klar. Anna würde für uns das Essen machen, Margherita würde auf ihrem Hocker stumm danebensitzen, wir würden weiter Apes reparieren (weißt du, was Apes sind – Apes sind dreirädrige Motorräder, über die man ein kleines Blechgehäuse gestülpt hat, sie sehen wie überdimensionale Fliegen aus) und würden damit weiter unsere Probefahrten machen, rund um die Lagune herum, sonntags gäbe es Fischsuppe, Anna würde zur Feier des Tages ihre weiße Spitzenbluse anziehen, und wir alle könnten sehen, ob sie ihren schwarzen oder roten Büstenhalter darunter an hat, sicher wieder den roten ...

Aber daß ich inzwischen schon in die Pinien gezogen bin, daß ich heimlich den Buick gestrichen, graugemalt und für die Weiterfahrt repariert habe (notdürftig mit etwas Draht und ein paar Muttern), davon hat Rocco keine Ahnung.

Was soll ich ihm eigentlich erzählen, wenn ich morgen abfahre?

Daß es mich weiterzieht, in die Ferne, einem unbekannten Punkt entgegen? Daß dieser Punkt schon in greifbarer Nähe von mir liegt?

6. Juli, zwischen Pinien

Auf Seite 3 ein dicker Aufmacher mit mehreren Fotos vom Verlagsbrand. Viviane sieht so aus, als käme sie eben aus der Leichenbestattung. Ihr Gesicht ist finster nachretuschiert. Darunter steht die Frage: «Wer sah diese Frau?» Sonst erfährt man eigentlich nichts Neues. Ein einsamer Feuerwehrmann liegt mit seiner Gasmaske auf dem oberen Leiterende und spritzt in das Chefzimmer. Drei Polizisten, die aus einem Gangsterfilm entsprungen scheinen, laufen mit weißen Stahlhelmen über die Straße. Unten sieht man den verkniffen blickenden Sprengmeister, der während der ganzen Aktion nicht zum Einsatz kam und dennoch seinen Kommentar abgeben mußte: «Wäre die Bombe nicht explodiert, hätte ich sie ohne Schwierigkeiten entschärfen können. Solche Bomben, wie sie hier verwendet wurden, sind wegen ihrer mangelhaften technischen Entwicklung mit wenigen Handgriffen unschädlich zu machen. Ich hätte nur ein Kabel zerkneifen müssen, dann wäre das Ganze nicht passiert. Die Schuld trifft, ohne daß ich mich hier einmischen will, das schon seit Monaten tätige Wachpersonal, das sich zur Tatzeit oben in der Kantine aufhielt und miteinander Skat spielte. Bei allem Verständnis – ich selber bin leidenschaftlicher Skatspieler – aber während der Arbeit hat man auf Zack zu sein, so etwas darf einfach nicht vorkommen.»

Das ist schon so ziemlich alles. Über den Verlagsleiter und seine Verfassung nach dem Vorfall schweigt man sich aus. Ebensowenig erfährt man über die Hintergründe und die allgemeine Stimmung auf der Straße, den wachsenden Übermut selbst von den Angestellten. Glaubt man den Bildern, dann gab es da kaum einen Zuschauer. Man erkennt allenfalls den Rauch, der überall aufquillt, die ziellos rennenden Polizisten und diesen Mondmann.

Ich selber komme überhaupt nicht vor. Man erwähnt mich, was ja nun keineswegs als gutes Zeichen zu werten ist, mit keiner Silbe. Denn wenn man Viviane verdächtigt, wenn man ihr Verschwinden mit dem «gestohlenen» Buick aufs Tapet bringt und wenn man uns doch andererseits hier in Bari längst in Zusammenhang gebracht hat, dann müßte man auch mich verdächtigen. Offenbar hat man also aus Bari nichts gemeldet. Mit welcher Absicht auch immer (und mir wird diese Absicht allmählich unheimlich), jedenfalls haben es die Typen in Bari sorgsam unterlassen, die offiziellen Stellen zu informieren.

Komm, hol Luft.

Meine nackten Deutschen werden jetzt wohl ihre Zeitung vermissen ...
Ich habe sie während ihres Mittagsschlafs aus dem Wagen geholt. Die
beiden lagen hinten im Sand wie tote Walroßbabys und bruzzelten so
vor sich hin, als ich drinnen im Wagen über ihre Betten stieg und die neue
Zeitung aus dem Schubfach nahm, genau an derselben Stelle, wo auch
die letzte Nummer gelegen hatte. Als ich dann schon fort war und mich
in einiger Entfernung über die Schlagzeilen hermachte (es waren wieder
Sätze dabei, die mir sofort die alte Übelkeit in den Magen trieben, z. B.
«Eine Warnung an alle, die mit zerstörerischer Konfliktstrategie den Weg
ins Paradies öffnen wollen»), standen sie auf und wankten mit wackligen,
sonnenschweren Gliedern zu ihrem Wohnwagen, wo sie bald darauf zu
brüllen begannen, ja, sie schrieen sich an, der Mann mit noch viel mehr
Lautstärke als die Frau, dann hörte ich etwas poltern, und der Mann trat
wütend ins Freie, um seinen Wagen zu polieren. Ich zündete darauf
schnell ein Streichholz an, setzte die Zeitung in Brand, riß noch, während
sie langsam in Flammen aufging, Vivianes Bild heraus und ging dann
nach Gallipoli zurück, um allen auf Wiedersehen zu sagen.

Großer Aufbruch am frühen Nachmittag. Rocco spendierte mir zum
Abschied noch zwei «Divino Amore». Ich versprach wiederzukommen.
Anna sagte, wir müßten dann auch unbedingt einmal ins Kino gehen,
hier liefen manchmal Filme mit Curd Jürgens. Margherita gab mir noch
etwas Salbe für mein Knie – sie kühlte wie Eis, aber mein Knie ist dadurch nicht eben dünner geworden ... Wir fielen uns um den Hals, um-
armten uns. Dann trottete ich schon stadtauswärts auf der Küstenstraße,
bog in die Pinien ein und kam mir, als ich wieder die Zikaden um mich
hörte, plötzlich wie Rumpelstilzchen vor.

Freitag

Die Straße nach Taviano führt schnurgerade über Hügel weg, man sieht sie hinter den Kuppen in immer derselben Richtung weiterlaufen, manchmal tauchen Autos aus einer Versenkung auf und verschwinden immer wieder für kurze Zeit aus dem Blickfeld, so als seien sie vom Straßenpflaster verschluckt worden, man weiß nie, wie oft sie noch so verschwinden werden, bis man sie endlich erreicht hat – der Blick in die Ferne scheint viel präziser als auf alles, was näher liegt. So sah ich schon aus weiter Entfernung zwei dunkle Figuren auf der Straße stehen. Im Näherkommen erkannte ich, daß sie zwei schwere Motorräder bei sich hatten. Irgendwie funkte es nicht gleich bei mir. Ich war wohl auch zu neugierig, um mich aus dem Staub zu machen. Aber dann stieg ich um so alarmierter auf die Bremse, als ich zwei Carabinieri vor mir erkannte.

Sie standen noch ungefähr zweihundert Meter von mir entfernt. Wenn ich da jetzt vorbeifuhr, das war mir klar, würden sie ihre Hand heben und mich einer ausführlichen Kontrolle unterziehen ... Und wenn ich gleich umkehrte, würden sie ihre Maschinen besteigen und mir mit vollen Touren nachfahren, um mich bald darauf einzuholen, dumme Fragen zu stellen und wahrscheinlich noch mit ihren Lederfingern in diese Kiste zu fassen, in der sie ganz sonderbare Dinge finden würden. Genau: Die Wut, daß es hier Polizisten gab, daß sie einen wie in Deutschland jedesmal mit Schuld beladen, egal, was man nun getan hat, ob rechtlich oder unrechtlich, daß man allein durch ihre Anwesenheit schon im Unrecht ist, ja, daß die Polizei überhaupt nur dazu da ist, um einen schuldig zu machen, um einem zu zeigen, daß man nie man-selber sein darf und selbst, wenn man heil davonkommen sollte, auch in diesem Fall noch das Entrinnen wie einen Gnadenakt empfinden soll, hätte mich am liebsten über sie herfahren lassen und zusätzlich noch massenweise Zündpakete auf sie werfen lassen, damit endlich mal Klarheit herrscht.

Aber dann fiel mir auf, daß noch eine Mulde zwischen ihnen und mir lag. Es gab da noch so eine Senke mit einem Feldweg, auf dem sie mich nicht sehen konnten, und auf ihm bog ich nun kurzentschlossen von der Straße ab und stahl mich in die Felder davon, immer noch sauwütend, noch mindestens fünf, sechs Kilometer lang, immer noch, als ich außen an Racale und Alliste vorbeifuhr und kurz dahinter wieder auf die Straße stieß, um jetzt in dauernden Zickzackkurven nach Felline zu fahren, wo

mir eine Schar von Kindern in die Quere lief und mit wunder was für
Augen durch die Scheibe winkte, ich war wohl der erste Fremde in ihrem
Leben. Allmählich wurde ich ruhiger.

Hinten im Innenland zog eine leuchtend weiße Stadt auf einem Hügel
vorbei. Meiner Karte nach war es Ugento. Vielleicht, dachte ich, wird
diese Stadt nachts, wenn der Mond draufscheint, mehr und mehr silbern.
Vielleicht heißt sie deshalb, weil sie nachts silbern wird, Ugento.

Namen wie Geschichten: Felline, Melissano, Ugento – – man möchte
sie alle kennenlernen, möchte alles genau im Einzelnen erfahren, zum
Beispiel San Giovanni ...

Ein Stück vor San Giovanni kam eine Kreuzung, von der drei sternförmige Straßen abgingen. Eine führte nach Westen, eine ins Innenland,
und auf der dritten, geraden, der «Litoranea», die zwei Kilometer vom
Meer entfernt zwischen flachen Weinfeldern und auf der anderen Seite
Macchia und Kaktus direkt nach Süden ging, fuhr ich bis Torre Mozza
weiter und traf dort zum ersten Mal auf einen Wegweiser nach GEMINI –
es war schon seltsam: so auf einmal auf ein Straßenschild geschrieben,
mit weißen Buchstaben auf blauem Grund und ohne jeden Zusatz kam
es mir beinahe unwirklich vor. Es wirkte eher wie ein Geheimcode, der
mir ganz persönlich galt, oder wie ein versteckter Hinweis auf einer
Schnitzeljagd. Wenigstens fiel es mir plötzlich schwer, an die Existenz
eines solchen Orts wirklich zu glauben, noch um so mehr, weil ich ja
eigentlich gar nicht nach Gemini wollte, sondern nur mit möglichst geo-
metrischer Genauigkeit den Punkt zwischen meinen Leitsternen Acquarica, Gemini, Leuca und Taurisano suchte. Dazu mußte ich zunächst
bergaufwärts bis zur nächsten Abzweigung nach Morciano fahren, dort
nach rechts abbiegen und beim siebten Kilometerstein, falls das irgendwie möglich sein sollte, genau im rechten Winkel von der Straße abfahren.

Was erwartete mich ... Die Kreuzung nach Morciano war rings von
Olivenbäumen umstellt, dickstämmigen Oliven, die, je weiter ich fuhr,
desto knorriger und wilder wurden. Bald entdeckte ich schon Baum-
stämme, die in sich auseinandergerissen waren und in mehreren einzelnen
Stämmen aus dem Boden wuchsen, um sich erst ein Stückchen höher
wieder zusammenzuschließen und dann aus einem wilden Knäuel von
dicken Armen heraus zu allen Seiten auseinanderzuwuchern. So etwas

habe ich – sogar auf Postkarten – bisher noch nicht gesehen. Geschweige denn so viele Steine. Mauern am Straßenrand, Mauern alle paar Sekunden in die Oliven hinein, dazwischen immer wieder kegelförmige Steinhütten, Trulli, in denen keine Seele mehr zu wohnen schien, ich sah nicht einmal Tiere, nur diese grauen, wie archaische Reste wirkenden Trullobauten, die irgendwann einmal errichtet wurden, vielleicht aus dem bloßen Überfluß von immer wieder nachwachsenden Steinen heraus, womöglich nie zum Wohnen bestimmt, oder wenn zum Wohnen, dann vor vielen Hunderten von Jahren. Endlich: mein Kilometerstein.

Daß ich langsam Herzklopfen bekam, versteht sich von selber. Unmittelbar vor mir bog ein schmaler Weg genau nach Osten in die Oliven ab, und natürlich holte ich sofort aus und fuhr mit einem gewagten Wendemanöver zwischen der Mauer durch, ich hörte noch, wie es hinter mir krachte (offenbar hatte ich die Einfahrt doch etwas zu eng genommen), aber das störte mich vergleichsweise wenig, wichtiger war: der Weg hielt trotz leichter Schlangenlinien ungefähr die Richtung ein, er brachte mich zusehends weiter meinem imaginären Punkt entgegen, auch wenn hier seit Jahr und Tag niemand gefahren war und aus den Mauern rechts und links jede Menge Dornzeug in die Quere wuchs – sollte es meinetwegen ruhig etwas vom Lack abkratzen, mir war das egal, und außerdem: daß es manchmal rumpste, daß irgendwelche schweren Steinbrocken unten gegen den Buick schlugen, ließ mich völlig gleichgültig, solange ich dabei noch weiterfahren konnte. Das einzig Hinderliche war nur, daß jetzt die Mauern immer enger wurden. Sie rückten immer dichter an den Wagen heran, die Dornen kratzten schon ziemlich mörderisch draußen am Lack herum, ich dachte, wie lange sie wohl noch brauchen würden, um den letzten Rest Neuanstrich herunterzuholen, da krachten die ersten Steine gegen die Außentür, es knirschte, die ganze Seitenpartie wurde von Steinen erfaßt – Blech gegen Stein – und bei diesem Höllenlärm von überall an den Seiten schabenden Mauersteinen fuhr ich noch gut zwanzig Meter weit, dann saß ich endgültig fest und krabbelte umständlich durchs Fenster oben aufs Wagendach, um erst mal Umschau zu halten.

Vom Dach des Buicks aus konnte man weit in die Oliven hineinsehen. Hinter der übernächsten Mauer (merkwürdig, ich brauchte bloß zwei Meter über dem Boden zu stehen, und schon sah ich alles anders, viel freier und klarer als zuvor) erhob sich ein ganz ungewöhnlicher Trullobau. Er war nicht nur größer als alle anderen, sondern bestand aus zwei zusammengebauten Trulli, die oben flach abgeschnitten waren, so daß man den Eindruck von zwei großen, abgeflachten Steinhöckern hatte. Ich mußte sofort an Gemini denken. Worte wie «Zwillingsbau», «Zwillingstrulli» fielen mir ein. War das ...? Ich wußte es nicht. Aber von dem Moment an, wo ich überhaupt nur dachte: «Das ist mein Bleistiftpunkt», fing mir alles Blut im Kopf zu schlagen an. Ich war auf einmal unrettbar aufgeregt. Nicht nur die Erwartung, daß ich hier etwas finden könnte (ich sagte mir abmildernd «etwas», obwohl ich mir ganz etwas anderes vorstellte), nein, noch mehr die Angst vor einer Enttäuschung, vor einem plötzlichen Zusammenfallen all meiner Hoffnungen brachte mich so durcheinander. Kurzweilig hatte ich Mühe, ein aufkommendes Schwindelgefühl von mir abzuschütteln. Taumelnd halb, aber auch angeschlagen von der letzten Etappe meiner Fahrt sprang ich oben auf die Mauer herab, von da auf den Boden und lief jetzt querfeldein auf dieses Gebäude zu, das in der Abendsonne glühte und alle Wärme in sich aufzusaugen schien.

Lief ich oder ging ich? Es ist einigermaßen idiotisch, diesen Zwiespalt irgendwie klarzumachen. Einerseits wollte ich Gewißheit, andererseits hatte ich Angst, daß diese Gewißheit wirklich einträte. Mein Gehen, Laufen, sonderbar hin- und hergerissen zwischen Spurten und Abbremsen, sah wahrscheinlich sehr komisch aus, und spätestens, als ich dann ankam, wäre ich am liebsten wieder weggelaufen. Ich sah nämlich keinen Menschen. Das Haus stand völlig einsam da. Und sein einziger Eingang (ein schwarzes Loch nur) schien mir auch viel zu klein, um hier einen Menschen oder etwas Ähnliches zu erwarten. Dennoch: was blieb mir jetzt schon? Ich bückte mich und trat ein.

Drinnen im Dunkeln sah man seine Hand kaum vor Augen, alles war in Schwarz getaucht. Der plötzliche Lichtwechsel, dazu noch die Tatsache, daß es hier nirgends Fenster gab, machte alles finster. Nur der Eingang, der eben noch von draußen her pechschwarz erschien, leuchtete jetzt im Negativ: grellweiß. Aber er war zu niedrig, um überall Licht zu geben. Das erste, was ich jetzt langsam erkannte, war ein Stück Fußboden, ein Fleckchen roter Erde mit etwas Reisig drauf. Dann, als ich mich vorsichtig weitertastete, fiel mir auf, daß der Raum oben kuppelförmig gebaut war und daß man, wenn man die Hand ausstreckte, an jeder Stelle die Decke berühren konnte. Niedrig, fast höhlenartig kam er mir vor. Ob hier vielleicht mal Schafe gehaust hatten? Ich suchte nach Köteln, fand aber keine. Die Steine, rings an den Seiten, waren alle lose aufeinandergeschichtet, jeder lag so auf dem anderen, daß an den Nahtstellen kaum

Zwischenräume entstanden und alles, sehr sorgfältig ineinandergefügt, sich aus seiner eigenen schweren Statik hielt. Meterdicke Mauern, das war mir klar. Die Wände fühlten sich ganz kühl an. Kalt war es hier, ja. Überhaupt: das ganze Gebäude, draußen, drinnen, schien aus lauter Widersprüchen zu bestehen, ein einziger Widerspruch, dachte ich, oder lag das an meiner Verfassung?

Eine Viertelstunde war ich schon umhergeschlichen, hatte nichts Besonderes herausgebracht, war nur höchstens ersatzweise (um mich von der allgemeinen Dunkelheit hier abzulenken) alles mit den Händen abgegangen, da stieß ich auf etwas Weiches. Im ersten Moment, das war ein völlig körperlicher Reflex, sprang ich wie vom Stromschlag getroffen zurück, es war, als hätte ich in Tierhaar gegriffen oder als würde mir gleich ein gespenstischer Atem ins Gesicht fahren. Aber alles blieb still. Einige Augenblicke starrte ich gelähmt auf die dunkle Stelle unter mir und wartete, ob sich etwas regte. Dann griff ich noch einmal hin. Stoff. Rauher Stoff. Ich faßte ihn jetzt vorsichtig etwas fester an und begann daran zu ziehen. Er gab sofort nach. Nein, ein Mensch konnte das nicht sein, dazu war er viel zu leicht in meinen Händen und ließ sich auch zu mühelos über den Boden schleifen – ich zog ihn mit dem Kopf voraus dem Ausgang entgegen und hatte nur die Vorstellung, so schnell wie möglich ins Freie zu kommen, und als ich dann endlich im Licht anlangte, zitternd, ganz geblendet von der Helligkeit, da stand er plötzlich vor mir: mein Seesack.

Ich hätte minutenlang nur noch lachen können.

Das war mein Seesack. Einwandfrei. Hier, stell dir das bitte mal vor und werd nicht gleich ungläubig, hier im letzten Winkel von Apulien lag mein verkommener alter Seesack, mein letztes Stück Mitteleuropa, schöne Grüße an alle, ich würde euch jetzt am liebsten eins auf die Panatze schlagen, denn Tatsache ist: ich habe meine Klamotten wieder, ich habe ein sichtbares Zeichen von Viviane, hört ihr, ich habe meinen Punkt gefunden. Am Anfang stand ich ja selber so ungläubig da, daß ich gar nicht wußte, warum ich so lachte. War es einfach die Unwahrscheinlichkeit, der blanke Aberwitz oder stieg eine unrettbare Freude in mir auf? Meine beiden Fäuste verspürten auf einmal Lust, mit ungeheurer Wucht in diese Steine zu schlagen. Ich hatte das Gefühl, irgendetwas zertrümmern zu müssen, und sei es auch nur deshalb, damit ich mich anwesend fühlte. Ich wollte hier bestätigt sein. Das Wort «Seesack», «See-sack», in diesem dauernd wiederholten Zweierrhythmus (die rechte Hand «See», die linke Hand «Sack») brachte ich mir langsam Realitäten bei.

Ja – und der Seesack? Als ich ihn aufschnürte, fand ich ein paar kurze rote Haare im Knoten. Das waren Haare –– offensichtlich vom Rothaarigen, von diesem Leichtmatrosen in Bari. Ich war mir fast sicher. Mein erster Gedanke war, Viviane sei mit ihm hierhergefahren und er, vielleicht um ihr zu helfen, habe auf dem letzten Stück den Seesack getragen. Denn daß er ihn getragen hatte, war ja eindeutig … Aber je länger ich darüber nachdachte, desto klarer wurde mir, daß Viviane wahrscheinlich nie hiergewesen war, daß sie ihn nur geschickt hatte und (warum hätte sie ihn denn sonst eingeweiht) daß sie noch immer gefangengehalten wird. Ich packte die Sachen aus, Jeans, die paar dünnen Hemden, meine Zahnbürste. Dann, zwischen Socken und Schere, flatterte mir ein Zettel in die Hand. Nur zwei Worte von ihr:

«ICH KOMME.»

Sonnabend

Der Magen ist kaputt, Kopfschmerzen, Schwindelgefühl, Angst, in die Sonne zu treten.

Die Kiste neben mir ...

Hundeelend. Das Zirpen draußen ist ein unentwegtes Rauschen.

Sonntag

Noch immer keine Besserung. Den ganzen Tag hier im Dunkeln gelegen. In fiebriger Dunkelheit. Die Decke über mir fängt zu schwanken an, sowie ich sie ansehe. Unsinniges Verlangen, die einzelnen Steine zu zählen. Sie tun mir schon nach wenigen Sekunden im Kopf weh, geraten durcheinander, ehe ich bei zehn bin. Immer von Neuem. Schlapp, ohne Widerstände, keine Kraft, einen klaren Gedanken zu fassen. «Mein Kopf ist ein Schädel» – solche Sätze. Am schlimmsten ist es, wenn ich mich mit diesem Schädel durch den Ausgang schleppe und draußen, sofort von der Sonne erfaßt, erbarmungslose Sonnenstrahlen im Hinterkopf, bis zur nächsten Mauer krieche, um meinen Durchfall loszuwerden ... Durst. Falls das beruhigt: neben dem Eingang links steht ein Feigenbaum. Blätter wie aus Fleisch.

Montag

Vorhin träumte ich von dir. Du lagst blutüberströmt auf den Gleisen.
Ein Zug sollte kommen und kam nicht. Plötzlich erhobst du dich und
flogst mit dem Rücken zu mir fort. Ich habe nicht einmal schreien können.

11.Juli

Giuseppina. Wasser. Liebe am Nachmittag.

Sie stand heute früh vor dem Eingang, eine Frau ganz in Schwarz, mit schwarzen Haaren. Ich weiß nicht, was sie hierhergeführt hatte, ob es der Buick war oder mein leises Wimmern während des Schlafens. Denn – sie erschrak nicht, als ich mit wirren Haaren zu ihr nach draußen kroch und erst mal ein paar jämmerliche Versuche machte, mit meinem Körper auf die Beine zu kommen. «Buon giorno», sagte sie, «buon giorno.» Ich konnte im ersten Moment gar nicht antworten. Mein Mund ging zwar auf und wollte ihr etwas sagen, aber die Kehle war so ausgetrocknet, daß nur ein dünner Röchellaut hervorkam. Ich versuchte wenigstens zu lächeln.

So schief das auch war (und mein Lächeln fiel bei diesem dauernden Schwanken ziemlich verzerrt aus), ich hatte Angst sie einzuschüchtern. Ob sie es ahnte, war mir nicht klar. Sie sah mich die ganze Zeit an, als hätte sie eine bestimmte Stelle in meinen Augen entdeckt und als würde diese Stelle sie viel mehr interessieren als alles, was ich tat. Sie sah nur diesen Punkt. Seltsam. Jetzt, wo ich vor ihr stand, kam sie mir wie ein Wesen aus einer anderen Welt vor. Ihre Augen waren ganz schwarz. Sogar ihre Haut, die mir ansonsten eher bleich erschien, hatte Spuren von diesem Schwarz. Mir machte es Mühe, länger so dazustehen – sie oder ich, dachte ich, einer von beiden muß diese Begegnung als wildfremd empfinden. Ich wußte nur nicht, wer. Meine Knie taten mir weh, ich merkte, daß es nicht nur das linke, sondern auch das rechte war. Wieso jetzt auch das rechte und woher dieselben Schmerzen in ihm einsetzten, ob es von der Sonne kam oder von dem Zwillingsbau, in dem sich alles und jedes zu verdoppeln schien, ich hatte keinen Mut mehr darüber nachzudenken. Die dunklen Augen da waren so ruhig. Sie sahen mich so unverständlich ruhig an, daß ich mich nach einer Weile nicht mehr halten konnte und, schon meiner Beine wegen und um nicht durchzuknicken, beide Arme ausstreckte und ihr um den Hals fiel.

«Sole, solo» – irgendsoein Wort muß sie jetzt gesagt haben. Ich hörte es wie etwas Fernes, ganz gedämpft nur, da sie es über meine Schulter weg in eine ganz andere Richtung sprach und ich natürlich bemüht war, mich so fest wie möglich an ihren Körper zu klammern. «Si, sole», sagte ich. Ich war glücklich, endlich einen klaren Laut herauszubringen, es war wie etwas Verbindliches für mich, zumal: durch ihre Haare sah ich hinten wirklich die Sonne über dem Trullo aufsteigen. Nur wagte ich nicht hinzuzeigen. Es konnte ja sein, daß sie gar nicht die Sonne, sondern mein Alleinsein meinte. «Sole, solo.» Mir fiel auf, daß sie plötzlich am ganzen Leibe zitterte. «Ich habe Durst», sagte ich, «acqua, potabile.» Ja, lächerlicherweise sagte ich auch «potabile». Meine Erinnerung an den Zug, in dem ich immer wieder «acqua non potabile» gelesen hatte, schoß irgendwie quer, war nicht mehr aufzuhalten, es war die pure Hilflosigkeit, mich ihr verständlich zu machen.

Aber vielleicht war das auch der Grund, daß sie jetzt langsam mit mir davonzog... Sie schleppte mich mit, langsam, nach Süden, offenbar hatte sie meine Schwäche inzwischen eingesehen, ich hing an ihr wie ein Verdurstender. «Vieni, vieni», sagte sie. Immer alles zweimal.

Wie wir umherzogen. Durch Oliven, manchmal über Steinhaufen und lange Ackerfurchen, die aber längst brachlagen. Irgendwo überstiegen wir eine Mauer. Sie ging mir voraus und zog mich mit den Händen auf die wackligen Steine hoch, von da ging es gemeinsam weiter. Spärliche Geräusche drangen ab und zu herüber. Einmal das Summen eines fahrenden Motorrads, das sich in der Ferne mehr und mehr abschwächte und, kurz bevor es verschwand, noch einmal leise aufheulte. Dann nur noch die Fliegen. Gras, Dörrgras, wir bahnten uns den Weg durch rauhes Dornkraut, eine Gruppe von Kaktusbäumen tauchte vor uns auf, hohe, dicht beieinanderstehende Kaktusbäume mit roten und gelben Stachelfrüchten, wir schleppten uns hinein. Ein wachsendes Gewirr von Blätterriesen umgab uns. Es sah wie auf einem Trümmerfeld aus. Steine lagen am Boden, darüber staubige, irgendwie zerschlagen wirkende Torsoformen, die manchmal an Büffelköpfe erinnerten. Auf einmal stießen wir auf einen Erdschacht ... Er war vielleicht zwei Meter breit. Eine kleine Mauer grenzte ihn ein, und oben, vom Kaktus, hing eine lange Leine in ihn hinunter. «Pozzo profondo», sagte sie, fast im selben Moment, als ich mich über die Mauer geworfen hatte und sofort ein paar schwere Brocken hinunterstieß, um zu sehen, ob es wirklich ein Brunnen war. Tatsächlich: es platschte.

Kurz darauf, als wir miteinander das mürbe Tau nach oben zogen (es hatte lauter dünne Stellen, jeden Augenblick konnte es mit dem Wassereimer in die Tiefe stürzen), hatte ich Lust, sie nach ihrem Namen zu fragen. «Giuseppina», sagte sie. Ich merkte ihrem Gesicht an, daß sie es merkwürdig fand, so etwas gefragt zu werden. Alle schienen sie hier zu kennen, es kam wohl nie vor, daß man sie eigens nach ihrem Namen fragte. Ich sagte ihr schnell meinen. Die Vorstellung, daß es hier offensichtlich keine Fremden gab, keine Ausländer, die an- und abreisten, machte es mir leichter, ihn zu sagen. Sie fand ihn sehr komisch, glaube ich. Wenigstens lachte sie, als ich ihn zum zweiten Mal wiederholte, und als ich dann den Wassereimer hochhob und mir (ich weiß nicht, wieviel dabei danebenging, aber es war ein Gefühl, als würde ich jetzt neugeboren) die halbe Eimerladung ins Gesicht kippte, lachte sie noch immer. Ich muß bei ihr gewonnen haben. Wasser, Brunnenwasser floß in meine Kehle – sie pflückte derweil Stachelfrüchte vom Kaktus ab, schnitt sie vorsichtig auf, mit einem Blechdeckel, und gab mir das fleischige Innere zu essen, es schmeckte wie ihr Name: «Fichi d'india».

Später gingen wir zum Trullo zurück. Ich zeigte ihr meine halb eingerichtete Schlafstatt, das ausgebreitete Segeltuch am Boden, meinen Parka. Wir kamen langsam ins Reden. Ich sagte ihr, daß ich eine Zeitlang hierbleiben wolle, Freunde von mir würden nachkommen und wir hätten ausgemacht, uns diesen Sommer hier zu treffen. Wann das genau sein werde, sei mir unklar, ich wolle erst mal versuchen, ein paar Sachen aufzutreiben, Matratzen, Decken und so, vielleicht auch eine Öllampe, damit ich nachts ein bißchen mehr sehen könne. Die Gegend hier sei mir völlig unbekannt. Ich habe vor, in den nächsten Tagen etwas umherzuwandern und die umliegenden Dörfer zu erkunden. Im Moment käme ich mir vor, als sei ich im Grunde noch gar nicht angekommen. Dann erzählte sie von Gemini. Gemini, sagte sie, sei eigentlich viel unscheinbarer als die Nachbardörfer. Es habe weder ein Caffè wie Casarano noch ein richtiges Postamt wie Presicce. Gemini sei nur «Dschémini». Sie wohne dort zusammen mit ihrer jetzt siebenjährigen Tochter, die bald in die Schule müsse – aber das sei schwierig, da es in Gemini keine Schule gebe. Nein, einen Mann gebe es auch nicht. Er sei ihr damals, als Luiga schon unterwegs gewesen sei, auf- und davongelaufen und habe sich nie mehr blicken lassen. Sie vermute, daß er nach Norden gegangen sei. Vielleicht auch ins Ausland. Seither arbeite sie meistens in den Feldern für andere Leute, sie habe es langsam geschafft, nicht mehr wie eine Aussätzige dazustehen, obwohl es auch sein kann, daß sie etwas ganz anderes sagte (ich verstand immer nur einzelne Bruchstücke von ihr, reimte sie mir zu Sätzen zusammen und machte so allmählich eine Geschichte daraus).

63

Ihre, meine Geschichte ...

Je mehr sie von sich erzählte und sich preisgab, desto mehr hatte ich den Wunsch, ihr von Viviane zu erzählen. Nur – wie konnte ich das? Wie redet man von jemandem, der einem jetzt wichtig ist, ohne gleich über ihn zu reden. Ich stammelte irgendwelche Sätze in den Raum, die sie wahrscheinlich nicht verstand und die ich, da es ja nur Sätze über etwas waren, dauernd verlogen fand. Nach einer Weile kam mir dieser Widerspruch so idiotisch vor, daß ich mehr und mehr dazu überging, meine Gefühle für Viviane wirklich zu zeigen und ihr vorzumachen. Ich begann mit den Händen zu sprechen. Redete ich von ihrem Aussehen, von meinen Wünschen, sie jetzt hierzuhaben und überall berühren zu können, tat ich es an Guiseppina. Und sprach ich von den Abenden, an denen wir die Gesetze der Schwerkraft überwunden hatten, zeigte ich, wie wir es begonnen hatten. Es war mir angenehm, daß ich immer weniger Worte zum Erklären brauchte, mein Mund sprach bald wortlos. Sie schien das offenbar alles zu verstehen. Ja, sie nahm es fast wie selbstverständlich, ich hatte den Eindruck, daß sie es im Grunde längst erwartet hatte. Denn wie ich mich nun über sie beugte und die letzten schwarzen Ösen von ihrem Kleid aufmachte, schlang sie plötzlich ihre Arme um mich, zog mich zu sich herunter, und wir liebten uns drei Stunden lang bis in den Nachmittag.

Amore amaro. Vorhin, als ich aufwachte, lag eine grüne Melone neben mir. Giuseppina war fortgegangen.

12.Juli

Quer durch die Macchia zu gehen, mit wildwuchernden Gedanken, grün, ohne Ende weit, laut holpernd bei jedem Strauch, der in die Quere kommt. So oder so ähnlich.

Unten vor der Küste arbeiteten zwei Männer in den Feldern, sie hatten Taschentücher auf ihren Kopf gebunden und riefen mir im Vorübergehen etwas zu. Als ich zögernd stehenblieb, hielt der eine von ihnen eine schwarze Schlange in die Höhe und schwang sie in der Luft hin und her. Ich sah, daß die Schlange keinen Kopf mehr hatte. Der andere schlug derweil mit seinem Spaten in die Erde hinein und spielte mir vor, wie er sie in zwei Teile getrennt hatte. Bei jedem Schlag sprang er zwei Schritte rückwärts. Das war Alfonso Matta, und der mit der Schlange hieß Luigi Battipaglia, beide stammen aus Presicce.

Vor einigen Jahren, sagten sie, habe es hier an der Küste noch die Malaria gegeben. Dann habe man die Sümpfe langsam kanalisiert. Von Zeit zu Zeit lasse man frisches Wasser durch die kleinen Bäche fließen, und es gebe jetzt gute Ernten. Das schon, sagten sie. Aber das Land gehöre nicht ihnen. Ich ging weiter zum Meer hinunter, natürlich achtete ich jetzt darauf, daß ich nicht mit den Sandalen in unübersichtliche Stellen trat. Die Angst vor Schlangen, allein schon die Vorstellung, daß es hier Vipern und irgendwelche Sumpfschlangen gab, machte mich zunehmend hellhörig für jedes kleine Rascheln, ich glaubte überall Geräusche in den Gräsern zu hören, ja, sogar vor meinen eigenen Fußgeräuschen erschrak ich, dauernd erwartete ich die großen Bewegungen einer Riesenschlange, aber ich sah keine einzige. Erst als ich in den Pinien ankam, wurden meine Schritte wieder ruhiger, und ich begann mich darüber zu wundern, warum ich auf den letzten zwei Kilometern nur an Riesenschlangen gedacht hatte. Das Meer war ganz grün.

Dann...

Krüppelkiefern, Gegenlicht, so einfach im Meer sitzen und den Tag verdösen, eine Zigarette brennt rückwärts, die halben Hoffnungen rollen hinten durch die Macchia einen Morgen lang, und der Sand da, der Sand ist viel zu heiß, um darauf zu gehen, man muß darüber rennen, immer schneller, um nicht an den Sohlen zu verbrennen. Ist das nun klar?

13. Juli

In den Gassen von Gemini – lauter hellgekalkte Häuser, die einen hellrosa, blau, hellblau, die anderen weiß wie die von Gallipoli, nur daß sie hier viel flacher sind, flach, ärmlich zwischen den Hügeln in die Felder gebaut, man kann überall in die Wohnungen blicken, hinter den Schnurvorhängen stehen eiserne Betten auf blanken Fliesenfußböden, dahinter manchmal Heiligenbilder oder ein wächserner Blumenstrauß, es ist merkwürdig still.

Ab und zu taucht ein Kopf in den Fenstern auf und sieht mir zu, wie ich vorbeigehe.

Ich schreibe hier im Gehen, ja, meine Knie – jetzt rollt auch ein Ball aus einem der Eingänge, und ein kleiner Junge läuft hinter ihm die Straße runter, der Ball rollt immerfort weiter vor ihm her, obwohl die Straße kaum abschüssig ist. Soll ich ihn fragen, wo Giuseppina wohnt? Will ich überhaupt hin?

Eben, als ich die Piazza im Schatten des Kirchturms überquerte, verschwand eine Frau zwischen zwei Torbögen. Ich folgte ihr in einiger Entfernung durch die Seitengassen, die bald immer winkliger wurden, nach einer Weile hörte ich nur noch ihre Schritte vor mir um die Ecken biegen – immer wenn ich glaubte, jetzt sehe ich sie wieder, jetzt kann ich sie endlich einmal im Profil erkennen, war sie schon wieder abgebogen, und ich mußte ihr nachlaufen, stehenbleiben, horchen, wo sie gerade weiterging, und sofort wieder nachrennen. Auf diese Weise kam ich ihr nie näher, obwohl ich viel schneller lief als sie. Im Gegenteil, ich brachte mich ganz außer Atem, während sie in ruhigem Tempo dauernd Vorsprung gewann. Plötzlich hörte ich dann gar nichts mehr. Ihre Schritte waren verklungen – fort, weg, ich lief irritiert noch mehrere Ecken weit, ohne zu wissen, ob es überhaupt die richtige Richtung war, ich konnte einfach nicht glauben, daß sie plötzlich verschwunden war, aber dann taten mir die Knie weh, und ich landete ausgepumpt neben einem dunklen Zimmer, in dem zwei ewige Lampen brannten.

Was hatte das zu bedeuten?

Jetzt, wo ich ganz ruhig stand, hörte ich ein leises Murmeln aus dem

Zimmer. Es klang, als würden die Wände murmeln, die Luft murmeln, alles, was leise murmeln kann, vor sich hinmurmeln. War das so in Gemini? Langsam begriff ich, daß dieser Raum voll von schwarzgekleideten Frauen war und daß sie alle unbewegt auf dieses Bett da blickten, in dem ein greiser, in sich zusammengefallener Mann lag, der von Zeit zu Zeit mühsam den Kopf hob und wohl irgendetwas sagen wollte. Aber man verstand ihn nicht. Das Murmeln rollte ununterbrochen über seinen Schädel weg und drängte ihn jedesmal wieder ins Kissen zurück. Ich humpelte apathisch meiner Wege.

Später, am Trullo

Weggeschnitten etwas, eine Lücke im Himmel auf einmal, man sieht nur noch die Abstände, die Entfernungen zwischen den Dingen, nicht mehr Zusammenhänge, der Baum da steht ganz woanders als die Straße da hinten, meine Finger bewegen sich fern von mir, überall spürt man Leerstellen, fehlende Übergänge, nirgends etwas Haftendes, in jedem nur den Beweis, daß du nicht hier bist.

Freitag, 14. Juli (quatorze juillet)

Zu sagen: der Buick ist wieder klar, ich habe drei lange Stunden damit zugebracht, Zunder in die Mauerlöcher zu stecken, Kabel zu verlegen und dann dieser Knall um 11 Uhr vormittags, die Mauer kippte zur Seite, Schiefer und Sandsteinschotter rollten über die abfallende Flanke genau nach Süden weg, ich sprang sofort aus meiner Deckung auf, setzte mich ans Steuer und kurvte in einer wilden Brachialtour rückwärts durch die Mauerreste, die tatsächlich nachgaben, ab und zu krachte es noch furchtbar, aber dann kam ich mit wirbelnden Reifen hinten an der Kurve an und schoß auf die Straße hinaus – Ergebnis: drei sternförmige Löcher in der Heckscheibe, zwei abgerissene Kotflügel, ein Riß im Türblech, zahllose Beulen, und fast kein Benzin mehr.

Wo sollte ich jetzt Benzin holen? In Gemini, das war klar, gab es weder Autos noch eine Tanksäule. Presicce dann, was das nächste war, kam aber ebenso nicht in Frage, weil ich die beiden Schlangentöter nicht treffen wollte, die ihrer Erzählung nach mittags nach Hause gehen und, wenn ich sie getroffen hätte, ganz bestimmt mit mir zur nächsten regulären Tankstelle gelaufen wären, wo ich dann hätte zahlen müssen. Ich fuhr nach Morciano. Unterwegs hielt ich überall Ausschau nach größeren Anwesen, vor denen ich Autos erhoffte. Möglicherweise, dachte ich, kann ich auch einen abgestellten Laster finden, seitlich in den Feldern vielleicht – es war ja nicht ausgemacht, ob mein Benzin noch bis Morciano reichte und ob ich dort überhaupt etwas holen konnte. Alles, was ich sah, waren kleine Steinhütten ab und zu, leerstehende Viehställe, durch deren Tore man bis auf die andere Seite hindurchsah, ganze und eingefallene Trulli, Kreuze am Wegrand und einmal eine blaugestrichene Kapelle, die aber völlig einsam in der Gegend lag. Irgendwann hörte ich dann das Heulen einer Viertonhupe. Als ich mich umdrehte, tauchte ein roter Alfa Romeo hinter mir auf, der im Näherkommen ungeheuer aufdrehte und mit der River-Quai-Musik an mir vorbeifuhr. Am Steuer saß so ein junger Typ mit offener Bluse und Fidel-Castro-Look. Ich fuhr ihm sofort nach.

Kurz vor Morciano bog er mit einem Power-slide scharf nach rechts ab. Ich hatte Mühe mitzuhalten. Auch ohne Kiste brachte mich die kurvenreiche Strecke mehr und mehr in Schwierigkeiten, dauernd mußte ich zurückschalten, vorschalten, steuern, kuppeln, auf die Bremse gehen und

69

«CAFFÈ DEL MONDO».

Es liegt am hinteren Ortsrand, nahe der Kreuzung nach Specchia und Acquarica. Schräg gegenüber steht eine Agip-Tankstelle, daneben hat die KPI ein kleines Parteibüro, das aber jetzt, am Nachmittag, geschlossen hatte ... Drei, vier Tische vor der Tür, ein paar abgesessene Holzstühle, und über dem Eingang dann ein gelbes Pappschild mit blauen, halb heruntergekratzten Buchstaben, die irgendwo hinter den Bergen vielleicht noch die Welt versprechen – «Caffè della fine del mondo», dachte ich. Wir fuhren im Schritttempo vor, Luigi rief noch im Fahren den dasitzenden Männern etwas zu, die auch sofort von ihren Stühlen aufstanden, ein Mann mit Krücken, ein anderer, der mehrere zusammengebundene Hühner in den Händen hielt, und sich im Halbkreis um den Buick versammelten, so als seien wir eben zurückgekehrte Abenteurer, die man den ganzen Nachmittag erwartet hatte und die man jetzt, da man dem Buick das Abenteuer noch ansah, entsprechend feiern wollte. Spätestens als ich ausstieg, wußte ich, daß ich in Presicce längst bekannt war. Man lud mich zu einem Glas Grappa ein, Luigi gab die erste Runde aus, und Alfonso Matta ging später wie ein König von Tisch zu Tisch, um mich als seinen Freund auszuweisen. Mir wurde mehr und mehr wohl, obwohl ich nie richtig verstehen konnte, was für Spekulationen über mich im Umlauf waren. Wenn mich jemand fragte, wie es mich hierherverschlagen hätte, was mit meinem Wagen passiert sei usw., übernahmen sofort Luigi und Alfonso für mich das Wort und erzählten lauter wüste Geschichten, deren Inhalt mir (schon wegen der Geschwindigkeit des Redens) völlig verborgen blieb. Ich saß nur daneben, nickte oder lachte, je nachdem, welche Reaktionen ich ihren Gesichtern ablas, und wenn ich dann manchmal ihre Seitenblicke spürte, Blicke, die während des Zuhörens plötzlich zu mir hinüberglitten und mich abschätzten, begann ich gleich wieder zu rätseln, ob ich ihnen verdächtig schien, ob ich gerade gelobt wurde oder was?

Zwischendurch dachte ich an dich. Wo du jetzt bist ... Das Glück deiner Arme, wenn du vom Auffliegen träumtest.

Eine im Innern immer weiter anwachsende Sehnsucht nach dir.

Je länger sie über mich redeten, desto mehr zogen sie mich in eine wildfremde Geschichte hinein, die allein darüber entschied, ob ich ihnen glaubhaft erschien oder nicht. Solange sie phantasierten (bald kam es

Abends

Eh es dunkel wird, eh mir das Licht wegläuft, eh ich die Hände nicht mehr vor Augen sehe.

Bilder.

1. Auf der schnurgeraden Straße zwischen Presicce und Ugento taucht plötzlich hinten die untergehende Sonne auf, ein riesiger Ball, am Ende der Straße, ich bin immer nur direkt auf sie zugefahren, mit hundertdreißig Sachen, sah nichts als die Straße und sie, alles andere verschwand mir unter den Augen. Ich glaubte zu schweben.

2. Feuer an der Küste. Ein großes Stück Macchia brennt ab. Jetzt brennen schon die ersten Pinien. Die Flammen schlagen manchmal mühelos zehn Meter hoch. Gut, um die Mücken zu vertreiben. Die Familien, die dort unten in den Feldern schlafen, werden eine ruhige Nacht haben.

3. Man sieht den Himmel nicht. Man sieht den Horizont nicht. Man sieht nur diesen ausgefransten, rötlichen Dreiviertelmond.

4. Ein alter Mann singt. Immer denselben Ton. Sein Lied, wenn es ein Lied ist, kann unmöglich von hier sein.

5. Der Rauch steigt aus den Lungen und kommt nie wieder zurück.

6. Eine schräg durch den Himmel fallende, völlig sinnlos funkelnde Hoffnung.

7. Kein Mund geht hier auf. Keine Lunge erhebt sich.

8. Stimmen von nirgendwoher.

Am Trullo

Krank, sehnsüchtig. Was ich alles noch sagen wollte. Eine Musik geht mir durch den Kopf, ich weiß nicht, woher ich sie kenne. Der Wind von Süden muß nach Nordosten verkehrt werden. Eine längst verschüttete, aus dem Schlaf gezerrte Erinnerung an Gott weiß was. Ich liege schräg in der Landschaft. Tage, Markierungspunkte, die auseinanderfallen. Nichts von Viviane. Kein Lebenszeichen. Auch von diesen Typen nicht. Wenn in den nächsten Tagen nichts passiert, werde ich mich mit ihnen in Verbindung setzen – ich hoffe noch immer, daß es nicht nötig ist, aber ehe ich hier auf dem Trockenen sitze und langsam verdurste, reiße ich lieber noch eine Seite heraus und nehme (brieflich, schriftlich) mit ihnen Kontakt auf, einen anderen Weg sehe ich nicht.

Sonntag, Gegenlicht

Schaut her: Meine Knie sehen wie die Trullohöcker aus.

Allen Ernstes. Ich wundere mich jedesmal wieder, wie ich sie mit dem Schreiben beruhige, aber sie schwellen beim Schreiben unmerklich an und bilden jetzt schon richtige Wulste über den Kniescheiben, genau wie die Trullohöcker, das rechte Knie etwas niedriger, das linke etwas höher, und wenn man sie so gegen die Sonne hält, könnten sie fast ein zweites Zwillingstrullo abgeben ... Ja, allen Ernstes. Ich frage mich nur, wie lange sie noch in die Cordhosen passen. Geschweige denn in die Jeans. Eines Tages, denke ich manchmal, werden sie die beiden Hosennähte sprengen, erst auf der linken, dann auf der rechten Seite, und das Geräusch, das ich dann hören werde, wird sicher so ohrenbetäubend sein, daß es mit ungeheuren Windstößen beide Trullohöcker auseinanderreißt.

Wo werde ich dann schlafen?

18. Juli

Giuseppina weckte mich mit einem sanften Fingerdruck auf die Puls-
ader. Im Trullo brannte Licht, mitten in der Nacht. Sie hielt eine flak-
kernde Öllampe in ihrer Hand ... «Wie bist du hierhergekommen»,
fragte ich. Selten, und schon gar nicht im fernen Verkehrsgewühl der
Georgenstraße, bin ich so traumwandlerisch leicht aus meinen Träumen
aufgewacht. Es gab fast keinen Übergang, keinen Einschnitt zwischen
meiner nächtlich hellen Wanderung und dem, was mich umgab – nur
diesen leichten, unheimlich angenehmen Fingerdruck.

Warum wird man nicht immer so geweckt? Giuseppina legte sich neben
mich, und wir sahen auf die schattigen Steine über uns, Schatten, die
sich bewegten, je nach dem Lampenschimmer, auch die Steine selber
schienen sich in Bewegung zu setzen. Ich konnte plötzlich Dinge erkennen, die ich im Dunkeln nie vorher wahrgenommen hatte: Spuren
von Fossilien in den Steinen zum Beispiel, Eidechsen, kleine, zunächst
noch wie versteinert wirkende Grünlinge, die aber völlig unerwartet
ihre Schwänze verbogen und dann mit ihren kopfüber hängenden Beinen
ein Stück an der Decke entlang liefen und leise Quieklaute ausstießen.
Giuseppina ahmte diese Quiektöne nach und erzählte mir, daß es keine
normalen Salamander seien, sondern Schutzgeister, die man nur in
Häusern antreffe. Ich fühlte mich irgendwie genarrt davon. Nächtelang
hatte ich geglaubt, daß diese leisen Schreie weit von draußen kamen, ich
hatte sie immer für Käuzchenschreie gehalten, aber sie kamen von hier
drinnen, von diesen eigenartigen «Gecchi», die auf ihren Köpfen knopf-
artige Augen hatten und dahinter mehr und mehr durchsichtig wurden.
Wenn man sie scharf ansah, flitzten sie nach kurzer Zeit in eine der
Mauerritzen hinein und verkrochen sich in den Steinfugen, um etwas
später an einer anderen Stelle wieder aufzutauchen. Man wußte nie, ob
es dieselben waren oder ob die ganze Mauer voller solcher Gecchi war.

Gecchi, Hauseidechsen. Giuseppina sagte, ich solle ihren Einfluß nicht
unterschätzen. Man müsse sich gut mit ihnen stellen. Wenn man sie
zertrete oder totschlage, solle man am besten gleich das Haus verlassen
und nie mehr wiederkehren – schon gar nicht in dieses Trullo hier, in
dem zeit ihres Lebens niemand mehr gewohnt habe und das (sie wisse
auch nicht, warum, aber sie vermute, daß es eben mit den Gecchi zusammenhänge, die einer alten Sage nach niemals sterben und sich sofort

74

verdoppeln, wenn man sie töten will) allgemein gemieden werde. Nie habe hier jemand geschlafen oder die heißen Sommermonate verbracht. Sie könne sich auch nicht entsinnen, daß hier jemals Tiere gehaust hätten. Einmal habe man Ziegen draußen über das Feld getrieben, aber sie seien beim Anblick des Trullos derart wild geworden, daß man sich nur noch auf die Bäume habe retten können und dann gesehen hätte, wie sie völlig kopflos gegen die umliegenden Mauern rannten. Verschiedene hätten sich die Hörner dabei abgebrochen. Andere seien mit blutigen Köpfen schließlich auf ihre Knie gesunken und hätten immer furchtbarere Schreie von sich gegeben, die am Ende wie Eselsschreie geklungen hätten. Wirklich wie Eselsschreie, sagte sie.

Ich merkte, wie ihre Worte alle Dinge um mich veränderten. Die Art, wie sie davon redete, wie sie jede Einzelheit in eigene Zusammenhänge stellte und mit Vorstellungen verband, die ich nicht kannte, verwandelte mehr und mehr meinen Blick auf sie. Plötzlich kam es mir lächerlich vor, daß ich mich in meinem Trullo längst zurechtzufinden glaubte. Ich kannte noch gar nichts. In jedem Stein, in jeder kleinen Fossilie konnte eine Geschichte stecken, die ich in meiner mitteleuropäischen Trägheit gar nicht für möglich halten wollte, und ich merkte auch, wie ich mich manchmal sträubte, ihrer Erzählung genau zu folgen, bloß weil es nicht meine war und weil ich gewünscht hätte, daß sie mit meinen Vorstellungen übereinstimmte.

Aber dann gab es immer wieder Punkte, die auf der Stelle bei mir einschlugen. Zum Beispiel wenn sie fragte, ob es nicht komisch sei, unter zwei Kuppeln gleichzeitig zu liegen. Oder wenn sie mir erzählte, daß die Steine hier ganz anders als überall sonst seien, viel flacher und platter, in den normalen Trulli seien sie rund, hier seien sie flach und wie auseinandergeschnitten … Es gebe einen Mann in Casarano, der würde behaupten, dieser Bau sei einmal ein einziger zusammenhängender Stein gewesen, der erst später, durch den Einfluß der Jahreszeiten oder ganz einfach durch sein Alter, viele kleine Risse bekommen hätte, und dann seien auch bald die Gecchi aufgetaucht und hätten sich hier eingenistet. Giuseppina lachte – sie hatte wohl mein verwundertes Gesicht gesehen. Später, im ersten Morgengrauen, als sie sich dann anzog und nach Hause ging, fiel mir auf einmal ein, daß das Trullo einen Namen haben könnte. «Hat es einen Namen», rief ich ihr nach. «Si, Lapidu, Lapidu», rief sie und verschwand dann winkend aus meinem Blickfeld.

Juli (blau)

```
L  A  P  I  D  U
A  L  I  P  U  D
P  A  D  U  L  I
I  D  U  L  A  P
D  U  L  I  P  A
U  D  I  P  A  L
```

oder:

```
L  A  P  I  D  U
A  L  A  P  I  D
P  A  L  A  P  I
I  P  A  L  A  P
D  I  P  A  L  A
U  D  I  P  A  L
```

oder:

```
L  A  P  I  D  U
A  P  U  L  I  D
```

Es muß irgendetwas mit Apulien und
einem Lid (Lied?) zu tun haben. Nur mit welchem? Bist du vielleicht
ein Stein (Lapis) oder kommst du aus dem sagenhaften Land Udipal,
wo die Papageien Palapi singen und die Liliputaner mit großen Lapis-
lazuli über die Paläste fliegen? Mit welchem Lachen im Hals redest du,
und wie lapidar kannst du alle Planeten in den Wind zerstreuen, ohne
dabei Platzangst zu bekommen und zu merken, daß dir der Abend durch
die Lappen geht? Wie oder wo schleuderst du mit deinen Steinen herum? Und wie sehr applaudierst du, wenn die letzten Paläste endlich
unter dir zusammenbrechen und (wann wird das sein?) der riesige Kloß
im Hals mit einem unwahrscheinlichen Plumpsen hinten im Meer ver-
sinkt? Bist du nun eigentlich blau, sag mal? Oder lallst du hier bloß das
Blaue vom Himmel herunter?

Lapidu, Juli

So ein Wahnsinn: um Presicce hat man eine Umgehungsstraße gebaut. Obwohl es hier überhaupt kaum Autos gibt, geschweige denn einen Durchgangsverkehr. Luigi sagt, das sei hier der allgemeine Fortschritt in Apulien, man baue überall Umgehungsstraßen, alle seien stolz darauf, und die hohen Minister, die das wohl veranlaßt hätten, könnten dann mit ihren großen Wagen gleich draußen herumfahren und niemand müsse sich die Mühe machen, drinnen hereinzuschauen. Genau das sei es, sagte Luigi. Und Alfonso, der die ganze Zeit hinter uns auf dem Rücksitz gesessen hatte, streckte plötzlich den Kopf vor und pfiff seltsam glucksend durch die einzige Lücke in seinen Zahnreihen. Wir fuhren von ihren Peperonifeldern (die nicht ihnen gehören) über die Hügel langsam ins Tal hinunter.

Du, sagte Alfonso plötzlich, dein Wagen, das ist doch ein geklauter Ministerwagen, oder ...
Sein Gesicht blieb ganz ernst dabei. Erst nach einer Weile merkte ich, wie er in seinem Innern mehr und mehr lachte. «Ma naturalmente», sagte ich.
Über die kaputte Scheibe haben die beiden während des Fahrens nie ein Wort verloren – das schien ihnen gleichgültig zu sein.

Unten gab mir Alfonso dauernd Anweisungen, wie ich durch die Gassen zu fahren hatte, a destra, a sinistra, alles schien hier krumm, ziellos verwinkelt und ohne Plan zu gehen. Keine einzige Gasse verlief gerade, und ich verlor auch langsam den Eindruck von allem Städtischen. Die Häuser wirkten von Nahem besehen viel kärger, ärmer, als sie mir von weitem erschienen waren, und wenn ich oben noch gedacht hatte, Presicce sei schneeweiß, dann stellte sich das hier unten bald als Irrtum heraus, fast jede Wand hatte ihre eigene Tönung, sie waren alle ähnlich blau und rosa gestrichen wie in Gemini. Nur auf der Straße zwischen Kirche und Marktplatz, auf dem kurzen Verbindungsstück zwischen ihnen standen hinter einer Platanengruppe zwei größere Bauten in norditalienischem Stil: in dem einen befindet sich die Questura, und das andere gehört Signore Ettore Cosimo Fettucci, einem Grundbesitzer. Alfonso pfiff gewaltig durch die Zähne, als er mir den Namen sagte. Aber Luigi lotste mich gleich weiter über den Marktplatz und war nicht davon abzubringen, zum Caffè zu fahren.

«CAFFÈ DEL MONDO».

Es liegt am hinteren Ortsrand, nahe der Kreuzung nach Specchia und Acquarica. Schräg gegenüber steht eine Agip-Tankstelle, daneben hat die KPI ein kleines Parteibüro, das aber jetzt, am Nachmittag, geschlossen hatte ... Drei, vier Tische vor der Tür, ein paar abgesessene Holzstühle, und über dem Eingang dann ein gelbes Pappschild mit blauen, halb heruntergekratzten Buchstaben, die irgendwo hinter den Bergen vielleicht noch die Welt versprechen – «Caffè della fine del mondo», dachte ich. Wir fuhren im Schrittempo vor, Luigi rief noch im Fahren den dasitzenden Männern etwas zu, die auch sofort von ihren Stühlen aufstanden, ein Mann mit Krücken, ein anderer, der mehrere zusammengebundene Hühner in den Händen hielt, und sich im Halbkreis um den Buick versammelten, so als seien wir eben zurückgekehrte Abenteurer, die man den ganzen Nachmittag erwartet hatte und die man jetzt, da man dem Buick das Abenteuer noch ansah, entsprechend feiern wollte. Spätestens als ich ausstieg, wußte ich, daß ich in Presicce längst bekannt war. Man lud mich zu einem Glas Grappa ein, Luigi gab die erste Runde aus, und Alfonso Matta ging später wie ein König von Tisch zu Tisch, um mich als seinen Freund auszuweisen. Mir wurde mehr und mehr wohl, obwohl ich nie richtig verstehen konnte, was für Spekulationen über mich im Umlauf waren. Wenn mich jemand fragte, wie es mich hierherverschlagen hätte, was mit meinem Wagen passiert sei usw., übernahmen sofort Luigi und Alfonso für mich das Wort und erzählten lauter wüste Geschichten, deren Inhalt mir (schon wegen der Geschwindigkeit des Redens) völlig verborgen blieb. Ich saß nur daneben, nickte oder lachte, je nachdem, welche Reaktionen ich ihren Gesichtern ablas, und wenn ich dann manchmal ihre Seitenblicke spürte, Blicke, die während des Zuhörens plötzlich zu mir hinüberglitten und mich abschätzten, begann ich gleich wieder zu rätseln, ob ich ihnen verdächtig schien, ob ich gerade gelobt wurde oder was?

Zwischendurch dachte ich an dich. Wo du jetzt bist ... Das Glück deiner Arme, wenn du vom Auffliegen träumtest.

Eine im Innern immer weiter anwachsende Sehnsucht nach dir.

Je länger sie über mich redeten, desto mehr zogen sie mich in eine wildfremde Geschichte hinein, die allein darüber entschied, ob ich ihnen glaubhaft erschien oder nicht. Solange sie phantasierten (bald kam es mir vor, als würden sie über meine Lage schon verhandeln), brauchte ich wenigstens für meinen Teil keine eigenen – falschen oder halbwahren – Erklärungen zu geben. Sie übernahmen das alles für mich, und mir war es angenehm, daß ich sie auf diese Weise nicht belügen mußte.

Der Wirt – jedesmal wenn er durch die Tür trat, klirrten die Kettenvorhänge hinter ihm. Lelio Zilli.

Nach einer halben Stunde kam dann ein dicker Mann, der eine rote Kordel um seinen Bauch trug. Sein Atem ging ziemlich schwer. Er setzte sich nach einer langen, technisch äußerst umständlichen Prozedur auf zwei Stühle gleichzeitig – einen rückte er vor sich, einen hinter sich, dann ließ er sich mit der ganzen Fülle seines Bauches auf beide heruntersinken. «Allora», sagte er. Dieser Mann war eigentlich der einzige, der sich von dem Gerede nicht beeindrucken ließ. Er sah mich die ganze Zeit durch seine Brille an und murmelte manchmal nur: «Non è vero, non è vero.» Dann begann er sich plötzlich zu schneuzen und keuchte, aus einem tief in der Lunge steckenden Husten heraus: «Allora, addio.» Damit stand er schon wieder auf und wankte mit schwerfälligen Schritten in Richtung Acquarica, ohne sich noch ein einziges Mal nach uns umzudrehen. Ich sah noch, wie er sich kurz vor der Ecke seine Hose hinten hochzog und, als hätte das nicht geholfen, gerade im Abbiegen eine wegwerfende Bewegung mit der rechten Hand machte – das war so eine Geste, die ebenso mir, wie ihm, wie ganz Presicce gelten konnte.

Inzwischen war Cesare eingetroffen.

Cesare Brindisini. Luigi stellte ihn mir als einen angehenden «Dottore» vor. Er studierte in Rom, sagte er. Sein Vater sei einer der besten Zahnärzte der ganzen Gegend hier. Später, wenn er einmal fertig studiert habe, werde er bestimmt für immer wieder nach Puglia zurückkommen, wenigstens habe er das gesagt, und was Cesare sage, gelte eine Menge bei allen Leuten hier. Alfonso holte ihn zu unserem Tisch herüber und begann gleich wieder mit meiner abenteuerlichen Geschichte, die jetzt allem Anschein nach eine Stufe erreichte (ich sah es seinen Gesten an), in der ich hoch von einem Bergmassiv herabstürzte und unten, trotz eines fürchterlichen Aufpralls, bei dem beide Stoßstangen und die Kotflügel kaputtgingen, mühelos weiterfuhr ... Ich merkte, wie Cesare zwischendurch immer wieder zu meinem Buick hinüberblickte... Eigentlich wartete ich nur auf den Moment, wo ich nun doch zur großen Erklärung ansetzen mußte. Aber erstaunlicherweise fragte er mich nicht, wenigstens nicht nach der wahren Ursache des Unfalls, sondern er wollte nur wissen, ob ich ihn nach Ugento bringen könne. Er müsse da jemanden besuchen. Wann? Jetzt sofort, sagte er.

Im Auto saßen wir lange Zeit nur schweigend nebeneinander und ließen uns den Wind durch die Haare wehen. Irgendwann kam die Stelle, wo ich letztes Mal die Sonne gesehen hatte, ich erzählte Cesare, wie ich ihr entgegengefahren war und wie ich dabei alle Schwere verloren hatte. Ob er noch lange in Rom bleibe, fragte ich. Cesare sah mich an, als habe er plötzlich vollständige Klarheit über mich gewonnen. Nein, sagte er, im Norden könne man nur Dinge tun, die dem Süden Schaden zufügen. Der Norden sei längst eine zweifelhafte Ausflucht für alle Leute, die hier unten keine Arbeitsstelle finden, alle würden mit falschen Vorstellungen in ein neues Elend auswandern, und je länger das so weiterginge, sagte er, desto mehr wird Puglia und der ganze Süden ein Opfer des Nordens – das heißt des italienischen Staates, denn dort oben sei der Staat mit seinen nie angreifbaren Wirtschaftsbonzen, und alles, was weiter südlich liege, werde von denen da oben wie eine drittklassige Kolonie behandelt.

Links im Hintergrund zog Gemini vorbei. Cesare erzählte mir, mit welchen Hoffnungen er anfangs nach Rom gegangen war und wie er dann langsam, unter dem Einfluß der politischen Kämpfe im Norden, mehr und mehr Klarheit über seine Absicht, hierher zurückzukehren, bekommen hatte. Wenn überhaupt etwas geschehen soll, sagte er, könne es nur von denen, die im Norden etwas dazugelernt hätten, ausgehen. Und zwar hier unten. Alles, was man von oben her (von oben nach unten oder von Norden nach Süden – es sei das gleiche) an den Zuständen zu ändern versuche, hätte sich schon immer als eine Farce herausgestellt. Die scheinheiligen Reformen («Südkasse» und «Agrarreform»), die man in den Nachkriegsjahren hier vorgenommen habe, hätten die Leute zwar zeitweilig beruhigt, aber sie hätten sie darum auch um so mehr betrogen.

Es gebe jetzt zum Beispiel ein Gesetz, sagte Cesare, demzufolge jeder Lohnarbeiter nach sechs Jahren fester Anstellung bei einem Grundherrn ein eigenes Stück Land bekommt. Allen sei dieses Gesetz zunächst wie eine große Wende vorgekommen. Aber was sei passiert? Kurz bevor die sechs Jahre um seien, würden die Lohnarbeiter entlassen ... Alfonso Matta zum Beispiel, der jetzt vier Jahre in fester Anstellung für Signore Fettucci arbeitet, wird nächstes Jahr aller Wahrscheinlichkeit nach entlassen, sagte Cesare. Er habe ihm zwar einen Rechtsanwalt aus Tricase beschafft, aber ob er damit schon Recht bekomme, sei einigermaßen zweifelhaft. Im Grunde hätte sich die ganze Situation nur soweit geändert, daß jetzt die Lohnherren dauernd ihre Arbeiter wechseln und die Anfahrtswege dauernd größer werden. Und wenn mal einer ein Stück Land bekomme, dann könne man sicher sein, daß es so ziemlich das hinterletzte Stück Land sei, verödete Macchia oder felsiger Boden, den man erst in mühsamer Kleinarbeit von Steinen befreien muß ... Inzwischen waren wir in Ugento angekommen. Als Cesare ausstieg, sagte er noch, die meisten Leute nähmen ihre Situation wie ein höheres Schicksal hin – das sei ihre besondere Methode des Überlebens. Im übrigen könne ich ihn jeden Nachmittag im «Caffè del mondo» treffen. Damit schwang er sich über die nächste Mauer hinweg in einen Hinterhof, und ich machte mich langsam auf den Heimweg.

«Heimweg» – soweit bin ich also schon.

Unterwegs hielt ich noch bei einem Müllplatz an, um meine aufgestauten Mengen Grappa loszuwerden. Ich erwähne das nur, weil ich beim Pinkeln eine deutsche Zeitung vor mir liegen sah, die MÜNCHENER ABEND-ZEITUNG vom 5. Januar, und weil da schon wieder so seltsam fettgedruckte Sätze standen, offenbar ganz ernst gemeint: «Der Zirkus war nicht übergroß, das Spektakel beschränkte sich auf fünf Minuten, und Demonstranten waren weit und breit nicht zu sehen. Rund 500 Polizisten hielten sich dezent im Hintergrund.» – – Frage: Wer liest das hier? Was tut diese Zeitung 500 Meter vor Ugento? Gibt es einen Besitzer? Und wo (wenn) hat die Abendzeitung in der Zwischenzeit gelegen?

Lapidu

Sonst ...

Warten auf Leuchtzeichen am Horizont.

Freitag

Den ganzen Tag nichts. Ohne Worte, ohne Gedanken in den Tag hinein gelaufen. Nur so vor mich hin. Mittags in Gemini, Ziegenkäse. Nachmittags stumpfsinnig und blöd vor lauter Nichtstun. Bis ich dann irgendwann nur noch dahockte und die verstreichenden Sekunden zählte.

Ich habe ein Paket an die Typen in Bari abgeschickt. Heute vormittag, in Casarano, zehn Kilometer weiter landeinwärts, ist es mit der Post abgegangen. Wie lange es brauchen wird, konnte man mir nicht sagen. Die Post soll hier manchmal Tage brauchen, bis sie nach Lecce auf die Bahn kommt und von dort per Bahnexpreß weiter nach Norden geht, über Brindisi nach Bari. Aber Casarano, sagte man mir, ist immerhin schneller als Presicce, und mir kann es nur lieb sein, da es weit genug von meiner Unterkunft entfernt liegt ... Meine Adresse habe ich mit «Casarano poste restante» angegeben. Ich hoffe, daß jetzt etwas Klärendes in Gang kommt. Wenn schon nicht Viviane (die aller Wahrscheinlichkeit nach längst nicht mehr in Bari ist – schon weil man Angst haben muß, ich könnte zurückkommen oder ich könnte die Polizei auf ihre Fährte bringen), dann sollen wenigstens die Typen bei mir aufkreuzen und erklären, was eigentlich los ist. Ich will endlich Auskunft:

1. Wo hält sich Viviane zur Zeit auf?

2. Hält man sie noch gefangen?

3. Wenn ja, warum, in welcher Absicht und was sind die genauen Bedingungen, daß sie freikommt?

4. Gibt es irgendwelche ungeklärten Zusammenhänge mit dem Verlag – mit dem wir beide inzwischen nichts mehr zu tun haben?

5. Was sind das für Zusammenhänge (ich vermute jetzt nur wegen «VX,» der ominösen Akte, von der in Bari gesprochen wurde, «V» könnte Verlag bedeuten und «X» vielleicht die Reederei, wobei das – für mich – kaum einen Sinn ergibt) und warum zieht man uns da mit hinein?

6. Ist es nicht möglich, daß eine pure Verwechslung vorliegt?

7. Wenn das der Fall ist, was ich annehme, warum gibt man den Irrtum nicht einfach zu? Ich wäre damit einverstanden, würde sogar versprechen, mich weder an die Polizei noch an ähnliche Stellen zu wenden. Wo liegt also das Problem?

8. Kann Viviane mir nicht schreiben? Bitte Antwort.

Der Brief, der mit im Paket liegt (ich habe ihn am frühen Morgen auf dem Dach geschrieben, die erste Hälfte auf dem höheren, die zweite auf dem niedrigeren Trullodach), wird hoffentlich jeden, auch die Typen von meiner Bereitwilligkeit überzeugen. Ich habe mich ausführlich für meinen plötzlichen Aufbruch in Bari entschuldigt, die Sache mit der Sonne erklärt und gleichzeitig klargestellt, daß in meinem Blitzstart keinerlei böse Absicht lag, im Gegenteil: was zum Beispiel die Kiste angeht, die ich während des Fahrens hinten auf dem Rücksitz fand, so war sie mir eher eine Last und brachte mich immer von neuem in Gefahren, dauernd mußte ich befürchten, mit ihr in die Luft zu gehen, von einem Diebstahl kann keine Rede sein ... Und damit ihnen auch vollends klar wird, daß ich mich in keiner Weise bereichern wollte, habe ich nun extra einen kleinen Teil der explosiven Ladung ins Paket gepackt und zurückgeschickt. (Plus zwei Fiammiferi.)

Abwarten.

Lapidu

Nächsten Mittwoch (26.) ist in Gemini Prozession. Ich werde dabei sein, werde wahrscheinlich auch ein paar Knallerbsen zünden. Der Pater von Gemini wünscht es so, und ich hüte mich, gegen den Pater etwas zu tun. Soviel nur für heute. Giuseppina hat bereits die Bedingungen für mich ausgehandelt. Wenn alles klappt und wenn die Dinger auch den gewünschten großen Lärm erzeugen, bekomme ich siebzehn- bis achtzehntausend Lire dafür, das heißt: wieder Geld für vierzehn Tage ... Die Kirche soll ruhig ausschütten. Ciao – ich geh jetzt zum Meer hinunter.

Montag, bei Vollmond

Am Strand geschlafen, eingerollt in den Sand, der immer kühler wurde. Gegen Mitternacht kam Wind auf. Ich hörte bis in den Traum hinein die Wellen schlagen, träumte von einer murmelnden Menschenmenge, die in rhythmischen Abständen immer wieder losklatschte, ohne daß ich den Torero sah, der in der offenbar unter mir liegenden Arena gegen einen Stier ankämpfte. Manchmal erhob sich ein rotes Tuch und flatterte herrenlos vor den gesenkten Hörnern her – der Stier bestand eigentlich nur aus Hörnern. Dann wurde eine Unzahl von Spießen aus der Menge geworfen, ich glaubte, der Stier müßte lange darunter begraben sein, aber als die Spieße alle gegeneinanderflogen, brandete noch einmal Beifall auf, und die Hörner rannten völlig unversehrt durch das Arenator. Jetzt pfiffen alle ganz leise, beinahe singend, und ich merkte, daß es der Wind war. Mein rechter Arm war eingeschlafen.

Feucht, klebend und durchgefroren am ganzen Leib drehte ich mich jetzt alle paar Minuten um und versuchte die eindringende Kälte von mir abzuhalten. Mit Träumen war kein Feuer mehr zu machen. Später, als ich nur noch auf dem Rücken lag, weil ich mir die Hüften gründlich durchgelegen hatte, sah ich in den Sternhimmel hinein. Die Sterne kamen, je länger ich hinsah, immer näher. Manche, aber nur wenige, entfernten sich plötzlich wieder und schienen mir aus den Augen zu verschwinden. Querfliegende Sternschnuppen, von denen es sehr viele gab (eigenartigerweise flogen sie alle rechts von mir nach Norden weg), zogen kurze angedeutete Verbindungslinien, so daß ich den Eindruck von einem riesigen Netz gewann, das über mir ausgespannt war. Irgendwie nahm ich das alles, wie es so über mir lag, ganz persönlich. Jedes einzelne Glimmen schien mir wie ein Zeichen zu sein, das ich nur mit der Hand zu ergreifen brauchte, eigentlich mußte ich nur die Hand nach ihnen ausstrecken, dann, dachte ich, wäre auch klar, was mich so gefangen nahm. Aber mein Körper war zu träge.

Gegen drei – ich hatte die ganze Zeit nur noch mit offenen Augen dagelegen – lief ich dann ein Stück am Strand entlang, fand irgendwo ein kleines Ruderboot und ruderte aufs Meer hinaus. Der Mond schien noch immer. Sein breiter Silberstreifen, der mir auf dem Wasser, egal wo ich hinruderte, dauernd entgegenkam, zog mich mit unerklärlicher Anziehungskraft immer weiter von der Küste weg. Nach einer Stunde geschah

dann etwas Seltsames: ich hatte mich eben entschlossen, wieder umzu-
kehren, als links von mir eine singende Riesin aus dem Wasser auftauchte und überquellende Töne hervorstieß. Ihre Stimme stieg schnell
in immer grausamere Höhen. Als sie das hohe C erreichte (oder Cis),
war ihre Wasserverdrängung so stark geworden, daß sie mein Ruderboot
fast zum Kentern brachte. Das alles geschah, wie gesagt, bei Mond-
schein: ich sah ihre lichtüberflossenen Schultern, ungeheure Massen, die
sich da aus dem Meer aufwallten, und wenn sie kurz mal Luft holte,
stürzte sofort eine fürchterliche Flutwelle auf mich zu ... Ja. Was ging
eigentlich vor? Soweit ich verstand, verfolgte ihr Gesang einen bestimmten, freilich schwer auszumachenden Zweck. Immer wieder kam das
Wort «Ora». Vielleicht wollte sie, dachte ich, ja tatsächlich nur die
Uhrzeit wissen. Ich hob (obwohl ich jetzt wirklich beide Arme brauchte,
um mich am Boot festzuhalten) kurz eine Hand und rief ihr zu, meine
Uhr sei schon nach drei ... Da sang sie mit ungeheuer langangehaltenem
Fortissimo das Wort «Grazie» zu mir herüber und sank, noch während
sie es sang, langsam in die Meerestiefen hinunter. Der Gesang verspru-
delte im Untertauchen. Und da jetzt gerade der Leuchtturmkegel vorbeikam, konnte ich unschwer erkennen, welche gewaltigen Massen von
Schaumblasen sie mir zurückließ. Doch noch unter Wasser, als sie längst
in die Tiefe gesunken war, hörte ich ihre einsame, gedämpfte Stimme
sich minutenlang entfernen, bis sie dann irgendwo – weit in der Ferne –
mit einem leisen Jammerbogen verebbte.

War das – – ein Anschlag?

Ich ruderte überstürzt nach San Giovanni herüber und erzählte dem
Leuchtturmwärter, kaum war ich angekommen, die eben vorgefallenen
Tatsachen. Jetzt, wo ich wieder festen Boden unter den Füßen hatte,
merkte ich erst, wie sehr ich am ganzen Leib schlotterte. Der Leuchtturmwärter (Antonio hieß er) sah mich lange Zeit mit seinen ruhigen
Augen an, strich sich dann über den Bart und sagte, nein, nein, er hätte
nichts gesehen. Ich weiß nicht, ob er log. Mindestens eine halbe Stunde
drang ich mit immer neuen Fragen auf ihn ein, dann gab er immerhin
zu, daß hier vor Jahren eine dicke Frau im Dorf erschienen sei – sie kam
aus dem Meer – und mehrere Stunden lang ihre entsetzlichen Arien gesungen hätte. Ob es dieselbe sei, wisse er nicht. Wenigstens sei nach diesem Auftritt, bei dem nur Unannehmlichkeiten passiert seien (ein Fischer
im Dorf sei seekrank geworden, zwei andere hätten sich in panischer
Angst ins Meer gestürzt und ein vierter, der ihr zu nahe gekommen sei,

sei noch Wochen später taub gewesen), mehr und mehr die Geschichte in Umlauf gekommen, daß es keine Frau war, sondern ein abnorm geformtes Walroß mit rosaner Hautfarbe, das sich – gottweißwarum – in die falschen Breitengrade verirrt hatte und unglückliche Töne von sich gab. Niemand sprach mehr von der Frau, alle nur von dem Walroß. Und so muß es dann auch gekommen sein, sagte er, daß bald niemand mehr den Vorfall ernsthaft glauben wollte ... Er könne mir nur den dringenden Rat geben, alles für mich zu behalten. Das beste sei, wenn ich die Sache tief in meinem Inneren vergraben würde. Ganz einfach vergessen, sagte er, «dimenticare». Damit korkte er eine große Flasche Gallipolana auf, schenkte mir seelenruhig zu trinken ein, und wir begannen allmählich über andere Dinge zu reden.

In drückender Hitze. Ein Hund mit dicken Knochen im Maul kommt über die Piazza gelaufen. Der Knochen sieht leuchtend weiß aus, wie ein Kalksteinknochen. Der Friedhof liegt nur hundert Meter entfernt.

Frage: Ob mein Paket wohl inzwischen schon angekommen ist? Wer es wohl öffnet?

Domani ...

26. Juli, Geminis Prozessionstag

So, Freunde, und jetzt holt tief Luft. Jetzt fliegen die fünf weißen Tauben über den Dachterrassen von Gemini und wagen sich nirgends niederzulassen, weil sie noch die ungeheuren Donnerschläge des heutigen Nachmittags in ihren Flügeln haben. Die Prozession war ein allgemeiner Erfolg. Punkt fünf, genau zu dem Zeitpunkt, an dem in der Augustenstraße die Druckmaschinen anlaufen, begannen die Glocken auf der Piazza zu läuten. Alle, die nicht in die Kirche gegangen waren (die meisten Landarbeiter kamen gerade erst von ihren Feldern zurück), warteten draußen auf der westlichen, bereits im Schatten liegenden Seite des Platzes, als Geminis Madonna von sieben Männern getragen durch die Flügeltüren kam und bedrohlich hin- und herschwankend über die Stufen bis zu einem provisorisch mit Rosen geschmückten Ape manövriert wurde, auf dem man sie langsam absetzte.

Die kleine Ladefläche hatte man vorsorglich mit einem weißen Messetuch bedeckt, so daß sie nun wie ein grotesker, fahrbarer Altar aussah, der von einer Blechkabine gezogen wurde – und vorn in der Kabine (später erfuhr ich, daß es ein Vetter von Giuseppina war) saß ein kleiner Mann mit grauer Schiebermütze, der für Momente alle Aufmerksamkeit auf sich zog, weil es ihm trotz verzweifelter Anstrengung nicht gelang, den scheppernden Motor anzuwerfen. Das Ape wollte nicht anspringen. Jedesmal, wenn er startete, ging ein merkliches Zittern und Vibrieren durch die Madonna, man sah es vor allem an dem Stab in ihrer Hand und an den seltsam zu einem Knoten gebundenen Haaren, die keineswegs verhüllt waren wie sonst im Norden – mir kam sie eher wie eine bemalte griechische Statue vor, oder wie eine orientalische Wasserträgerin, deren Wasserkrug im Laufe der Jahre unsichtbar geworden war. Ihr Hals war aufregend sinnlich geschwungen. Unter ihrem Kleid, das rot und blau bis zu den Füßen herunterfiel, spürte man überall die Nacktheit ihres Körpers, die Formen der Brüste, Schultern und Hüften, ich begann plötzlich zu verstehen, warum man in Gemini so viel Wert auf sie legte und warum sie hier die Fruchtbarkeit verkörperte, jedes Jahr am 26. Juli, am Tag von Geminis Prozession.

Endlich jaulte das Ape auf. Fünfzehn Männer mit schneeweißen, turbanartigen Tüchern auf den Köpfen hatten sich an die Spitze des

Zuges gesetzt, dahinter die Meßknaben und ein schwarzäugiger Junge mit einem hohen Holzkreuz in der Mitte. Der Pater (wenn es der Pater war – jedenfalls hatte er sich eine rubinrote Gewandung angelegt) stieg gemessen und würdevoll auf das Ape hoch, um sich gleich an der Madonna festzuhalten, und während nun auch von hinten eine Blaskapelle in dumpfen Molltönen zu spielen anhob, sprangen schnell noch sechs dunkelhäutige Mädchen in leuchtenden Kleidern auf die Ladefläche, ehe das Ape einen Ruck machte und stotternd, dann aber ruhiger in Gang kam ... Die Madonna entschwebte, leicht zitternd, in die südliche Seitengasse hinein, vorbei am PSI-Schild, das ungefähr dieselbe Farbe wie die Robe des Paters hatte, dann weiter die Krümmung der langen Gasse entlang, alle reihten sich mit stummen Gesichtern hinter ihr ein, bald hörte man wieder Fußtrappeln auf dem Pflaster, und mir, der ich am Ende ganz allein auf weiter Flur stand, wurde plötzlich bewußt, daß ich sofort zu meinen Knallerbsen laufen mußte.

Der Weg, an der Prozession vorbei, durch Nebengassen, immer in Hörweite der scheppernden Blechgeräusche, manchmal kamen sie etwas näher, manchmal entfernten sie sich, so daß ich mich akustisch gut orientieren konnte, er führte mich durch ein Wirrwarr von Gängen und Winkeln, in denen sich zur Zeit keine Menschenseele mehr aufhielt. Nur einmal traf ich einen Mann, der etwas verlegen an einer Häuserecke herumstand und, wie ich jetzt im Näherkommen merkte, eine Kamera in den Händen hielt. Ein verirrter Tourist, ging es mir durch den Kopf. Doch weil er unmittelbar vor mir das Gesicht in seinen Armen versteckte, lief ich an ihm vorbei und störte mich auch wenig daran, daß hinter mir zweimal das schnappende Geräusch der Kamera zu hören war. Er wird mich für einen Einheimischen halten, dachte ich, vielleicht für den Dorfdeppen, der hier von der Blasmusik in Rage geraten ist. Als ich dann meine Stelle erreichte, kam die Madonna bereits wieder in leuchtenden Farben um die Ecke gezogen, eingetaucht in das wärmende Licht der Abendsonne, während der ganze Prozessionszug unter ihr im Schatten lag und vergleichsweise schemenhaft wirkte.

Ich hatte alles so vorbereitet, daß ich hier nur noch eine Zündschnur anstecken mußte, um dann gleich weiter zur nächsten Stelle zu laufen und das Volumen von Stelle zu Stelle zu steigern, mein Wunsch war, den Donner sich langsam entfalten zu lassen, erst mit einem Vorgrollen, dann einem Gewitterschlag und am Schluß mehreren gewaltigen

Entladungen ... Und so geschah es dann auch. Genau in Höhe der Madonna zündete ich meine ersten Knallerbsen an, eine Kombination von drei kurz aufeinanderfolgenden Salutschüssen, die neben der geringen Rauchentfaltung und dem dabei unvermeidlichen, aber wohl christlich einzuordnenden Schwefelgeruch eine Fülle von Seitenblicken in meine Richtung hervorriefen, so daß ich – um nicht allzusehr in den Mittelpunkt zu geraten – schnell hinter einer Mauer wegtauchte und mich auf den Weg zu meiner nächsten Detonation machte, die weiter im Osten lag.

Dort, am Feldweg nach Ugento, zwischen Kaktusbäumen, Gerümpel und roter Erde, bereitete ich die zweite Explosion vor, die jetzt noch einiger Ergänzungen bedurfte – ich hatte vorsichtshalber nicht alle Kabel miteinander verbunden und mußte vor allem noch die genauen Abstände überprüfen, damit alle einzelnen Gewitterschläge in dem vorgesehenen Rhythmus nacheinanderkamen. Fünf, sechs Minuten vergingen mit solchen Berechnungen, dann wurde die Blasmusik wieder lauter, ich setzte mich ruhig auf den Boden, sog an meiner Zigarette und wartete auf das Erscheinen der ersten Turbanmänner ...

Der Pater, seltsam anzusehen, hing jetzt wie ein verstiegener Bergsteiger an der Madonna. Er klammerte sich an ihren Faltenwürfen fest, so als könne er jeden Moment in einen schwindelerregenden Abgrund stürzen, sein linker Arm umschlang die Hüfte und mit dem rechten zog er sich so eng wie möglich an ihre Seitenpartie, womit er sie einmal zur Angebeteten machte und andererseits verhinderte, daß er bei tieferen Schlaglöchern seitlich vom Ape fiel. Der Anblick hatte bei aller Hilflosigkeit etwas Fröhliches, fand ich, niemand schien auch Anstoß daran zu nehmen. Im Gegenteil. Wenn etwas störte, dann war es nur dieser Mann mit seiner Kamera, der jetzt wieder aus den Gassen trat und ausgerechnet losknipste, als ich meine vierzehn hart aneinandergereihten Donnerschläge zündete. Das Gewitter, das gleich darauf in den Himmel aufstieg, löste eine ungeheure Wut bei mir aus, ja. Ich verstand nicht, warum er sein Gesicht dauernd hinter der Kamera versteckte und sinnlos in der Gegend herumknipste, auf mich, auf die Prozession, statt sich wie alle anderen hier zu erkennen zu geben. Wozu hat man eigentlich Augen im Kopf, dachte ich. Seine blinkende Kamera, die da unentwegt falsche Endgültigkeiten in sich hineinfraß, lauter tote Momente, fiel mir plötzlich ein, während nichts als wirkliches Leben vor ihr ablief, sie machte mich schließlich so allergisch, daß ich ihm ohne Frage an die Gurgel gesprungen wäre, wäre er nicht von selber davongelaufen.

Ich sah Giuseppina. Sie ging im hinteren Drittel des Zuges, umgeben von einer Gruppe schwarzgekleideter Frauen, die allesamt lächelten, als ich mich neben ihr in den Zug einreihte – so als würden sie mich längst kennen. Wir gingen nebeneinander her, schweigend und heimlich beobachtet von den um uns Gehenden, bis mir dann eine Hand an den Ärmel griff und ungeduldig von unten an mir zerrte. Es war Luiga, Giuseppinas Tochter. Sie ertrug es nicht, immer nur gegen die Rücken der Erwachsenen zu blicken, wo sie doch genau wußte, daß vorn an der Spitze des Zuges die Madonna di Gemini durch die Gassen schwebte ... Ich nahm sie ein Stück huckepack. Plötzlich lief eine alte Frau seitlich neben der Prozession her zu der Madonna vor und bewarf sie laut schreiend mit Händen voll Weizenkörnern. In der Menge entstand sofort ein dumpfes Wehklagen, das sich wellenartig nach hinten durch den ganzen Zug fortsetzte und nach einer Weile von hinten noch einmal anschwoll, als aus den Weizenkörnern Oliven wurden und aus den Oliven Brotkrumen und aus diesen wieder Weizenkörner. Giuseppina sagte, daß die Frau ein ihr zustehendes Stück Land nicht bekommen hätte. Ihr Mann sei im letzten Jahr bei einem nie aufgeklärten Autounfall ums Leben gekommen und jetzt verweigere man ihr das ursprünglich ihm versprochene Land.

Als ich mich kurz darauf nach hinten umdrehte, erstarrte ich fast vor Schreck, weil der Mann mit der Kamera unmittelbar hinter mir ging. Er hatte eine finstere Sonnenbrille vor seinen Augen, einen braunen Bart, der mir irgendwie unpassend zu seinen Haaren schien, und eine völlig verbrannte Gesichtshaut. Ich flüsterte Giuseppina zu, ob ihr der Mann hinter uns bekannt sei. Giuseppina blickte sich unauffällig nach hinten um und zuckte dann die Schulter, nein, sie hätte ihn noch nie gesehen. In diesem Moment hörte ich zweimal das Klicken der Kamera hinter mir. Ich sprang zwei Schritte rückwärts, rempelte mitten in den Mann hinein, der auch sofort mit ungeheurem Tempo aus der Menge floh und, die Kamera in der Hand schwingend, die nächste Treppe hochrannte, über die ich ihn drei Stufen auf einmal nehmend verfolgte – –

ich hatte nicht geahnt, daß der Mann trotz seiner Verbrennungen so schnell war. Er sprang von Dach zu Dach, manchmal über tiefe Gassen, die glücklicherweise nie breiter als drei Meter waren. Wahrscheinlich hätte ich ihn nie eingeholt, wenn er nicht kurz vor der Piazza in einen Hinterhof gesprungen wäre, so daß ich jetzt den Moment des Strauchelns dazu benutzen konnte, mich direkt auf ihn niederstürzen zu lassen. Er kam unter meinem Übergewicht gewaltig ins Schleudern und bot mir (so hoffte ich) die einmalige Chance, nach seiner Kamera zu greifen. Doch gerade als ich zugreifen wollte, schlug er mir mit einer unwahrscheinlichen Linken in den Unterkiefer, worauf ich nur benommen hin- und herschwankte und große Mühe hatte, mich auf den Beinen zu halten.

«Signore, was wollen Sie eigentlich», fragte er.

«Ich ... ich ... die Kamera», stotterte ich. Mich brachte völlig durcheinander, daß er in gebrochenem Deutsch sprach, also offenbar auch wußte, daß ich Deutscher war.

«Die können Sie haben», sagte er. «Allora.»

Damit schleuderte er mir die Kamera ins Gesicht, ein Nebel von Milchstraßen schob sich vor meine Augen, ich konnte noch eben erkennen, wie unter seinem Ärmel lauter seltsame Tätowierungen zum Vorschein kamen und wie er sich dann im Weggehen seinen halb heruntergerissenen Bart wieder anklebte.

Als ich Minuten später wieder zu mir kam, schoß mir als erstes der Gedanke durch den Kopf: daß dies einer meiner S e e - l e n v e r k ä u f e r gewesen war. Der Mann aus dem Fiat, in der Murge, dachte ich ... Aber der war doch lange tot ... Können Tote so hart schlagen?

Verwirrt von meinen eigenen Einbildungen, die sich im Kopf immer wieder zu brennenden Autos verwandelten, irrte ich jetzt durch zahllose widerhallende Hinterhöfe bis zur südlichen Quergasse hinunter, bog dort nach Westen ab und humpelte dann immer weiter der untergehenden Sonne entgegen, bis ich endlich meine dritte Detonationsstelle wiederfand noch gerade rechtzeitig, um die dreiunddreißig unverbundenen Schnüre zu verkoppeln. Als ich dann meine ersten Vorgewitter zündete, spürte ich, wie wieder etwas Ruhe in mich einkehrte. Die Blaskapelle hatte zu spielen aufgehört. Alle – bis auf den Pater – starrten erwartungsvoll auf meine letzte, alles überbietende Kanonade, die jetzt mit einem ungeheuren Donnerwetter von haargenau sechsundzwanzig hoch über die Häuser aufsteigenden Feuerblitzen ein ohrenbetäubendes Finale der Prozession schuf. Als der letzte Gewitterschlag mit einem Nachgrollen verklungen

95

war, konnte sich niemand, auch der Pater nicht, mehr zurückhalten. Der ganze Zug brach wie auf Verabredung in einen wilden Freudentaumel aus, die einen begannen zu singen, die anderen hoben die Hände und liefen schreiend neben der Madonna her, bis auf einmal, ich weiß nicht, wie es kam, Luigi mit ein paar Freunden aus Gemini bei mir auftauchte und mich quer durch den Prozessionszug in einen Hauseingang schleppte, wo sie mich sofort auf einen Stuhl verfrachteten und, ehe ich richtig verstanden hatte, was eigentlich los war, laut singend Amaro mit mir tranken.

Bei Einbruch der Dunkelheit, als ich mich verabschiedete, hatte ich die Taschen über und über vollgepfropft mit Fressalien. Die Piazza war längst wie ausgestorben. Ich lief über die Hügel zum Trullo, zündete gleich vor dem Eingang ein kleines Feuer an, holte noch Wasser vom Brunnen und machte mir dann bei langsam über dem Horizont aufsteigendem Mond meine ersten Spaghetti alla Lapidu – Pfeffer, Knoblauch, Basilikumblätter und Olivenöl. Die Grillen haben mir überall von den Bäumen herab zugesehen.

Sandsteinbrüche, Tuffi. Tief in die Erde eingeschnitten. Tuffi. Viereckige, längliche, scharf aus dem Boden geschnittene Sandsteinblöcke. Tuffi für Häuser. Hellgraue Tuffi, die später mit Löschkalk überspritzt werden. Man gebraucht schwere Sägen, um sie aus dem Boden zu schneiden. Terrassenweise schneidet man sich unter die Erde herab, manchmal sogar senkrecht immer tiefer. Ganze bizarre Städte scheinen da aus der Tiefe zu ragen, Städte im Negativ, geometrisch genaue Anlagen, die voller eingeschnittener Straßen, Treppen und Mauern sind. Dort, wo noch ein Block aufragt, sieht es aus, als würde ein Gebäude dastehen. Dort, wo sie herausgesägt sind, Straßen und Durchgänge. Die Wände von außen alle strukturiert. Tuffi voller Muschelkalk und Muschelresten. Ausgesägte, plötzlich wieder ans Licht getretene Sandsteinstädte. Freiliegende Muschelterrassen. Tuffi, wie aus dem Meer aufgetaucht.

Ende Juli

Die Entfernung zu unseren Träumen ist der Grad unserer Entfremdung.

Nachts hörte ich Schritte vorm Haus. Jemand schien vor dem Eingang auf- und abzugehen. Ich war sofort hellwach. Ein Tier konnte es nicht sein, dazu waren die Schritte viel zu schlürfend. Sie bewegten sich immer im selben Bereich links neben dem Eingang, dort, wo der Feigenbaum über das Dach wächst, dicht hinter der Mauer. Einmal sogar hatte ich den Eindruck, als würden sie neben dem Eingang langsam die Mauer hochkriechen. Vielleicht schlich da jemand über meinen Kopf weg und zählte mondsüchtig vor Dunkelheit die Steine. Mir fiel plötzlich ein, daß die Dachsteine genau spiralenförmig zur Mitte der Kuppel liefen und dort, wenn er nur schwer genug war, mit hunderten von Gecchi auf mich niederstürzen konnten. Seltsamerweise geschah es nicht. Momente vergingen, dann waren die Schritte – ohne ein auffälliges Sprunggeräusch – wieder unten gelandet, streiften aber unverzüglich, merkwürdig schabend und noch viel lauter als vorher an der Wand entlang. Mir wurde mehr und mehr unheimlich, wie unvorsichtig, ja eigentlich unbeholfen sie klangen.

Wußte dieser Mensch überhaupt, daß ich hier wohne? Strich er womöglich völlig ahnungslos vor dem Trullo herum und rieb sich, aus wer weiß welcher Gewohnheit, draußen an den Steinen? Vorsichtshalber nahm ich leise ein paar Knallkörper in die Hand und hielt meine Streichhölzer bereit. Ich wollte für alle Fälle gewappnet sein. Daß die Schritte jetzt plötzlich verstummten, schien mir eher ein trügerisches Zeichen zu sein. Kann sein, daß er mich gehört hatte oder daß er den Eingang zum Trullo vor sich sah. Ich stellte mir vor, wie er dort vor dem Eingang stand, ein uralter Hirte, Nachtwandler oder was er war, und regungslos in die Nacht hinein lauschte … Kurz darauf setzten die Schritte wieder ein. Diesmal kam es mir vor, als seien es nicht zwei, sondern – ernsthaft – vier ausgebildete Beine, die sich da in ungeschickter Reihenfolge hinter der Mauer hin- und herbewegten. Ja.

Mein Puls ging trotz aller Bemühungen, mich nicht aufzuregen, zunehmend schneller. Verschiedene Schritte konnte ich bald gar nicht mehr hören, so laut war das Klopfen in mir geworden. Entweder ging dieser Mensch jetzt auch auf den Händen oder er hatte, was allerdings ein Unding gewesen wäre, wirklich vier Beine. Immerhin konnte ich mir nur mühsam einreden, daß man mit den Händen überhaupt derart schaben kann. Eher klang es nach Schuhsohlen, einer Vielzahl Schuhsohlen, die von meinem rasenden Pulsschlag immer mehr übertönt wurden. Ein besinnungsloses, bald gar nicht mehr auszumessendes Körperrauschen überfiel mich. Das Einzige, was ich noch klar wahrnahm, war das laute Hämmern aller Blutgefäße in mir. Und wie sich diese Schritte dann schließlich – nach einer weiteren Viertelstunde dauernden Wartens, daß er eintrat – offenbar dennoch entfernten, wie sie ohne viel Aufsehens vor dem Trullo in die Weite entschwanden und langsam von der Nacht verschluckt wurden, das habe ich vor lauter Herzpochen nicht genau hören können ... Als ich mich endlich nach draußen wagte, war nichts mehr zu sehen, auch in der Ferne nicht. Die Nacht war ganz windstill geworden, und neben dem Eingang schlief der Feigenbaum.

Regen, Regen. Den ganzen Tag über. Ich könnte immerzu nur schlafen. Die Glieder werden einem schwer. Man sitzt auf seinem Segeltuch herum, hört das leise Rauschen auf dem Trullodach und wird langsam benebelt davon. Keine Energie mehr, sich von einer Seite zur anderen zu schleppen. Man verschläft die Zeit. Man verträumt die tiefen Wolken, die über das Dach ziehen. Träume von Viviane und mir... Wir ziehen über das Land. Wir fallen als Regen auf die Felder und nehmen dauernd neue Gestalten an. Manchmal sind wir Pflanzen. Manchmal ziehen wir als Wanderdünen nach Süden. Oft wandern wir auch als Olivenbäume, die sich zwischendurch in Luft auflösen und wieder in andere Bäume verwandeln. Aber meist schäumen wir mit großer Salzwasserlust durchs Meer, kämmen die Wellen durch, machen bei zunehmendem Seegang lauter Kopfsprünge ineinander, bis wir dann wieder als Regen auf die Felder fallen und die lange Straße entlang von dannen ziehen, Viviane und ich, mit zwei roten Südwestern auf den Köpfen.

Abends, auf dem Dach

Du – erinnerst du dich noch an diese prickelnde Bewegung deiner Schenkel, als du über die ganz von Moos bewachsene Straße liefst und niemand (außer mir natürlich, der am anderen Ende der Straße stand) wagte Luft zu holen, um den Himmel in zwei Wolken zu zerteilen? Weißt du noch, wie ich mich aufführte, wie mir all mein Verlangen immer wilder in die Höhe wuchs und bald gar nicht mehr zu bremsen war, nicht mehr aufzuhalten? Oder merkst du nicht, daß ich jetzt mit dir schlafen will?

August, Lapidu

Geträumte Sprengsätze, vorhin, alle kamen sie aus deinem Mund und brachten die Landschaft um uns zum Schweigen. Später veränderte sich das Bild. Alles wurde mehr und mehr finster um mich, ich sah nur noch die weißen Mützen der Polizisten, die oben durch den Himmel flogen ...

Viertel nach Zwei.

Die Angst trübsinnig zu werden vor lauter Lebenslust. Die beängstigende Feststellung, daß man in sich wegsinkt und alle Gegenwart verliert, weil man nichts anderes sucht als wirkliche Gegenwart.

Am Nachmittag kam Cesare bei mir vorbei und sagte, er hätte einen eigenartigen Traum gehabt. Der also auch, dachte ich. Stell dir vor, sagte er, ich komme in ein Zimmer, noch voll von den Erlebnissen des Tages, und entdecke Mariangela mit einem anderen Mann. Die beiden scheinen mich nicht wahrzunehmen. Irgendwie kommt mir der Mann gleich bekannt vor, obwohl ich sein Gesicht nicht genau sehe und mich auch nicht erinnern kann, wo ich ihn schon einmal gesehen habe. Ich hole meine Pistole, immer noch werde ich nicht bemerkt. Und erst als ich abdrücke und als im Moment des Aufschreis der Mann seinen Kopf ruckartig zur Seite wirft, erkenne ich an den verzerrten Gesichtszügen, daß dieser Mann ich selber bin.

Casarano, Freitag

Der Buick ist weg!

Lapidu, abends, Nachtrag, komm, ganz ruhig

Vor acht Stunden. Die Küste entlang. Die Bucht entlang. Vorbei an Torre Mozza und Torre Pali, die wie Oasen dalagen. Langsam, auf Kap Leuca zu stieg die Litoranea immer weiter auf die Klippen hoch, ich bog irgendwo links ins Innenland ab und nahm mir vor, noch einmal nach der toskanischen Villa bei Morciano zu suchen. Sie war diesmal leer. Die grünen Fensterläden waren alle rund um das Haus herum verschlossen, die Türen zugesperrt. Ein einsamer Kettenhund bellte mir entgegen. Als ich auf ihn zuging, schien er einen Moment zu überlegen, ob er mir an die Gurgel springen sollte, aber dann legte er sich winselnd vor mir auf den Boden und begann gleich darauf ziemlich jämmerlich zu jaulen, als ich hinter der Terrasse einen Fensterladen einschlug und von zunehmender Neugierde gepackt ins Haus einstieg. Überdimensionale Sessel standen überall in den Räumen herum, die meisten waren von Plastikfolien überzogen, manche auch mit Leinentüchern, wohl um sie gegen Staubbefall zu schützen. Auf dem Klavier fand ich einen ausgestopften Kater, der mich mit gelben Bernsteinaugen anstarrte, die Zähne weit auseinandergerissen. In der Küche dann noch einen anderen, erst dachte ich, er sei ebenso ausgestopft wie der erste, aber als ich ihm vorsichtig übers Fell strich, hob er mit unendlicher Trägheit seinen Kopf und ließ sich dann fett und aufgeschwollen unter den Herd fallen, um von lautem Schnurren begleitet weiterzuschlafen. Ich wußte nicht mehr, was mich hierhergeführt hatte. Um nicht ganz unnütz zu erscheinen, schlang ich etwas rohes Fleisch in mich hinein – immerhin war es das erste, das ich seit Matera in die Finger bekommen hatte, auch etwas Gemüse, Brot, Tomaten. Nur fand ich nirgends Gegenstände, die mir in meiner Lage wirklich geholfen hätten, entweder waren sie zu groß, um transportiert zu werden, oder sie schienen mir für meine Einrichtung völlig überflüssig. Was sollte zum Beispiel ein silberner Kronleuchter, der von einer Gruppe goldener Putten umflogen wurde? Und was halfen mir Buchrücken, in denen nichts als lauter unbeschriebene Seiten lagen, ausgerechnet in Lapidu? Ich lief unschlüssig in den ersten Stock hoch, wo ich jetzt wenigstens (um meiner Anwesenheit irgendeinen Grund zu geben) die frischbezogenen Betten durchwühlte, ein paar Schafwolldecken und Roßhaarmatratzen herausnahm, auch ein kleines Transistorradio, das unterm Kissen lag. Schließlich brach ich noch ein Kinderbett auseinander, weil seine Kopfseite ungefähr den Ausmaßen des Trulloeingangs zu entsprechen schien, und ging dann unsinnig beladen wieder die Treppe hinunter – kann sein, daß ich jetzt das Bellen des Hundes überhörte. Denn als ich schon aus dem Fenster stieg, mit vier in der Luft wippenden Matratzen auf dem Rücken, das Brett unter den Arm geklemmt und das Transistorradio mit dem linken kleinen Finger haltend, hörte ich plötzlich Schlüsselgeräusche in der Tür. Und als ich dann ums Haus schlich, durch die Büsche, wäre ich fast noch einer halbnackten Frau in die Arme gelaufen, die notdürftig mit einem Badetuch bekleidet einen Sonnenschirm in den hinteren Teil des Gartens trug und deren ganz von der Sonne verbrannte Haut – offenbar hatte sie den ganzen Vormittag nur im Meer gelegen – über und über von Salzkrusten bedeckt war.

Vor sechs Stunden. Mittags. Das Kinderbett paßte besser als erwartet in den Trulloeingang. Musik kam aus dem Radio, oben vom Dach herab. Ab und zu Nachrichten, die über die neuesten Vorfälle aus dem Mezzogiorno berichteten, ein Fall von Cholera in Taranto, verschiedene Hepatitisvergiftungen in Brindisi, dann auch einige Meldungen aus Bari, deren Inhalt ich aber nicht genau verstehen konnte – und endlich wieder Musik, Musik, Lucio Battisti sang seinen alten Song «Comunque bella», ich summte leise mit und ließ mir zwischendurch lauter aus der Luft gegriffene Reime einfallen, während ich mit Hammer und Brecheisen bewaffnet an meiner Tür herumwerkelte und sogar eine Methode erfand, sie auf- und zuzuklappen. Alles ging mir viel leichter von der Hand.

Vor fünf Stunden dann. Ab nach Casarano. Die Straße war ein einziger flimmernder Spiegel unter der Sonne geworden. Manchmal glaubte man, in bodenlose Luftlöcher hineinzufahren, weil der Untergrund genau die Farbe des Himmels angenommen hatte. Dann wieder tauchten Schatten von Eselskarren vor einem auf, zunächst ganz dünn nur und erst, wenn man ihnen langsam näherkam, allmählich plastischer. Eine steinalte Frau irgendwo – schon ganz zusammengeschrumpft bis auf die Umrisse ihrer Knochen. Ich nahm sie mit, nachdem sie wohl eine Stunde vergeblich auf den Bus gewartet hatte und jetzt, trotz ihrer völlig durchgelaufenen Schuhe, trotz der wie Gehirnwindungen wirkenden Falten in ihrem Gesicht, zu Fuß nach Casarano gehen wollte, um ihren vierzigjährigen Urenkel zu besuchen. Obwohl sie keine Zähne mehr im Mund hatte, konnte sie manchmal auf eine fast erschreckende Weise lachen. Die Falten gingen dann nach oben, zogen das Gesicht zu allen Seiten auseinander und gaben ihm ein von jenseits aller Vorstellungen kommendes Aussehen, das mühelos ganze Gebirgslandschaften zum Erschüttern bringen und sämtliche Dörfer in der Umgebung in den Schatten stellen konnte. Nur sah sie mir nie richtig in die Augen. Sosehr ich auch gewünscht hätte, einmal direkt in das Geheimnis ihres Alters hineinzuschauen, immer blickte sie etwas tiefer auf meinen Mund oder dann, als wir durch Taurisano fuhren, auf meine Kniescheiben, deren unter Cord verborgene Schwellungen sie schon nach wenigen Augenblicken mit völliger Klarheit zu erkennen schien.

«Dolori, dolori», sagte sie, «quattro dolori.»

Ich bekam plötzlich Angst, sie könnte über alles, was ich in den letzten Wochen erlebt hatte, genau Bescheid wissen und würde jeden Moment beginnen, mir meine Zukunft vorauszusagen. Aber sie schwieg eisern, verfiel für den Rest der Fahrt in eine unbewegte Haltung und ließ sich auch ohne eine Spur von Andeutungen vor dem städtischen Krankenhaus absetzen, wo, wie ich vorher erfahren hatte, ihr fiebernder Urenkel wegen einer unbekannten Büffelkrankheit behandelt wird. «Malattia di bufalo» heißt sie hier.

Vor vier Stunden. Die Post machte auf. Ich hatte den Wagen – soweit ich weiß, unverschlossen – hinter der Piazza abgestellt. Nein, aus Bari lag noch keine Antwort vor. Ich sah auf einen Blick, daß im Poste-restante-Fach nichts lag, kein Brief von den Typen und auch von Viviane nichts, obwohl ich mir die sehnsuchtsvollsten Liebesbriefe erhofft hatte und gestern noch, als ich einschlief, der festen Meinung gewesen war, heute würde die entscheidende Wende kommen ... Enttäuscht und natürlich auch nachgrübelnd, warum man mich hier ohne jede Behelligung einfach sitzen ließ, warum man nicht wenigstens versuchte, mit mir in Kontakt zu kommen, wo man doch bestimmte Dinge von mir wissen will, trat ich wieder auf den Platz hinaus, schlenderte zunächst noch an den sich langsam belebenden Caffès vorbei, ehe ich dann durch einen hohen Torbogen hindurch wieder zum Buick zurückkam. Ja. Und dann war er weg. Zunächst glaubte ich noch, es könnte die falsche Seitenstraße gewesen sein. Aber als in der nächsten Straße alles anders aussah und in der übernächsten kein einziges Auto stand, lief ich wieder zurück und rannte dann, weil ich ihn nicht fand, sämtliche umliegenden Straßen, Passagen und Plätze ab, immer mehr ungläubig, daß ich ihn nirgends auftauchen sah, bis ich dann nach einer Weile sinnlosen Umherlaufens, bei dem ich mir selber schon immer mehr komisch vorkam, auf einmal zu lachen anfing und mit dem Lachen allmählich allen aufgestauten Schrecken von mir abstieß. Der Buick war weg, eindeutig weg, geklaut, gestohlen oder wie immer man es nennen wollte. An dieser Tatsache war gar nicht mehr zu rütteln. Es kam mir plötzlich so vor, als hätte ich die ganzen letzten Wochen darauf gewartet... Jetzt bist du ihn also los, sagte ich mir immer wieder. Jetzt bist du ihn also los. Mehr fiel mir nicht ein. Ich trottete zum Caffè hinüber und beschloß, erst mal einen Grappa in mich hineinzukippen. Mich an die Carabinieri zu wenden, zum ACI zu gehen oder bei den Einwohnern hier lange nachzufragen, kam mir nicht in den Sinn. Alles was ich sah, war die drei Meter hohe Spiegelwand vor mir, in der die Leute spiegelverkehrt miteinander redeten, ab und zu hochblickend zu mir, aber ansonsten völlig ahnungslos, und dann sah ich auch mich selber, schon stark sonnengebräunt, ganz wie ein weitgereister Tourist -- nein, hier hatte ich nichts mehr verloren, niemand würde mir glauben, daß ich meinen alten Buick verloren hatte, ich zahlte und ging.

Vor drei Stunden. Zurück durch wilde Felder. Immer querfeldein außen an den Dörfern vorbei. Geröll, Diesteln. Einem Esel bin ich begegnet, der stand ausgerechnet neben einer Hundeleiche und einem Tierschädel samt einem Dutzend großer Knochen, schaute mich reglos an mit gespitzten Ohren, das war zwischen Agavenketten, in einem ausgetrockneten Flußbett. Ich baute mich vor ihm auf und wartete, daß er langsam auf mich zukam, doch mitnichten, nicht einmal daß er ein Ohr gelangweilt nach hinten kippte. Geier dagegen erschrecken, weil sie kurz vor einem ruckartig aus den Steinen auffliegen. Schlangen sind mir keine begegnet. Ziegen manchmal, schwarze mit schwarzen Hörnern und glasig-gelben Augen darunter. Auch ab und zu Hunde, einmal kam einer, hellbraun und mit schräg herunterhängendem Schwanz, hinter mir her unaufhörlich kläffend den Hang heraufgelaufen, bis auf knapp zwanzig Meter. Als ich mich umdrehte, blieb er sofort stehen und schaute lauernd, tief auf den Boden geduckt zu mir herüber, kam aber gleich wieder näher, als ich weiterging, und zog sich dann erst zurück, als ich eine halbe Minute lang ununterbrochen auf ihn herabsah. Das war – wo?

Vor zwei Stunden. Die Zeit des Schreibens immer eingerechnet. Mutlos im Gehen. Schmerzen im Knie, mit dem Wunsch, alles, was ich erlebt hatte, sofort niederzuschreiben. Die Trullotür war ein Stück aufgestoßen, das sah ich schon von weitem. Jemand wird bei mir eingebrochen sein, dachte ich. Doch als ich vorsichtig näherkam, erkannte ich bald immer deutlicher, daß ein kleiner Zettel an der Tür hing. Ja. Ich hastete hin, faltete ihn unter lauter durch den Kopf schwirrenden Gedanken auseinander und las, las, immer benommener:

«Ich liebe dich. Bald.

Viviane»

Das –– war offenbar von ihr. Ihre Schrift. Ich glaubte, ganz deutlich ihre Schriftzüge wiederzuerkennen, glaubte auch plötzlich ihre Stimme zu hören, so als würde sie jeden Moment leibhaftig aus den Buchstaben hervortreten und alles, was sie geschrieben hatte, wahrmachen. Oder bildete ich mir das jetzt nur ein? Was hieß eigentlich «bald»? Warum hat sie mir kein genaues Datum angegeben und warum ist sie überhaupt gekommen, ohne auf meine Rückkehr zu warten? Ist sie überhaupt gekommen? Ist das wirklich von ihr? Ich weiß es nicht. Je länger ich darüber nachdenke, desto mehr geraten mir alle Vermutungen durcheinander. Hier, jetzt. Halb neun Uhr abends, zwischen lauter Mauern, die keine Auskunft geben, immer noch etwas Herzklopfen in mir, ungewisser Versuch, das alles zu benennen und auf einen Nenner zu bringen, um irgendetwas vorläufig Haltbares, Aushaltbares daraus zu machen, dabei laufen mir alle Gedanken weg, und die Finger flutschen zur Seite, sowie ich vom Papier aufsehe, widersinnige Ausreden, an die ich schon nach wenigen Atemzügen nicht mehr glauben kann, hilflos aus dem Kopf gekramte Sätze wie: «Papier ist geduldig, ich nicht.»

5. August

Wirf endlich deine Unsichtbarkeit von dir ab und komm.

Sonntag, 6. August

So ein Gefühl wie damals, als ich aus dem Gymnasium geflogen bin. Dauernd, im Dahocken, Aufstehen, Hin- und Hergehen und wieder Hinsetzen zündet man sich eine neue Zigarette an und merkt nicht, wie man schon während des Rauchens nach einer nächsten greift, so als müßte man immer mehr in sich hineinziehen. Nichts gilt. Nichts ist gewachsen, um diese umherziehende Leere in mir zu stillen ... Fichi d'india im Bauch, den Kopf in zielloser Haltung mal auf die Schulter, mal in den Nacken gelehnt fällt einem auf, wie man lauter imaginäre Gespräche mit imaginären Leuten beginnt, wie man sie herbeidenkt, sich einbildet, wie man sie ihre fürchterlichen Vorwürfe gegen sich anbringen läßt und dann, erst in Verteidigungsstellung, dann allmählich immer angriffslustiger, alle Vorwürfe gegen sie zurückwendet und blindwütige Angriffe in ihre Gesichter schleudert, um schließlich, weil sie damit nicht einzuschüchtern sind, ein aufklappbares Messer aus der Tasche zu ziehen und mehrmals auf sie einzustechen, nur werden sie bei diesen Stichen immer lebendiger, scheinen immer näher zu rücken, der Verlagsleiter, der Chef aus Bari mit seiner Yul-Brynner-Glatze, dann plötzlich tauchen auch Freunde auf und sagen: «Geh nach Hause», ich sehe noch, wie sie an großen Schreibtischen sitzen und zusehends andere Gesichter bekommen, bis sie endlich ins Sie verfallen und mit den längst vergessenen Unterredungen des letzten Jahres beginnen.

Klar? Klar.

Sie müssen das verstehen ... So auf einen Schlag können wir das auch nicht machen ... Wir kennen Sie ja nicht ... Wir kennen nur das, was Sie uns hier vorgelegt haben, das finden wir auch sehr gut, das ist ja schon viel, schon ein Anfang, das passiert schließlich sehr selten ... Aber sonst wissen wir ja nichts von Ihnen ... Wie sollen wir Ihnen dann eine Sache zutrauen, mit soviel Schwierigkeiten, die Sie doch noch nie gemacht haben ... Kommen Sie am besten mal wieder ... Danke ... Danke ...

Und solche sinnlosen Sätze kurven einem hier unentwegt im Kopf herum ...

Komm, hol Luft. Sag, es war ein langer Tag heute mit vielen aus der Luft gegriffenen Vermutungen und Blicken von irgendwoher, du hast dich nicht beieinandergefühlt, du bist bis kurz vor Torre Pali gelaufen und wieder umgekehrt, dein Sinn stand dir anderswohin, wohin genau weißt du nicht, nach Casarano wolltest du auch nicht gehen, und als du dann zurückkamst, zu deiner Bleibe, kamst du dir völlig fehl am Platze vor, du hast dich ratlos hingehockt und so in die Gegend geguckt, als sei der Himmel keine zehn Lire wert, das war dein Tag heute, komm, hol Luft, schlag diesen lächerlichen Stein auseinander.

Caffè del mondo, 7. August

«May be a baby.»

Francesca Zilli, die Schwester von Lelio Zilli. Sie war einmal schwanger.
Zweiundfünfzig Monate lang. Die ersten neun Monate wurde sie immer
dicker. Dann, im zehnten und elften Monat, als sie alle paar Tage zum
Arzt ging, weil ihr Kind nicht zur Welt kam, begann die Bauchschwellung
schon wieder nachzulassen. Die Wölbung sank ein. Cesare fuhr nach
Rom und kehrte im darauffolgenden Sommer wieder zurück. Alfonso
begann bei Signor Fettucci zu arbeiten. Nach zweieinhalb Jahren ver-
breitete sich im «Caffè del mondo» das Gerücht, Francesca Zilli sei
keinem Mann, sondern einer von ihren Phantasien geschaffenen Schein-
schwangerschaft unterlegen. Sie hatte schon wieder die Maße ihrer jung-
fräulichen Körperstatur zurückerlangt. Nur ein kleiner Wulst ragte noch
über ihrem Gürtel vor, aber auch dieser verschwand in den nächsten
Monaten, und niemand schien sich der vergangenen Vorfälle zu erinnern,
als Francesca Zilli nach weiteren zwölf Monaten, die Presicce schlechte
Oliven brachten, über heftige Bauchschmerzen klagte. Im zweiund-
fünfzigsten Monat brachte sie unter äußerster Verschwiegenheit und nur
im Beisein ihres Bruders Lelio, der nicht einmal gewagt hatte, den benachbarten Arzt aus Morciano zu Hilfe zu holen, ein versteinertes
Embryo zur Welt, kaum größer als ein ausgelutschter Pfirsichkern, die
winzigen Hände überkreuzt vor die Brustflügel haltend. Sie packten es in
ein Glaskästchen, hängten es über dem Kruzifix an die Schlafzimmer-
wand und zeigten es jedem, der ins Haus trat, wie ein Wunderwerk der
Schöpfung vor, ohne genau darüber Auskunft zu geben, wo es herkam
und warum es seine versteinerten Spinnenbeine um den Kopf schlang.
Francesca Zilli sagte nur manchmal: «Es ist ein Heiliger.» Und niemand,
der ihr dabei zuhörte, wagte an dieser unzweifelhaften Tatsache zu rütteln.

August

Luft, Abendluft. Die Sachen werden feucht. Ein Flugzeuggeräusch entfernt sich am Himmel. Irgendwo wird ein Eimer Wasser ausgegossen, und die Gedanken kommen wieder.

Bald –– das kann auch Monate heißen.

Torre Mozza, statt Neuigkeiten

Stunden am Ufer, am Strand, zwischen Muscheln, im Wasser auch. Weit hinausgeschwommen aufs Meer, mit Gefühlen, als schwimme man auf das Ende der Welt zu. Später ließ ich mich in den Wellen treiben, Hockstellung, die Beine leicht angewinkelt wie ein Tintenfisch.

Es gibt sieben Winde hier. Genau sieben, wenn ich Giuseppina glauben soll. Den Schirokko aus Südosten, der mit heißer Feuchtigkeit aus der Sahara herüberkommt, den Tramontana aus Norden, aus Nordwesten den Maestro oder Gallipolana, wie er hier meistens genannt wird, östlich von Griechenland her den Grecale, einen Wind namens Libecchio aus Südosten und dann noch zwei weitere, einen aus Jugoslawien und einen anderen aus Westen, deren Namen ich vergessen habe. Aber es sind genau sieben, sagt Giuseppina, Winde wie Wochentage, keiner mehr und keiner weniger.

Was ich nicht wußte. Die meisten Häuser stehen hier den Winter über leer. Die Leute kommen aus dem Hinterland an die Küste gefahren und nisten sich für ein paar Wochen mit ihren Familien in den Häusern ein, die einen, um Ferien zu machen, die anderen, um ihren verwanzten Wohnungen zu entgehen. Aus Specchia, Maglie, auch Casarano.

Eben ist ein Flaschenauto vor mir weggefahren, und plötzlich fährt hier ein Windstoß nach dem anderen über den Tisch, ich sitze unter Bastmatten, im Halbschatten. Am Strand flattern die Sonnenschirme im Wind, sechs oder sieben sind es, aber nur einer ragt in den Himmel über das Meer hinaus, das jetzt leuchtend grün ist, fast ohne Wellen, obwohl in weiterer Entfernung ein paar Schaumkronen zu sehen sind. Am Nebentisch sitzt ein Lastwagenfahrer mit zerfurchtem Gesicht, die Stirn immer auf das Meer hin gerichtet. Hinter ihm bewegt sich der Kettenvorhang unregelmäßig rasselnd im Wind.

Gallipolana.

Die ersten Resultate meiner Knallerbsen. Heute nachmittag, schon gegen drei, waren zwei Fischer aus Torre Pali hier und wollten wissen, ob ich auch etwas größere Knallerbsen bauen könnte.

Wofür, fragte ich.

«Per la processione di mare», sagten sie seltsam einstimmig.

Der Größere von beiden sah mich mit einem kurzen, fast verschwörerischen Blick an, und kurz darauf begannen sie dann beide, in so schnellen Sätzen, daß ich große Mühe hatte zu folgen (ich mußte mich notgedrungen auf ihre Armbewegungen verlassen, um die wesentlichen Züge ihrer Ausführungen zu verstehen), von einer offenbar weitbekannten und hierzulande einzigartigen Meerprozession zu erzählen, die jedes Jahr im August von Torre Pali aus die ganze Küste bis San Giovanni entlang, mit allen Booten beider Orte, der ganze Zug ungefähr zweihundertfünfzig Meter lang, kurz nach Einbruch der Dunkelheit stattfinde. Ihre Meerprozession, erklärten sie mir, sei noch weitaus eindrucksvoller als die von Gemini. Sämtliche Boote seien mit vielen kleinen Lampen in allen Farben beleuchtet, und allen voran, vorn im ersten Boot stünde die Madonna von Torre Pali, die Schutzheilige des Fischfangs, der zu Ehren man dieses Jahr – schon um den Landprozessionen nicht nachzustehen – ein großes Feuerwerk inszenieren wolle. «Esplosione fantastica», sagte jetzt der Kleinere. Und während er noch begeistert davon weiterredete und immer wieder erklärte, ich müsse ihn doch kennen, er sei Giovanni Urru, der Sohn von Antonio, dem Leuchtturmwächter, und dieser hier neben ihm sei Bruno Zambelli, nahm sein Kumpan langsam und feierlich den Hut vom Kopf, hielt seine breite Hand darunter, ballte sie ruckartig zur Faust und sagte: «Esplosione submarina.»

Mir war klar, was sie brauchten. Es mußten Knallerbsen sein, nicht nur größer als die von Gemini, sondern auch luftundurchlässig und wasserfest. Sie sollten aus dem Meer heraus explodieren, in hohen Fontänen, wie sie mir immer wieder klarmachten.

Die beiden schienen wohl zu merken, daß sie mich während des Redens mit ihrem Vorhaben mehr und mehr ansteckten. Wenigstens nahmen sie mich jetzt zu ihrem Ape mit, das ein Stück hinter dem Trullo in den Oliven stand, und holten eine große Weinflasche heraus, die wir stumm reihum gehen ließen, ab und zu lächelnd zwischendurch. Ja, und dann schien die Sache plötzlich beschlossen, obwohl ich noch gar nicht mein Ja-Wort gegeben hatte ... So wenig ich im Moment wußte, ob ich die Dinger tatsächlich wasserfest bauen konnte, so sehr war doch ausgemacht, daß ich es auf alle Fälle und schon einer Beschäftigung wegen versuchen würde. Wir verloren kein Wort mehr darüber, sprachen auch fortan nicht mehr über die Schwierigkeiten des Kapselbesorgens, sondern tranken in aller Ruhe unseren Wein aus, der schon nach wenigen Schlucken seine ungeheure Wirkung tat: ich konnte nicht mehr verhindern, daß meine Beine mit jedem Schluck deutlicher ins Schlingern kamen, bei jeder kleinen Bewegung, die ich tat, unter mir ausscherten und in seltsame Eigenbewegungen übergingen ... Ja, meine Beine. Stark über das Knie geschwollen bis zu den Oberschenkeln und zu den Waden herab –– sie sind inzwischen fast um die Hälfte dicker als vorher geworden.

Aber es wirkte fast tänzerisch, wie sie da hin- und herwankten. Fast elegant ... Und was ich nicht vermuten konnte: Bruno und Giovanni, die am Anfang noch etwas verwundert aussahen, fingen nach kurzem Zögern, erst Bruno Zambelli, dann Giovanni Urru, dann schließlich auch ich selber, in einem übermütigen Einverständnis, zu meinen Beinbewegungen leise zu summen an, mitten in die Nachmittagsluft hinein, zwischen Oliven: «Addio amore» – was sonst hätte es sein sollen?

Cieli infiniti e volti come pietra.
Mani incallite ormai senza speranza.
Addio, addio amore.
Io vado via.
Amara terra mia.
Amara e bella.

Mitten in der Strophe fielen die beiden in meine Schritte ein und tanzten mit, wir breiteten die Arme aus (ich tat es schon deshalb, um nicht aus dem Gleichgewicht zu kommen) und drehten uns vor Lapidu wie drei weltvergessene Traumtänzer.

Als wir uns dann nach einer Stunde verabschiedeten, hoben wir noch einmal gemeinsam, um uns an die Explosionen zu erinnern, unsere Faust, ich ging gleich zum Meer hinunter, sie stiegen hinter mir ins Ape ein und fuhren davon. Morgen werden sie mir Plastikhülsen bringen. Verschließbar und wasserfest, wie sie versprachen. In zwei Wochen soll dann in Torre Pali Prozession sein – das heißt: vorher werden wir noch, sobald ich fertig bin, eine kleine Probefahrt unternehmen, um die Dinger weit draußen auf See, am besten so weit von der Küste entfernt, daß niemand sie hören kann, zu testen. Wenn die Madonna annähernd so begeistert ist, wie wir es heute waren, dann, rief mir Giovanni nach, wird es bald Fische in Hülle und Fülle in den Netzen geben, und für mich: zweimal die Woche kostenlos Fisch in Torre Pali ...

Alles geschieht hier zweimal.

Giuseppina redete von einem Romeo. Romeo gehe nie zur Messe, sagte sie. Er verwandele alle Dinge um sich her, ohne sich um den Pater zu kümmern, der, wenn er ihn sehen würde, mit hochrotem Kopf auf den Kirchturm steigen würde, um öffentliche Schmähreden über Romeo und «die Hexe» zu halten. Manchmal sehe er verschrumpelt aus, manchmal auch komisch, aber dann trete er plötzlich berstend vor Lebenslust in Erscheinung, mit einer Anziehungskraft, die auf alles um ihn herum ansteckend wirke. Giuseppina lachte. Ich verstand erst nicht, was für ein Romeo das war («Romeo e la strega, Romeo e la fattucchiera», sagte sie), bis ich endlich merkte, daß sie mit Romeo meinen Schwanz meinte.

E allora. Ein langer, langanhaltender Atemzug bis ans Ende unserer Träume. Müde und ausgepumpt jetzt. Die Dunkelheit zieht draußen wie ein schlafengehendes Tier vorbei. Hinten, auf San Giovanni zu, schreien ab und zu Käuzchen, als müßte ich ihnen mit meiner Kehlkopfstimme Antwort geben. Flackernd durch die Nacht hindurch: Noch so ein Tageslauf, und die Gefühle stehen Kopf.

Sonnabend, Lapidu

Gelesen, in diesem Buch hier, mit verschiedenen Fragen, die dabei auftauchten.

Zum Beispiel: Woher kommt das Bedürfnis, Sachen der Reihe nach zu
erzählen? Damit man die Zeit nicht vergißt? Damit man die eigene Bewegung mehr versteht und sich schrittweise in sie hineindenkt, um nicht
irgendwo selbstvergessen aus der Weltgeschichte zu fallen? Oder einfach
deshalb, weil man am liebsten alles durcheinander erzählen möchte und
vor lauter Einzelheiten keinen Satz mehr sieht, der alles auf einmal erklären könnte? Man ist niemals nur hier, sondern immer schon auf dem
Weg von da nach hier und da hinten weiter, und eigentlich versteht man
nichts, wenn man nicht die eigene Bewegung ein Stück mitversteht. Und
plötzlich dann merkt man, wie man im Erzählen schon die fließenden
Zusammenhänge neu zusammensetzt, wie man sie bereits ordnet, in
einer Ordnung, die eher aus den Gesetzen der Sprache als aus den Sachen
kommt. Sachen -- man sagt einfach «Sachen», als ob es diese Sachen
wirklich gäbe. Schon wieder fällt einem auf, daß alle diese Bezeichnungen
aus der Sprache hervorgehen. Es gibt keine Sachen, auch keine Sprache,
sondern nur diesen ungeklärten Atem, den man neu erlernen müßte. Und
dieser Atem müßte quer durch alle Sachen und alle Wörter hindurch-
gehen. Durch beides gleichzeitig.

In Torre Pali spielen die Fischer abends Tarock. Ihre Tarockkarten sind klein, wie mitteleuropäische Patiencekarten. Sie spielen an mehreren Tischen vor der kleinen Trattoria am Meer.

Die erste Karte heißt «der Magier». Es folgt «die Päpstin» («la papessa»), und hinter ihr kommen dann viele Bilder oder Gestalten, die mit den umliegenden Dörfern in Beziehung stehen. «L'amoroso» (Nr. 6) gehört zu Taurisano, der «fliegende Wagen» (Nr. 7) zu Gemini, der «Mond» (Nr. 18) zu Acquarica, und auf Karte 16 ist ein «Turm» zu sehen, der ebenso eingestürzt und kaputt aussieht wie der von Torre Pali.

Der alte Turm von Torre Pali.

Es gibt kein Tabaccaio in Torre Pali. Aber die Leute hier rauchen gute amerikanische Zigaretten, wie man sie nirgends billig bekommen kann.

Torre Pali hat auch keinen richtigen Hafen, nur eine kleine Einbuchtung ins Land hinein, in der die Fischerboote liegen, geschützt (was heißt «geschützt»?) von einer winzigen Lagune, zehn, fünfzehn Meter lang. Jeder Sturm kann die ersten Häuser hinter der Lagune unter Wasser setzen.

Gut dreißig Kinder spielen abends in Torre Pali am Strand.

Die Leute von Torre Pali, die abends Tarock spielen, sitzen entweder unter dem Dach der Trattoria oder an mehreren Tischen am Strand. Die, die vorn im Schatten sitzen, haben alle Hüte auf den Köpfen. Die anderen, die hinten auf dem Strand sitzen, haben Hüte offenbar nicht nötig. Sie sind alle barhäuptig.

Man trinkt einen sechzehnprozentigen Weißwein in Torre Pali, der niemand in den Kopf steigt. Nichts und niemand steigt hier irgendwem in den Kopf. Die Boote fahren aus und kehren wieder zurück – alles sieht ganz unscheinbar und ruhig aus. Kein Bruno, kein Giovanni. Ab und zu ein Stück Ziegenkäse, das man sich langsam in den Mund schiebt. Primo: Il magio. Secondo: La papessa.

Torre Pali muß ein ungeheures Schmuggelzentrum sein.

Auf dem Dach, später

(Notieren, wie das geht, wie man anfängt, mit den Dingen um sich zu reden, mit bestimmten Gegenständen, woher das kommt, was die Dinge mit Personen zu tun haben, mit Tieren und Lebewesen, mangels Menschen, wie man dabei entdeckt, daß die Dinge ein besonderes Leben führen, daß man wünscht, sie möchten Antwort geben, daß die Dinge dabei zu etwas Körperlichem werden, man betastet sie, befühlt sie, und während man sie befühlt, denkt man schon mit dem Wunsch, mit ihnen sprechen zu können, an sie. Das und vieles anderes.)

Nachts

Kannst du lesen, was ich hier schreibe?

14. August (ehe die Erinnerung verfliegt)

Im Schlaf heute nacht. Ich kam aus der kleinen Kneipe von Acquarica und wollte nach Hause gehen. Wie ich so ging, merkte ich, daß alle Häuser um mich verschwunden waren. Nach links führte ein Weg, der mich über unbekannte Berge in eine Art Hochland zog, das offenbar eine Wüste war. Der Boden bestand aus grauem Sand und verlief, egal wo ich hinging, überall abwärts. Anfangs wunderte ich mich noch, daß es meine Beine dauernd nach unten zog, obwohl ich nirgends Hügel erblickte, aber je länger ich so wanderte, desto mehr wuchs die Gleichgültigkeit in mir. Wahrscheinlich hätte ich bald vergessen, daß diese Schräge allein von meiner Wanderrichtung abhing, hätte sich nicht in Momenten, wo ich kurz strauchelte, sofort der Horizont vor mir verschoben – er kippte mit mir zur Seite und war schon wieder waagerecht, wenn ich noch mit meinem Gleichgewicht zu kämpfen glaubte, das heißt: eigentlich verlor ich nie das Gleichgewicht, denn immer glich sich der Boden unter mir aus und zog mich weiter in diese Tiefe hinab, die nirgends zu enden schien. Nach mehreren Stunden, in denen ich manchmal hoffte, trotz meiner Lage heimlich hinzufallen, tauchte ein flatterndes Segelboot in der Ferne auf. Im Näherkommen erkannte ich, daß es mit seinem Bootsrumpf schräg im Sand lag und offenbar die sinnlose Anstrengung unternahm, langsam durch den Wüstensand voranzukommen. Hinten am Ruder saß ein Mann, der mit einem versteinerten Gesichtsausdruck nach Westen blickte. Als ich ihn genauer ansah, wurde mir dann auch klar, daß er tatsächlich längst versteinert war. Sein Bart hing steif und felsenfest vom Kinn herab. Später, als es mich längst vorbeigetrieben hatte und ich mich, bloß aus Verlegenheit oder um mich des seltsamen Anblicks zu vergewissern, noch einmal nach hinten umblickte, fiel mir auf, daß eine schnurgerade Kielspur hinter dem Boot lag und daß, wenn ich nicht irre, zweimal nacheinander ein leises Stöhnen durch den Mast ging ... Es war völlig windstill dabei. Ich hörte sonst keinerlei Luftzug, keinen Hauch.

15. August, Ferragosto

Zehn Tage ist es jetzt her, daß Vivianes Zettel an der Tür hing, zehn lange Tage, und immer noch laufe ich hier mit einer untergründigen Hoffnung in der Gegend rum, ohne die Spur einer Gewißheit, und wieviel am Leben dabei?

Getrampt. Nach Kap Leuca, wo den überall angeschlagenen Plakaten zufolge heute ein großes Ferragosto-Fest sein sollte (vielleicht auch wirklich war). Ich war zunächst schon froh, daß gleich hinter Lapidu ein Laster durch die Oliven kam und, ohne daß ich viel winken mußte, abbremste ... Das ist mein Tag heute, dachte ich. Vielleicht hätte ich mich etwas mehr wundern sollen, daß der Laster so planmäßig, als hätte ich ihn aus meinen Gedanken herbeigerufen, eigentlich etwas zu schnell und etwas zu bereitwillig neben mir stehenblieb. Aber der Fahrer nahm mich gleich derart mit seinen funkelnden Augen in Anspruch, daß ich alles weitere vergaß und nur manchmal auf seinen Schnurrbart sah, der etwas von buschigen Abenteuern an sich hatte. Auf irgendeine Weise verband ich eine angenehme Erinnerung mit ihm. Etwas mit Musik hatte er zu tun, keiner üblichen, sondern einer Musik, die sich in ganz bestimmten Bereichen abspielte, fern aller Gewohnheit, plötzlich fiel mir ein, daß er vielleicht der Lastwagenfahrer aus Torre Mozza war – nicht weil ich sein Gesicht wiedererkannte, sondern weil ich dieselbe irrwitzige Stimmung bei ihm wiederfand.

Er fragte, was ich in Leuca wollte. Leuca sei die langweiligste Hafenstadt, die er kenne, gar nicht zu vergleichen mit Bari und Brindisi, wo es jede Größenordnung von Schiffen gebe, Leucas Hafen sei völlig unbedeutend, nur ein paar grüne Grotten gebe es da, aber auch diese seien nichts gegen die Grotten von Otranto ... Ob ich mal in Otranto gewesen sei. Oder in Taranto. Ich merkte, wie er bei jedem zweiten Satz einen neuen Gang einlegte, wie er dauernd am Schalthebel hantierte und nie solange wartete, bis ich ihm Antwort geben konnte. Gut eine Viertelstunde verging, bis ich ihm zum ersten Mal die Frage stellte, ob er denn nicht zum Ferragosto-Fest fahren wolle. Nein, sagte er, er fahre zum Friedhof bei Novaglie. Das Gespräch verstummte.

(Auch das, wie das Gespräch mit dem Wort «Novaglie» verstummte, brachte mich nicht aus der Fassung.)

Die ersten Häuser von Leuca tauchten jetzt auf, rechts sah man ab und zu Fischerboote auf dem Meer, ein tiefliegender Tanker fuhr ein Stück weiter draußen um die Kapspitze, vorn fielen die Felsen ins Meer, und links die Häuser: Palazzi oder palazzoähnliche Ferienhäuser, die manchmal nur aus halbverwitterten Fassaden bestanden, hinter denen sich unscheinbare Räume verbargen. Alles schien gerade zu schlafen.

Kann ich hier jetzt aussteigen, fragte ich leise. «Ma perchè, perchè», rief er – es war, als hätte ich ihn mit dieser Frage fast beleidigt. Er drückte plötzlich aufs Gas und fuhr völlig übertourig quer durch den Ort die leichte Steigung hoch – erst müßten wir mal zum Leuchtturm fahren, sagte er, der Leuchtturm sei das einzig Interessante an Kap Leuca, er stehe am südlichsten Punkt von ganz Apulien, dreihundert Meter über dem Meer, ich müsse das sehen, die Aussicht von dort oben sei völlig einzigartig: wenn das Wetter klar genug sei (er kam jetzt richtig ins Schwärmen hinein), dann könne man links hinten Griechenland, vorn Afrika und rechts Kalabrien sehen, in ungeheurer Entfernung ... Ich weiß nicht, ob er das alles nur sagte, um mich am Aussteigen zu hindern. Möglichkeiten zum Widerspruch hatte ich sowieso nicht. Vielleicht, dachte ich, will er mir ja tatsächlich diese Stelle zeigen und würde es für pure Unfreundlichkeit nehmen, wenn ich jetzt, nachdem er mich schon nach Leuca mitgenommen hatte, nicht wenigstens ein bißchen auf ihn vertrauen würde und mir den Leuchtturm zeigen ließe.

Aber was war damit? Wir fuhren weiter, kamen durch ein schmale, tief in den Felsen gesprengte Straße, in der der Motor doppelt so laut widerhallte, hinter uns verschob sich die Sonne unentwegt – ich hatte das Gefühl, wir würden längst nach Osten fahren, ja, und dann tauchte auch schon die andere Seite vor uns auf, das Meer der Adria, tiefblau und von einer völlig anderen Leuchtkraft. Wo ist der Leuchtturm, rief ich. Es schien, als hätte er auf einmal Wachs in seinen Ohren. Er sah nicht einmal zu mir herüber. «Halten Sie sofort an, Signore, si fermi, ich will aussteigen», schrie ich. In meiner besinnungslosen Wut warf ich wahllos deutsche und italienische Worte durcheinander. Der Erfolg war nur, daß er mit einer blitzartigen Bewegung in seine Tasche griff und kurz darauf ein Messer in der Hand hielt.

«È viva in Puglia», sagte er ganz ruhig.

Ich hatte Angst, ja. Das Messer da, die Vorstellung, daß wir gleich von der Küstenstraße abkamen, und dann noch diese Sprüche: Sowie die nächste Kurve kam, trat ich mit dem linken Bein in seine Bremse hinein, riß gleichzeitig die Tür hinter mir auf und ließ mich, allerdings noch einmal mit den Füßen gegen das Steuer tretend (wahrscheinlich war das ein Reflex, weil ich jetzt einen stechenden Schmerz in meinem Bein fühlte), rückwärts aus dem Wagen fallen, eben noch rechtzeitig, ehe der Laster vor mir die schräge Macchia hinunterrollte und weiter unten, etwa nach zweihundert Metern unentwegten Rollens und Schleuderns in Richtung Meer hinab, immerhin noch die tiefer gelegene Straße wiederfand und, ich glaube unbehelligt, auf ihr davonfuhr.

Unheimlich still war es geworden. Ich blieb lange so sitzen und besah mir die Schnittwunde am Knie. Sie war nicht sehr tief. Fliegen surrten. Nach und nach gingen mir die letzten Sätze wieder durch den Kopf. «È viva in Puglia ...» Ich schrieb es wie beiläufig neben mir in den Sand. «È viva in ...» – das waren genau dieselben Buchstaben wie «Viviane». Oder war das ein Zufall? Einen Moment lang wußte ich nicht, ob ich das Recht hatte, mir solche Kreuzworträtsel zurechtzulegen. Aber als ich es las, wäre ich am liebsten den ganzen Abhang hinab hinter dem Laster hergelaufen, um den Mann zu fragen, ob er seine Äußerung vielleicht als Botschaft gemeint hatte. Wollte er denn mit mir – – zu i h r fahren? Hatte er irgendeinen Auftrag, mich mit seinem Laster zu einem geheimen Ort zu bringen, der von ihr (aber vielleicht auch von anderen, die mich zu einer geheimen Aussprache holen wollten) genau vorgesehen war, so daß seine Freundlichkeit dann also gar kein Trick war, sondern wirkliche Freundlichkeit, der Versuch, mir Kilometer für Kilometer alle Angst zu nehmen, und ich – ich habe dann nur mit Angst reagiert? Plötzlich wurde ich das Gefühl nicht los, daß ich alles falsch gemacht hatte. Zumindest als Möglichkeit, obwohl ich nicht verstehen konnte, warum er dann sein Messer gezogen hatte (hatte ich ihm Angst gemacht?), war es ja denkbar, daß das alles zu meiner Hilfe geschehen war, daß ein geheimer Plan hinter all dem steckte und daß ich nur nicht verstanden hatte, auf ihn einzugehen.

Ich beschloß, zum Friedhof zu laufen. Nach Novaglie waren es noch ungefähr sieben Kilometer. Zwei Stunden am Meer entlang, hoch über den Wellen, die unten wie kleine Riffeln auf die Küste zuzogen ... Es ging jetzt immer nach Norden. Manchmal spürte man einen Hauch von Grecale auf der Haut, heiß und flau. Von Griechenland, natürlich, war nichts zu sehen. Ein dünner, weißlicher Dunststreifen lag fern im Osten am Horizont, man konnte nie genau sagen, wo der Horizont nun lag, wo das Meer aufhörte und wo der Himmel anfing. Alles verschwamm da. Mauern, unendlich viel Mauern, die an den Hängen kreuz- und querliefen. Ich fragte mich, wo die alle herkamen und wozu die überhaupt nütze sein sollten, wenn nirgends etwas Fruchtbares aus dem Boden wuchs. Nur ein paar Feigenbäume standen hier und da in der Gegend rum, aber völlig vereinzelt.

In dieser Einöde fand ich ein Schild zum «Campo santo». Zum Friedhof von Novaglie: ein schmaler Pfad führte steil auf den höchsten Punkt der Küste hoch, und dort, fernab von Häusern, zwischen ausgetrockneten Disteln und Dörrgras, ragten ein paar Grabsteine aus dem Boden. Nichts, keine Menschenseele war zu sehen. Keine Spur von Leben drang herauf. Ich wanderte umher, unschlüssig, besah mir die hölzernen Kreuze, die schief und verwahrlost gegen das Meer standen, faßte manchmal die Steine an, wußte nicht, was ich hier sollte und was ich suchte. Bis ich plötzlich einen Stein sah, auf dem – – mein eigener Name eingekratzt war. Mein Name. Im ersten Moment überfiel mich ein völlig irrationaler Schrecken. Es war – als läge ich hier begraben. Als hätte man mich irgendwie für tot erklärt und eingegraben. Oder (alles schoß jetzt quer bei mir) als hätte man hier schon meine Todesstelle aufgerichtet, um mich demnächst, ja, was denn? um was mit mir zu tun? Wollte man mich etwa kalt machen? Sollte das ein Witz sein? Ich rannte mit einer namenlosen Verwirrung bis zu den Klippen vor und schrie jetzt, schrie, so laut ich nur konnte, obwohl nirgends Menschen zu sehen waren, weit in die Meeresstille hinein: «IHR WERDET MICH NIE KRIEGEN!»

Bei Alessano

Ein Pferd mit hängender Zunge trabt vorbei ...

Auf der Suche nach einem Bordell. Es gibt hier keine. Bordelle (Häuser) sind hier offenbar verboten. Die einzigen Nutten, die es noch nicht in den Norden verschlagen hat, standen oben an der Straße nach Tricase, fünf Kilometer von Specchia entfernt, man mußte den ganzen Hang hinaufgehen, bis zur Kreuzung nach Depressa und Tiggiano, um eine zu finden und mit ihr in die Macchia zu sinken. Zwischen Stein und Gestrüpp.

(Rosalba ... Sie hatte einen lilaroten Pullover an, darunter keine Bluse und keinen Büstenhalter, an ihren Brüsten baumelte ein gelblicher, aus Knochen geschnitzter Kruzifix, den sie immer wieder nach vorn holte, wenn er ihr zur Seite rutschte, lachen oder lächeln tat sie nie. Nur manchmal, wenn sie ihre Augen schloß, fragte sie, ob ich einen Giorgio Mammoli in Deutschland kenne, er wohne jetzt in Monaco di Baviera und habe ihr schon lange nicht mehr geschrieben. Dabei verströmte sie einen süßlichen, mit Achselschweiß und Hitze vermischten Mastixgeruch, der überall aus ihren Poren trat.)

Bei Torrepaduli, im Gehen

Und jetzt? Worum geht es dir denn? Daß du diesen Schatten ansiehst und sagst: das bin ich? Daß du lernst, Luft zu holen, immer von Neuem, und merkst, daß dieses Luftholen auch das Bedürfnis nach Luftholen ist? Daß du dich weit fort von hier wünschst und dann, in der Ferne, diese Stelle hier wieder als Ferne siehst? Daß du lernst, Bäume zu verpflanzen, Berge zu versetzen, Schatten zu sprengen und all das? Welche Sätze kannst du jetzt sprechen, ohne abwesend zu sein? Ist es dein Verlangen, daß deine ganze Fliehkraft plötzlich zusammenschießt auf einen Punkt und dort eine Sonne wird? Wie siehst du jetzt aus? Den Kopf in den Nacken geworfen, hoch in den Himmel schauend, mit blinzelnden Augen. Immer noch der Glaube, daß hinter den nächsten Hügeln das Paradies beginnt. Immer noch wirr im Kopf. Halbbenommen von der Hitze der letzten Tage. Gemini, Zwilling.

Brief nach Bari: «Gesetzt den Fall, ich hätte die Akte VX, dann bitte ich Sie zu bedenken, daß ich diese Akte womöglich längst bei jemand anders hinterlegt habe und für den Fall, daß ich verschwinden sollte oder daß mir etwas Unerklärliches zustößt, den Auftrag gegeben habe, sie (die bisher sicher verschlossen und verwahrt ist) binnen 14 Tagen an eine bestimmte Adresse weiterzuschicken und dort an die Öffentlichkeit zu bringen. Ich nehme an, genau das möchten Sie verhindern. Darum noch einmal ...» U.s.w. (keine Unterschrift, kein Absender).

Die Macchia brennt. Schwaden von Rauch ziehen über Lapidu hinweg, manchmal senken sich abgerissene Teile auf die Oliven nieder und verbreiten einen durchdringenden süßlichen Geruch, der sich überall in den Lungen und in den Poren festsetzt, nirgends hört man eine Zikade mehr. Mit dem Rücken zum Wind sitzt man auf dem Trullodach und hat seine Schwierigkeit beim Atmen. Nein, fortgehen werde ich jetzt auch nicht, dazu ist das Feuer viel zu fern, es ist nur die Wut, die aufkommende Wut, daß all das wie ein persönlicher Vorwurf hier herüberweht und einem in die Augen steigt ... Weinen, ohne überhaupt traurig zu sein. Nach einer Weile – fragt nicht woher – nimmt man dieses Weinen wie einen Schwermutsanfall. Die Tränen, allein dieses Herausquellen zieht den Körper innerlich immer mehr zusammen, schafft Klumpen von Traurigkeit, gegen die man auf die Dauer nicht mehr ankann. Ein Gefühl plötzlich, weit verloren zu sein in diesen Schwaden von Rauch. Am Ende der Welt, irgendwo, weit herausgeworfen aus allem, was man noch vor einer Stunde klar verstanden hat. Die Sonne da, die Sonne ist eine rötliche Scheibe geworden.

19. August

Ich sitze hier, ziemlich blau, wie ich lieber gleich zugebe, am Hafen von Torre Pali. Das ganze Dorf ist schon schlafen gegangen. Quintino hat mir eine Petroleumlampe und noch etwas Grappa auf den Tisch gestellt und ist dann mit Antonio (dem Leuchtturmwärter) nach San Giovanni gefahren. Ich werde die Nacht hier schlafen. (Es gibt Anzeichen, daß die dicke Frau sich wieder der Küste nähert. Davon später einmal. Im Moment will ich versuchen, mir den ungeheuren Seegang aus den Gliedern zu schreiben, wieder etwas ins Gleichgewicht zu kommen.)

Heute morgen – großes Gewitter. Ein Hagelsturm jagte über das Trullo weg. Dauernd Donnerschläge, Blitze, ich konnte schon um sechs Uhr nicht mehr schlafen, weil es so heulte in meinen Träumen. Noch voller Müdigkeit kroch ich zu der Tür vor. Die ganze Küste von finsteren Wolken überdeckt, darunter dünnere, graue Schichten, aus denen Massen von Hagelkörnern hervorschossen, nicht etwa senkrecht, nein, schief von Südwesten herab und direkt auf mein Trullo zu ... Ich hockte im Eingang, im vollen Wind (weiter herauszutreten wagte ich nicht) und sah, wie die Hagelkörner auf den Boden schlugen, sie trafen alle mit solcher Wucht auf der Erde auf, daß sie entweder gleich ein gutes Stück in sie eindrangen oder, wenn sie auf Steine prallten, manchmal fast hüfthoch wieder in die Höhe sprangen und zurückprallten, so als handele es sich um Tischtennisbälle. Den Geräuschen nach konnten es auch schwere Kaliber von Kieselsteinen sein, die da in einem unentwegten Trommelfeuer auf das Dach geschleudert wurden ... Und dann erst die Blitze. Pausenlos Blitze um mich her, auf allen Seiten, ich konnte gar nicht mehr ausmachen, welcher Blitz mit welchem Donnerschlag zusammenhing. Oft gingen sie fast gleichzeitig mit dem Donner zu Boden. Einmal, als zwei Blitze in unmittelbarer Nähe von mir ins Feld einschlugen, brach genau zur selben Zeit ein vierfacher Donner über mich ein.

Ich ging vorsichtshalber zu Boden.

Das heißt, meine Beine waren von dem Spektakel derart schwach geworden, daß ich sie lieber durchsacken ließ und hinter mir ausstreckte. Die nächsten Blitze habe ich demnach im Liegen erlebt. Ich war zwar froh, hier halbwegs geschützt zu liegen, den direkten Hagelschüssen nicht ausgesetzt zu sein, aber mir war es doch unangenehm, daß gerade jetzt meine beiden Fischerfreunde auftauchten und (welche Begrüßung!) mich wie einen Jammerlappen in der Tür liegen sahen. Sie gingen nämlich völlig ungerührt, mit kniehohen Gummistiefeln und blauen Südwestern auf den Köpfen, durch dieses Unwetter, das ihnen offenbar schon von Kindsbeinen an vertraut ist. Noch mehr: sie lachten, als sie auf mich zutraten, blieben mitten zwischen den Blitzen vor mir stehen und riefen mir zu (sie mußten laut rufen, damit ich ihre Stimmen durch den Lärm verstand): dies sei genau das richtige Wetter, um meine Knallerbsen auszuprobieren.

«Was, heute?» rief ich.

«Si, si, va bene, benissimo», schrien sie mir zu und wiesen mit der mir schon bekannten, sich von Mal zu Mal steigernden Begeisterung auf die Donnerschläge hin, die, wie ich jetzt langsam zu verstehen begann, nicht nur eine Art Begleitmusik zu meinen Knallerbsen abgeben sollten, sondern vor allem auch die Chance boten, daß unsere Probefahrt völlig unbemerkt vonstatten ging.

Zehn Minuten später saßen wir zu dritt im Ape und fuhren nach Torre Pali herüber. Meine geschwächten Beine – während dieser Fahrt, die über glitschige weiße Straßen ging, dicke Hagelschichten, dazu noch Wasserbäche, die mittlerweile aus den Weinfeldern herunterliefen und manchmal sogar Sand über die Straße schwemmten, so daß wir uns des öfteren fast festfuhren, wie gesagt, meine Beine erholten sich kaum. Sie waren noch immer windelweich, als wir etwas später unsere in Leinen verpackte Ladung vorn ins Boot warfen und einer nach dem anderen einstiegen, ich als letzter. Ziemlich lächerlich sah das wohl aus. Ich hob das rechte Bein, das sonst gewöhnlich noch etwas besser funktioniert als das linke, über den auf- und abschwankenden Bootsrand, stürzte mich dann blindlings vornüber über die Ruderbänke und kam erst wieder zu Kräften, als Bruno und Giovanni mir die bekannte Weinflasche in den Rachen kippten und nicht eher losließen, bis sie halb leer war. Soviel war wohl auch nötig.

Als Bruno den Motor anwarf, war ich immerhin schon soweit wieder hergestellt, daß mir die zischenden Blitze mehr und mehr wie ein Feuerwerk erschienen. Mich störte auch kaum noch, daß wir das einzige Boot weit und breit waren, das sich hier auf See traute. Im Gegenteil. Nach einer Weile empfand ich es bereits als durchaus angenehm, daß wir gleich hinter der Lagune Kurs Südwesten nahmen und die offene See vor uns hatten. Das eben noch aufgewühlte Wasser wurde plötzlich ein ungeheures Wellenmeer. Lange, gedehnte, ungeheuer mächtig auf uns zurollende Wellen hoben uns hoch, ließen uns über den Kamm tuckern und zogen uns ins Tal hinab, bevor wir uns wieder aufs Neue erhoben. Dieser Rhythmus, muß ich schon sagen, hatte etwas ungemein Beruhigendes. Besonders die Momente, wenn das Boot auf den höchsten Punkt einer Welle gehoben wird, wenn es sich schon mit dem Bug frei in der Luft bewegt und plötzlich vornüber in die Tiefe kippt, so daß man seine Hände fest um die Planken klammern muß, um nicht in die Höhe gerissen zu werden, konnte mich jedesmal zur Begeisterung bringen. Achterbahnen, dachte ich einmal, sind gar nichts dagegen. In Achterbahnen stürzt man zwar auch ganz beträchtlich in die Tiefe, aber man hat keinen Seewind in den Lungen, kann nicht gleichzeitig Wasser schlucken und Schaum ausspucken und ähnliche schöne Dinge tun.

Ich hätte gern immer nur so dagesessen und um mich geschaut, hätte mich weiter wundern können, wieso Bruno und Giovanni diese prikkelnden Bauchgefühle im Stehen ertrugen, wie sie das ausglichen. Doch wie mir nun Giovanni mit einem harten Prankenschlag auf die Schulter schlug, gleichzeitig die Faust erhob und mich darauf hinwies, es sei langsam Zeit für meine Knallerbsen, da kroch ich natürlich, so schnell es ging, vorne zum Bug hinüber und wickelte sie aus dem Segeltuch ...

Auswickeln – leicht gesagt. Der Bug war nämlich ein ungemeiner Schleudersitz. Hätte mich jetzt Bruno nicht auf den Boden gedrückt und wäre es mir nicht auf seine Zurufe hin gelungen, in den wenigen Sekunden zwischen Berg- und Talfahrt das glitschige Tau um meinen Körper zu binden und blitzartig festzuknoten – wahrscheinlich hätte es mich in hohem Bogen über Bord geschleudert. Als der kritische Punkt kam, spürte ich noch, wie sich das Tau in meinem Rücken straffte, wie ich (ähnlich einem Lassokünstler, der sich für seine größte Nummer selbst in Fesseln gelegt hat) kurz in der Luft schwebte und beinahe gleichzeitig Giovannis Zigarette in die Hand bekam.

Der Hagel hatte inzwischen aufgehört. Regen fiel. Aber dafür rollten jetzt doppelt so große Hagelkörner vor meinen Augen rum, ja, meine Knallerbsen – mir wurde klar, daß ich hier irgendwie eine Fortsetzung des Hagels besorgen sollte. Ich griff nach einem Plastikei, hielt die glühende Zigarette an den Zünder, klappte den wasserdichten Verschluß zu und schleuderte es ungefähr zehn Meter weit in die Wellen. Wie es im Wasser absank (Bruno und Giovanni sahen mich schon mit fragenden

Mienen an, weil sie offenbar fürchteten, das Ding könne ohne Widerhall in die Tiefe sinken), zählte ich heimlich die Sekunden mit: sechs, sieben… Pünktlich bei der siebten Sekunde schoß mit dem erwarteten dumpfen Knall und jeder Menge Sprühregen eine haushohe Fontäne aus den Wellen auf.

«Madonna mia», rief Giovanni. Und Bruno Zambelli rief etwas, das ich wegen des Rauschens nicht verstand.

Ich verzog aber keine Miene. Statt mich jetzt zufrieden zu geben, zündete ich bereits die nächsten beiden Kapseln an, warf sie zur anderen Seite herüber, nahm dann die vierte, sechste, neunte –– binnen kurzem war das ganze Meer um uns von Fontänen umgeben, überall Fontänen, Gischt, es war wie ein Meergewitter, das nicht mehr von oben, sondern von unten kam.

Vor lauter Lärm hatte Giovanni den Motor absaufen lassen. Wir trieben auf den Wellen, hart hin- und hergeworfen, und sahen uns über längere Zeit hin an, ohne etwas zu sagen. Kein Wort, kein Kommentar. Nur manchmal ging ein flüchtiges Lächeln über ihre Lippen, das aber sofort wieder verschwand. Ich hatte den Eindruck, die beiden würden auf irgendetwas warten. Was? Ich wußte es nicht. Erst als Minuten später ein trockener Donner aus den Wolken brach und Giovanni, wie tief in Traum verfallen, rief: die Madonna hat uns erhört!, begann ich langsam zu begreifen, daß sie offenbar eine Bestätigung aus den Wolken brauchten. Ich glaube, sie meinten es ganz ernst damit. Der einzige Widerspruch, der mir dabei nicht klar wurde, war, daß sie ihre Madonna einerseits oben im Himmel sahen und andererseits (als sei sie ein männlicher Meergott, der seinen Bauch entleert) unten im Meer.

Denn als wir uns jetzt auf den Wellen umsahen, tauchten überall Fische aus dem Wasser auf, mit den Bäuchen nach oben, silbrige Fische… Marmori, Spigoli, auch Doradi waren dabei, und viele Arten von kleineren, Winzlingen. Wir zogen sie mit durchlässigen Körben in das Boot hinein, verstauten sie im Heck, tranken dann auf der Rückfahrt, schon wieder singend im Gewitter, Zug um Zug die Weinflasche aus, und als wir glücklich im Hafen ankamen, erzählten wir jedem, der es hören wollte, still vor uns hinlächelnd: wir hätten einen guten Fischfang gehabt.

Auf dem Dach

Halb im Dösen: der Geruch der Landschaft, der Dinge, der verschiedenen Tiere, die mich hier umkreisen, all das legt sich unmerklich auf meine Haut und

manchmal denke ich schon, mir werden Zweige auf den Schultern wachsen, oder Federn, wie Flügel, der Rücken vom Geruch der Ziegen so durchtränkt, daß er langsam ein Fell bekommt, schwarz wie die Ziegen, der Bauch von Schlangenhäuten überzogen, der Schwanz in grünen Geccofarben,

vielleicht auch die Beine, wenn sie lange genug im Meer stehen, von Muschelkalk durchwachsen, verschorfte Finger, Moos in den Augenbrauen und der Rest, vor allem was die Haare angeht, voller dürrer Grasbüschel,

und das, ganz gleich, ob man sich jeden Morgen eiskaltes Brunnenwasser über den Körper gießt, wildwuchernd und mehrfarben.

Dienstag

Antonio findet seinen Leuchtturm zum Kotzen.

August, auf dem Rückweg vom «Caffè del mondo»

Nicht vergessen:

1. Die Architektur der Häuser – in Gemini, Presicce und wo man hin-
kommt: überall findet man diesen gleitenden Übergang von privatem
und öffentlichem Leben, ein Haus geht ins andere über, keins will sich
abteilen oder über die anderen dominieren, die Straßen und Gassen
führen durch ihre Höfe hindurch, oft hat man den Eindruck, als würde
man sich mitten auf der Straße durch ein Zimmer bewegen, und dann,
wenn man jemanden aufsucht (wie heute, als ich Cesare besuchte), gibt
es überall Durchblicke durch Türen und Fenster, die zu den nächsten
und übernächsten Nachbarn führen, nirgends ist eine klare Grenze gezogen, wo das Eigene aufhört und wo das nächste Eigentum beginnen
soll, es ist ziemlich verwirrend – gerade hier, wo ein paar ferne Pächter
über die Bewohner ihre Macht ausüben, ausgerechnet hier hat sich eine
menschliche Form des Wohnens ausgebildet, Häuser ohne Hierarchien
und Unterteilungen, die Stadt, das Dorf wie zu einem einzigen, gleitenden Hauskomplex verschmolzen … Was wäre hier möglich!

2. Schübe, die aus dem Bauch kommen, die von den Hüften her über
den Rücken rieseln, den ganzen Körper leichter machen, Hand und
Arme schwingen jetzt in der Luft, man merkt plötzlich, wie man los-
rennen möchte – einer ungeahnten, lange nicht mehr gehörten, schönen
Musik entgegen.

     Dì
          dì
    di   dì di
        di   di di
                 dì …

3. Cesares Redeweisen: Es sei völlig ausgeschlossen, daß der Buick sich
noch in Südapulien befinde. Wenn er noch in der Nähe sei, hätte sich
das längst bis ins «Caffè del mondo» rumgesprochen, zumal alle, die
ihn einmal gesehen hätten, wüßten, daß er diesem plötzlich aufgetauchten Deutschen gehöre, von dem man sich lauter unbestimmte, dauernd

wieder wechselnde Geschichten erzähle. Ich sei ein manchmal nicht endender Gesprächsstoff – das solle ich nicht vergessen.

4. Politisch. Was politisch sei (Cesare). Man sagt, ein Gespräch zwischen zwei hohen Bonzen sei politisch. Wenn einer nach Rom fährt und einer größeren Sitzung mit anschließendem Abendessen beiwohnt, das ist dann politisch, sagt man. Dabei ist viel mehr politisch, wie die Steine hier aus dem Boden wachsen. Die Farbe unserer Gesichter zum Beispiel ist politisch, und politisch ist auch, wenn du so dastehst und nicht mehr weißt, was du jetzt sagen sollst.

5. Wo beginnt denn die Einbildung?

6. Kann man zwei Monate lang Gespinsten nachlaufen, die nie richtig wirklich werden, die immer nur die Hoffnung auf Wirklichkeit in sich tragen? Vorstellung, du stündest jetzt da hinten, du kämest angeschwebt und wärest plötzlich einfach da ... Bald ist schon September.

7. Die Feigen werden reif.

8. Die alten Frauen sitzen vor dem Haus auf ihren Stühlen, mitten auf der Straße, in Sackgassen, Nebenstraßen, Straßen, die aufs offene Feld führen, und fächeln sich Luft zu.

9. Keine Lust mehr, keine Zeit, mich mit Wutausbrüchen aufzuhalten.

10. Ich brauche Stoff für meine Knallerbsen. In den nächsten Tagen will Giovanni noch eine Probefahrt mit mir machen, zur letzten und endgültigen Erprobung, ehe dann die Meerprozession (deren Datum immer noch nicht feststeht – jedesmal wenn ich danach frage, bekomme ich wieder zu hören: in 14 Tagen) stattfindet oder nicht. Aber meine Kiste ist schon fast leer. Und wo bekomme ich Stoff? In Lecce (meint Giovanni). Über eine bestimmte, ihm schon sei Jahren bekannte Kontaktperson. Wir werden also morgen hinfahren.

Freitag, 25. August

Im ersten Morgengrauen über Alézio, Sannicola, Galátone nach Lecce. Kurz hinter Galátone ging rechts von uns über den Wolken die Sonne auf. Das Ape fuhr gleichmäßig vierzig, Schlaf, Müdigkeit lag noch lange wie ein geheimer Wärmeherd in uns, und erst als jetzt die Wärme durch die Scheibe drang, begannen wir langsam miteinander zu reden. Vereinzelte Oleanderbüsche standen am Rand, Oliven, die mit Weinfeldern wechselten, manchmal auch Brachland. Hinter Dragone tauchten dann Platanen an den Seiten auf, und von nun ab ging es auf einer schnurgeraden, kilometerlangen Allee, die bis Lecce nicht mehr abbrach. Ich hatte erwartet, daß man Lecce – mit seinen vielen barocken Türmen, Palazzi und seiner rund um die Altstadt führenden Stadtmauer – schon von weitem sehen könnte, zumal ich gehört hatte, daß es die größte Stadt des ganzen südlichen Salento sei. Aber nichts davon. Wir passierten irgendwann ein paar verfallene gelbe Häuser, überquerten eine Kreuzung, und dann plötzlich fuhren wir schon auf dem Corso, entlang der Stadtmauer, bogen rechts in die Altstadt ein, in enge, mit hupenden Fiats überfüllte Straßen, Marktwagen, Apes, die nie schneller vorankamen als die Fußgänger, immer wieder lief uns eine Schar von Kindern vor den Wagen, Frauen mit Einkaufskörben oder Männer, die sehr häufig einen enggeschnittenen Anzug trugen und, besonders wenn sie Aktentaschen bei sich hatten, nicht im mindesten von der Straße gingen.

Das war gegen acht. Zwei Stunden später, 10 Uhr 5, sitze ich auf der Piazza Sant'Oronzo, vor mir das Tagebuch, genau in meiner Blickrichtung liegt das «Caffè Alvino», in dem sich jeden Freitag die Händler der ganzen Gegend treffen, um ihre Geschäfte miteinander abzumachen. Als Giovanni mir heute morgen auf der Herfahrt davon erzählte, stellte ich mir gleich eine marktschreierische Athmosphäre vor, überall laut schreiende Stimmen, Leute, die ihre Waren anpreisen. Aber das stimmt nicht. Jetzt, wo ich hier sitze und Giovanni vorsichtshalber erst mal vorgeschickt habe, um die für uns zuständigen Leute auf möglichst unauffällige Weise anzugehen (ich mit meinem brüchigen Italienisch würde wahrscheinlich nur Mißtrauen erwecken), jetzt sehe ich, daß da massenweise Männer vor dem Caffè stehen und ruhig, leise, fast wie im Halbschlaf ihre Geschäfte miteinander abwickeln. Keine Spur von Hektik. Es sieht so aus, als ob sie sich alle schon über lange Jahre kennen würden, als ob sie mit der Gleichmütigkeit von alten Bekannten, guten Freunden die täglichen Kleinigkeiten bereden und beiläufige Geschichten erzählen würden. So ruhig geht das hier vor sich. Alle sehen entspannt aus, alle haben Hüte auf. Kaum einmal, daß einer einen Block aus seiner Tasche zieht und etwas aufschreibt ...

10 Uhr 40. Giovanni hat da einen kleinen dicken Mann mit schwarzem Schnurrbart getroffen. Unser Kontaktmann scheint das noch nicht zu sein. Sie unterhalten sich seit einer halben Stunde, ich weiß nicht, worüber, ich weiß nur, daß dieser Tag mit ungeheurer Langatmigkeit abläuft.

Hitze. Warten.

10 Uhr 54. Jetzt verschwinden die beiden im Caffè. Wahrscheinlich werden sie einen «Granita di caffè con panna» zu sich nehmen, von dem mir Giovanni heute morgen schon so vieles vorgeschwärmt hat (er sagt, es sei der beste in dieser Gegend, sogar noch besser als der von Gallipoli – obwohl es in Gallipoli natürlich die unvergleichlichen «Divino amore» gebe), und drinnen ihre Unterhaltung fortsetzen.

Nein, da kommen sie schon wieder aus der Tür. Das heißt, der kleine Dicke bleibt gleich im Eingang stehen und redet jetzt mit einem anderen, den ich nur von hinten sehe, er hat rötliche Haare, soweit ich sehe (unser Mann, sagte Giovanni gestern, wird unter den Fischern schlicht «il Rosso» genannt, im ganzen Salentino heiße er «il Rosso», «der Rote» – vielleicht ist der da hinten unser Mann). Frage nur: warum redet Giovanni nicht mit ihm? Und warum dreht er sich nicht um, herrje, nein, immer noch nicht ... Auf welche Weise wird hier eigentlich etwas ausgemacht? Braucht man nicht einmal Handschläge, um sich über eine anstehende Sache einig zu werden – wenn schon schriftliche Vereinbarungen nichts gelten? Es scheint so. Denn (11 Uhr 2, der reinste Life-Report ist das hier) Giovanni nimmt da offenbar schon Abschied von seinen Freunden, sie wenden kurz den Kopf zu ihm herüber – leider nicht weit genug, um ihre Gesichter von hier zu erkennen – und nicken ihm zu, ja, jetzt gehen sie beide dicht hintereinander ins Caffè, der Dicke dicht hinter dem Dünnen ... Giovanni kommt über den Platz. Er winkt mir zu. Er hat ein seltsames Lächeln im Gesicht. Was ist, Giovanni?

(Alles Paletti.)

Lecce, nachmittags

Beim Barbiere, Via Palmieri: Sehr, sehr langes Einschäumen, bis das Kinn von einer dicken weißen Schicht bedeckt ist – vom Kinn bis zur Nase ein fremdes weißes Feld, in dem jetzt noch viel fremder und unbekannter die beiden Lippen rot heraustreten. Die dunklen Lippen da, in dieser weißen Gesichtsmaske (im Spiegel), plötzlich sah ich das Bild vor mir und hatte den Eindruck, daß ich ein Clown war. Plötzlich war mir auch klar, daß die ganze Rasur, dieses lange, fast pedantisch lange Einschäumen genau den Sinn hat, einem zu zeigen, daß man ein Clown ist.

Santa Croce

Am Bahnhof gab es keine deutschen Zeitungen.

Zurück über die schon dämmrigen, mehr und mehr ins Dunkel sinkenden Felder, bis irgendwann die Nacht um uns lag. Ich kam ins Schlafen und begann nach einer Weile auf beklemmende Weise zu träumen, träumte, ich säße in einem Auto, in einer mir unbekannten Stadt und warte auf jemanden, der mir Auskunft gäbe. Endlich kam ein alter Mann, der aber vor dem Wagen wieder umdrehte und mich lange Zeit warten ließ. Als er das zweite Mal kam, sah ich nur, daß er kurz vor der Wagentür an seinem rechten Oberschenkel hantierte und hilflos lächelnd wieder wegging. Ich war wohl der Meinung, daß der Mann mich zu Viviane bringen würde, und sah mir geduldig die vorbeigehenden Passanten an, die schräg über den Platz liefen und zu einer Uhr hochsahen. Dann war der alte Mann wieder da. Er wollte wieder einsteigen, doch jetzt erkannte ich ganz deutlich, daß ihm beim Vorbeugen der linke Oberschenkel aus der Hüfte sprang, so daß man das dicke Knochenende frei und sinnlos abgebrochen aus dem Fleisch ragen sah. Der Mann lächelte betroffen und drückte, so gut es ging, alles wieder in die menschengerechte Lage zurück, was freilich erst nach dem dritten oder vierten Mal klappte. Dann fuhr ich eilig fort und trat nach endlosen Umwegen, die über Treppen, Einbahnstraßen und totlaufende Hinterhöfe gingen, schließlich in einen Raum ein, in dem eine große, alle Blicke anziehende Badewanne stand. In der Badewanne lag ein noch älterer Mann, der am ganzen Körper von Tätowierungen übersät war und den ich, ohne länger darüber nachzudenken, sofort als meinen Seelenverkäufer identifizierte. Sein Anblick erschreckte mich nicht, aber ich staunte über die sieben reglosen Kinder neben ihm, die alle unter die Wasseroberfläche gesunken waren und mit offenen Augen an die Decke starrten. Wieso eigentlich das, dachte ich. Es gab kein Blut und auch keine Rotfärbung des eingelassenen Badewassers, nur dieses beruhigende Familienbild, obwohl ich an eine Familie immer weniger glauben mochte. Nachdenklich ging ich in den Nebenraum, wo sämtliche Türen offenstanden. Und als ich nun bemerkte, daß dieses Zimmer eine riesige Bahnhofshalle war, in der die Züge wahllos durcheinandergewürfelt neben den Gleisen und den Schaltern lagen, kam mir langsam zu Bewußtsein, daß ich die ganze Zeit Viviane nicht gesehen hatte. Ich versuchte aufzuwachen, hörte auch langsam das gleichmäßige Motorsurren unter mir. Doch wie ich endlich die Augen aufschlug, wurde ich für mehrere Augenblicke das verwirrende Gefühl nicht los, daß dieser Mann da, diese Dunkelheit und diese ganze Autofahrt nicht real waren.

Sonnabend

Morgen soll der Rothaarige mit dem Pulver kommen. Treffpunkt: Lapidu, bei Einbruch der Dunkelheit. Während ich das schreibe, beginnt schon wieder ein eigenartiges Blutpochen im Hinterkopf. Fragt nicht, warum.

27. August

Der Rote war hier. Was ich wohl untergründig die ganze Zeit vermutet hatte und dennoch, aus einer Angst heraus, mich in neuen Wunschträumen zu verlieren, immer wieder abgewehrt und verdrängt hatte, ist seit halb sieben endgültig wahr: der Rote, «il Rosso» ist der Rothaarige aus Bari ... Mein – wie sage ich nun? – mein ehemaliger Bewacher, Helfer, Komplize ... Der Mann, der meinen Seesack hierher gebracht hat ... Und wahrscheinlich auch die spätere Nachricht von Viviane, obwohl er das abstreitet.

Nein, ich habe keine Ahnung, wie weit ich ihm trauen kann.

Als er vorhin mit Giovanni in einem schepprigen alten Fiat durch die Oliven kam, begann er sofort mit diesem Doppelspiel, daß er mich einerseits erkannte, einerseits wußte, daß wir uns vor zwei Monaten in diesem Pritschenraum getroffen hatten, und andererseits (wegen Giovanni) auf eine provozierende Weise so tat, als ob wir uns nie gesehen hätten. Zwei lähmend lange Stunden brachten wir damit zu, uns mit freundlichen Blicken zwischen dem Auto und dem Trullo hin- und herzubewegen, die einzelnen Pulversäcke auszuladen, manchmal im Vorübergehen ein kurzes Kopfnicken zu riskieren, dann endlich verschwand Giovanni für drei Minuten in den weiter entfernten Kaktusbäumen, und wir konnten wenigstens etwas reden:

Viviane, nein, er hatte sie lange nicht mehr gesehen. Seit jenem Tag, als ich mit dem Buick in die Berge geflohen war, war sie ihm noch zwei oder drei Mal auf dem Gang begegnet, dann wurde sie an einen ihm offenbar unbekannten Ort gebracht, wo sie bis zur Klärung der Aktenfrage bleiben sollte. Er selbst hatte noch meinen Seesack hierher bringen können, was, wie er sagte, nur unter größten Vorsichtsmaßnahmen möglich war. Kurz darauf sei er dann für eineinhalb Monate zur See gefahren und wisse deshalb ebenso wenig wie ich. Es könne sein, daß sie in irgendeiner der Ruinen südlich von Brindisi sei, es gebe aber unzählig viele solcher Burgruinen, und er könne sich nicht vorstellen, daß man sie ohne nähere Hinweise wirklich finden könnte. Vielleicht, sagte er plötzlich und lachte dabei bis in die Albinoaugen hinein, ist sie ja schon mehrere Wochen frei und wagt nur nicht herzukommen, weil sie fürchtet, hier mit offenen Armen empfangen zu werden. Die Reederei sei übrigens längst umgezogen, sie befinde sich jetzt nicht mehr in Bari, sondern in Taranto – warum, aus welchen Gründen, ob es vielleicht mit meinem Paket zusammenhing, war nicht mehr herauszukriegen. Er murmelte nur noch etwas von ziemlich unerfreulichen Entwicklungen, drohenden Entlassungen, Ärger, einer wilden Messerstecherei und ging dann auf einmal bruchlos ins Italienische über, weil Giovanni hinter uns erschien und, langsam die Hose vor sich zuknöpfend, auf ganz andere Dinge zu sprechen kam.

Das war also alles. Nichts vom Buick, nichts über den hier aufgetauchten Lastwagen. Nur als er abfuhr, ließ er noch einmal in einem unbeobachteten Moment die Bemerkung fallen, daß er sich in den nächsten Tagen etwas umsehen und, so bald es ginge, wieder herkommen wolle – bis dann solle ich auf mich aufpassen. Ciao. E stai attento.

Ciao.

Ciao, Giovanni.

Ciao. Ein endloses Abschiednehmen.

Lapidu

Daß man bei Farben manchmal plötzlich ein Gefühl von Wärme empfindet. Daß solche Farben dann auf einmal eine ganze ungeahnte Welt enthalten.

Erinnerung, daß ich früher als Kind beim Lesen von Bilderbüchern solche Gefühle hatte.

Oder stellt sich jetzt nur eine Verbindung zu diesen Kinderträumen her? Was steckt denn alles an Zeit und Räumen in den Dingen, die man sieht? Wieviel weiß man davon?

28. August

Bei Windstille. Über weißem Sand – – man schwimmt wie durch flüssiges, federleichtes Glas.

(Rechts hinten Ugento, weit hinten Gallipoli, noch weiter hinten über das Meer weg die Küste von Kalabrien: auf dieser Höhe tief im Süden fällt mir die Sonne auf den Bauch und Giuseppina spricht schwimmend gegen das Licht an mit blauer Shellmütze auf dem Kopf.)

Meine Hand ist eine Monade.

Abends

Meine Beine –– was wohl passiert, wenn ich jetzt mit dem Schreiben aufhöre ... Ob sie dann abschwellen, wieder dünner werden? Ob dann die Schmerzen wieder stärker werden? Wenn es nach Giuseppina ginge, hätte ich längst zu einem Arzt gehen sollen, sie meint, es sei völlig unerklärlich, daß sich die Wulste immer gleichmäßiger über das ganze Bein verteilen, ohne daß ich, von einzelnen Störmomenten abgesehen, über irgendwelche Schmerzen klage und dennoch (wie heute vormittag) mitten im Gehen plötzlich durchknicke oder kurz nach dem Aufstehen leicht ins Schlingern komme, mit ausgebreiteten Armen durch die Gegend wanke, tue, als ob ich gleich fliegen wolle, und dann, wenn meine Beine allmählich schwächer werden, langsam, aber seltsam gewohnheitsmäßig zu diesem Buch hier greife, um irgendetwas hineinzuschreiben ... Was soll ich ihr schon sagen?

P.S.: Genaugenommen sind die Gecchi auch schon größer geworden. Natürlich weiß ich nicht, wie groß sie normalerweise werden können. Aber daß ein fast armlanger Gecco, wie ich ihn heute an der Decke sah, völlig normal sein soll, kommt mir doch etwas komisch vor. Vielleicht sollte ich etwas mehr aufpassen, wo ich hintrete.

Mittwoch, Caffè del mondo

Nach drei Wochen Abwesenheit tauchte Alfonso Matta heute gegen
Nachmittag aus den Feldern auf und überraschte uns mit der Nachricht,
daß seine Schwester Maria entführt worden sei. Seine Geschichte erklärt
einige Seltsamkeiten, die man hier in den letzten Tagen bemerkt hat.
Begonnen hat es schon damit, daß vor drei Tagen ein Mailänder Auto
mit vier unbekannten Leuten in Presicce erschien. Einer von ihnen, ein
junger Mann, der von Zeit zu Zeit immer wieder seine Brieftasche aus
der Hose zog und jedem zeigte, wieviel Geld er darin hatte, behauptete,
daß er wegen Maria gekommen sei und nicht eher wieder abreisen werde,
als bis sie damit einverstanden sei, ihn zu heiraten. Woher er sie kannte,
ob er sie vielleicht an einem anderen, von beiden geheimgehaltenen Ort
getroffen hatte (in Presicce war er nie gewesen) und warum er gleich
seine ganze Familie, Vater, Mutter und seinen jüngeren Bruder mit-
brachte, blieb lange Zeit ungeklärt, zumal Marias Mutter sich hartnäckig
weigerte, die Leute bei sich aufzunehmen.

Nachts schliefen sie im Auto, tags verwickelten sie Marias Mutter in
endlose Diskussionen, die offenbar zu nichts führten.

Maria selbst schwieg zu den Ereignissen wie ein Grab. Alles, was man
von ihr wußte, war, daß sie seit Jahren mit einem anderen Mann be-
freundet war, der irgendwo bei Torrepaduli wohnt und sie nur manchmal
für ein kurzes Wochenende besuchte, denn er hat eine Frau und mehrere
Töchter, und wenn er auch verschiedentlich von Scheidung sprach, so
war doch jedem klar, daß er sich eine Scheidung bei seiner Finanzlage
niemals leisten konnte. Maria, die wohl als einzige seine Versprechungen
für wahr hielt, stand in den langen Wartezeiten häufig vorm Spiegel,
kämmte stundenlang wie tief in Traum verloren ihr Haar und begann
dann nach einer Weile – wenn sich herausstellte, daß er wieder mal nicht
wie angekündigt gekommen war – sämtliche Nahrung zu verweigern.
Schlagartig aß sie nichts mehr, trank nur von Zeit zu Zeit einen Schluck
warmer Limonade und mied alle Menschen, bis er dann Tage später wie
ein langersehnter Retter in der Not das Haus betrat – erstaunt, daß sie
so mager geworden war und sich mit einem seltsamen Heißhunger über
die Cicoria hermachte... Offenbar muß ihn das gestört haben. Wenigstens
kam er jetzt von Monat zu Monat immer seltener. Die Wartezeiten
wurden länger, manchmal ließ er sich mehrere Wochen lang nicht mehr

blicken, und als er dann während der ganzen Weinernte nicht auftauchte, war Maria schon so dünn geworden, daß ihre Mutter sich keinen anderen Rat mehr wußte und beschloß, sie zu Verwandten nach Taranto zu schicken.

In dieser Zeit, meinte Alfonso, muß sie diesen Mailänder kennengelernt haben. Er hielt sich in Taranto wegen irgendwelcher Monteursarbeiten für das neue Stahlwerk auf (die «Italsud»). Wo er sie genau getroffen hat, ist nach wie vor unklar, aber er muß sie vom ersten Augenblick an derart bestürmt haben, daß sie sich seiner kaum erwehren konnte und offenbar nur den Eindruck erweckte, ihre Schwäche und ihre Wortlosigkeit seien Zeichen stummer Zuneigung. Im «Caffè del mondo» geht inzwischen das Gerücht herum, er habe sie, ohne es zu ahnen, dauernd vergewaltigt. Egal, ob das stimmt – auf jeden Fall kehrte sie völlig apathisch und in schwarze Tücher gehüllt nach Presicce zurück, aß von nun ab nur noch Knoblauchzwiebeln und verkündete manchmal im Schlaf, sie wolle fern nach Norden in ein Kloster gehen ...

Tatsächlich begann Marias Mutter, Briefe an den Bischof von Ugento zu schreiben. Erst kamen lange keine Antworten, doch nach vier Monaten traf eine erste Nachricht der Diözese ein, in der ihr gewisse Hoffnungen auf Erfolg und wohl auch Andeutungen in Sachen Weitervermittlung gemacht wurden. Es folgten endlose Fragebogen, die man mit vereinten Kräften in ganz Presicce beantwortete. Die Sache schien langsam ins Rollen zu kommen. Doch kurz bevor der Tag der persönlichen Vorstellung nun endlich gekommen war, tauchte hier der Mailänder mit seiner Familie auf, alles schien für Marias Mutter plötzlich wieder aus den Fugen zu geraten, sie hatte nur das Gefühl, alles sofort verhindern zu müssen, damit kein neues Unglück über sie hereinbrach. Drei Tage vergingen, ohne daß sie irgendwelche Zugeständnisse machte. Dann, heute morgen, sah man sie merklich verändert mit dicken Beulen am Kopf durch die Straßen laufen, sie hatte Schürfwunden an der Stirn, ihre Backen und ihre Schläfen waren bis zur Unkenntlichkeit angeschwollen, so daß man im «Caffè del mondo» zunächst noch glaubte, sie sei in eine wilde Schlägerei geraten.

Aber das stimmt nicht. Am frühen Nachmittag kehrte Alfonso aus den Feldern zurück, und langsam stellte sich jetzt heraus, daß der Mailänder Maria kurz entschlossen mit sich genommen hatte, er hatte sie gegen Mitternacht heimlich aus dem Bett geholt, und Marias Mutter, die gegen ihre Abreise nichts mehr machen konnte, war dann die ganze Nacht hindurch bis zur Besinnungslosigkeit gegen die Wände in ihrem Haus gelaufen, um sich zu betäuben, zu bestrafen und – als geschlagene Mutter – immer weiter zu verwunden... Wieweit Maria an ihrer Entführung selber mitbeteiligt war, ist niemandem richtig klar. Alfonso meint: gar nicht. Cesare meint: ganz und gar. Und inzwischen traf bereits ein Telegramm aus Frosinone ein, in dem es heißt, Maria ginge es gut, sie sei mit allem einverstanden und ihre Mutter solle sich keine Sorgen machen: in drei Wochen werde man Hochzeit feiern – mit Kirche und Priester, alles werde genauso schön wie im Kloster werden.

Bruno Zambelli hat einen kleinen Fuchs im Hinterland gefangen. Fünf Monate ist er jetzt alt und läuft an einem Halsband am Strand von Torre Pali herum, schnürt um die Tische, an denen man Tarock spielt, und steigt manchmal mit seiner spitzen Schnauze an den Stühlen hoch. Der Fuchs wird einfach «Volpe» genannt. Nächstens will man ihn auf einem Fischerboot mit aufs Meer nehmen. Oder verkaufen. Bruno will 7000 Lire dafür.

Lapidu

Nachts. Flüsterstimmen im Dunkeln: Ich hab Läuse, ich hab Läuse...

(Beginnen diese Albträume schon wieder.)

1. September

Ein ohrenbetäubendes Knallen riß mich kurz nach Sonnenaufgang aus dem Schlaf. Ich war zu dieser Zeit noch ganz woanders, hatte gerade geträumt, man würde mich durch die immer größer werdenden Räume des Verlags führen und im letzten Zimmer, das schon die Ausmaße eines überdachten Gefängnishofs hatte, zusammen mit unzähligen anderen an die Wand stellen, so daß ich die jetzt in meine Ohren gellenden Schüsse für die längst erwarteten Exekutionssalven hielt und zunächst gar nicht glauben wollte, daß sie von draußen kamen. Aber als ich jetzt aufwachte, fielen sofort zwei weitere laute Schüsse – das war nicht mehr Traum, das war dicht hinter der Mauer, und ich rätselte einen Moment verwirrt darüber nach, ob mein Traum erst im Moment des Schießens zu einem Erschießungstraum geworden war oder ob er in einer mir unbegreiflichen Gleichzeitigkeit von inneren und äußeren Ereignissen zu diesem entscheidenden Punkt geführt hatte – so als hätte er schon vorausgewußt, daß gleich die genau in die Vorgänge passenden Schüsse fielen.

Ich kroch auf allen vieren zum Eingang – hatte schon wieder ein paar feuerfertige Knallkörper in der Hand, um sie notfalls, wenn man mich wirklich angreifen wollte, einen nach dem anderen aus meiner Deckung heraus nach draußen zu werfen, bis zum völligen Zusammenbruch, dachte ich, aber bis dahin werden die mich aus meiner meterdicken Behausung nicht herausbekommen ... Als ich die Tür einen Spalt öffnete, fiel sofort ein weiterer Schuß. Aber ich konnte den Schützen im Moment nicht sehen. Immerhin hatte ich den Eindruck, daß der Schuß diesmal nicht in meine Richtung gegangen war und, wenn ich mich nicht irrte, auch ein Stück weiter vom Trullo entfernt gefallen war. Tief auf den Boden gedrückt, vorsichtig, schlich ich mich jetzt Handbreit für Handbreit vor den Eingang hinaus, immer mit der Möglichkeit, mich im Ernstfall gleich wieder ins Innere zurückziehen zu können, ja, und dann sah ich ihn:

Signor Ettore Cosimo Fettucci, in eine olivbraune Armeejacke gekleidet, mit hohen Gummistiefeln und einem ungeheuren Patronengürtel, in dem jede Menge Schrotpatronen steckten, die Flinte dauernd zum Anschlag bereit und plötzlich wild in die Gegend schießend, als etwas Singvogelähnliches vor ihm aus den Oliven aufflog. Wenn ich richtig gesehen habe, war es eine Libelle. Er entfernte sich knallend und dauernd wieder nachladend nach Torre Mozza hinab. Eine Zeitlang hörte ich noch seine kurz aufeinanderfolgenden Doppelschüsse, dann wurden im Tal andere Schüsse laut, überall in meiner näheren und ferneren Umgebung begann es zu knallen, es klang wie ein durch die ganze Gegend verteiltes Armeegedonner, so als hätte sich ganz Puglia über Nacht entschlossen, auf die Bäume zu schießen – und als ich Giuseppina später davon erzählte, sagte sie nur, daß heute, am 1. September, in Italien wieder mal die Jagd anfinge: Wer sich den Luxus eines Gewehrs leisten könne (oder noch eine alte Flinte in seiner Truhe hätte), würde für ein paar Wochen lang im frühen Morgengrauen mit oder ohne Lizenz zum Cacciatore ... Geh lieber in Deckung vor ihnen, sagte Giuseppina. Sie schießen so ziemlich auf alles, was sich bewegt. Im letzten Jahr hat es hier einen Toten und drei Schwerverletzte gegeben.

September

(Wo? Wann?)

Die Löcher in den Steinen. Die Löcher in den Oliven.

Spuren – wovon?
Wo soll ich anfangen zu suchen? Und wohin führt mich das? Zu dir?
Giuseppina sagt: Wenn man etwas finden will, darf man es nicht suchen.

Wo beginnt denn der Zufall?

In einer schlangenförmigen Olive vorhin
fand ich eine Schnecke, die ein spiralförmiges Gehäuse hatte. Sie klemmte
ganz oben in der Baumrinde, und noch ein Stück höher ragte ein Stein
aus einem Knorpelloch, der genau wie Lapidu geformt war. Ich habe
ihn herausgezerrt und an der nächsten Steinmauer zerschlagen. Irrsinn,
Irrsinn. Der Stein zerfiel in lauter hartgewordene Muschelteile.

(Verdacht, daß alles, was ich hier erlebe, in einem ganz anderen Zusammenhang steht.)

Viertel vor acht. Das Licht schwindet langsam vor Augen. Sätze, die halb ins Dunkel hinein aufs Papier geschrieben sind. Drei Stunden damit zugebracht, dieses Buch noch einmal um hundert Seiten zu verlängern, haufenweise Zettel hinten dranzukleben und den Umschlag mit einem gefundenen Stück Pappe zu verstärken, nur damit es ein Buch bleibt und nicht eher abbricht, als bis ich dich gefunden habe. Die untergründige Angst, daß alle Hoffnung mit der letzten vollgeschriebenen Seite endgültig schwinden könnte. Die Furcht, nichts mehr erreichen zu können, nichts mehr wünschen zu können, wenn das Schreiben plötzlich ein Ende hat. Ich will mich nicht noch einmal zweiteilen. Wenn ich auch diese letzte Verbindung zu dir abschneide, ersaufe ich ganz rettungslos im Meer, das ist mir klar. Und niemand wird mich herausziehen, auch du nicht.

Montag

Der Rote – heute morgen kam er mit einem Sack voller amerikanischer Zigaretten zurück. Sein Gesicht sah entspannt aus, fast ausgelassen.
«Kennst du die ‚Santo Spirito'», fragte er, «den alten Kahn?»
Die ‚Santo Spirito' ... (ja, ich hatte sie schon einmal in der Augustenstraße gesehen, und dann auch auf einem dieser Fotos in der Reederei, zwei lange Monate ist das inzwischen her – 21. Juni).
«Warum fragst du?»
«Nur so», sagte er, «die ‚Santo Spirito' kommt in ein paar Tagen hier vorbei.»
«Und? Was ist mit ihr?»
«Nichts. Sie kommt hier vorbei. Und ich dachte nur, du hättest vielleicht ein Interesse daran, sie wiederzusehen.»
«Wen?»
«Sie.»
Er fing zu lächeln an.
«Sie?»
«Ja, sie. Die ‚Santo Spirito'.»
«Kann man sie denn von der Küste aus sehen», fragte ich.
«Das kommt darauf an. Normalerweise fährt sie fünf Meilen westlich vor Torre Pali vorbei. Und wenn du dann noch hinzunimmst, daß es Nacht ist, wird man sie selbst mit einem Fernglas schwer erkennen können. Sie ist schließlich nicht groß.»
«Aber?»
Wieder setzte er dieses eigenartige Lächeln auf.
«Vielleicht sorgen wir dafür, daß du sie noch einmal zu Gesicht bekommst.»

«Was heißt: zu Gesicht bekommst?»

Mir war plötzlich ein Rätsel, wo er all diese Redewendungen her hatte. Wenn ich mich richtig entsinne, sprach er noch in Bari in lauter gebrochenen deutschen Sätzen, ganz selten nur im Konjunktiv, und wenn, dann meistens falsch.
«Wo fährt die ‚Santo Spirito' denn hin?»
«Hast du mal von Ajaccio gehört», fragte er, «Ajaccio in Korsika? Da wird sie wohl am Ende schließlich landen. Das heißt ... es könnte ja auch sein ...»

Einen Moment lang blieb er so stehen und prüfte, wie seine Worte bei mir einschlugen, wie alles zu einer fliegenden Form von Landschaft wurde, eine Fülle von Wolken voller Vermutungen und Andeutungen, dann drehte er sich zur Seite, warf mir noch im Fortgehen eine Stange Zigaretten zu und murmelte vom Wagen aus:

«Ich werde jetzt erst mal mit Bruno und Giovanni darüber reden. Vorausgesetzt du schweigst hier natürlich wie ein – – wie sagt man?»

«Wie ein Grab?»

«Nein, wie ein Stein.»

Dienstag

Die Santo Spirito, Freitag, zehn Uhr abends Abfahrt Taranto, Eintreffen
in Höhe San Giovanni/Torre Pali zwischen eins und zwei Uhr nachts.
Verzögerungen nicht eingerechnet.

Spät abends

Besoffen durch die Landschaft gewankt. Wenn ich nach oben sah, sah ich den Mond sofort doppelt. Ich blieb lange so stehen und versuchte ihn zusammenzubringen. Natürlich erfolglos – er schwebte nur noch weiter auseinander. Wie kann man auch von hier aus, über so viele tausend Kilometer hinweg, den doppelten Mond da oben mit eigener Kraft und mit bloßem Auge zusammenzwingen? Unsinnig. Sogar die Bäume um mich gerieten dauernd an den Rändern auseinander, ich wußte nie genau, wo sie standen, und machte dann vorsichtshalber einen Bogen um alle, die vor mir lagen. Auf diese Weise bin ich wohl nach einer Weile nur noch in Schlangenlinien gegangen und landete alle Naslang auf dem Boden. Die Erde war noch ganz warm.

Mittwoch

Noch zwei Tage.

Wie sagt ihr? Jetzt kommt diese phänomenale Zeit, wo sich der Himmel als blaue Farbe hinter die Bäume legt.

Weinzeit, Vendemmia.

In Gemini hat heute die Weinernte begonnen. Presicce zieht morgen nach. Ugento schon gestern. Alle verfügbaren Karren, Apes, Fuhrwerke fahren frühmorgens aus den Orten heraus, gefüllt mit noch halbverschlafenen Menschen, die während der Anfahrt ihr erstes Brot zerkauen – wer Zeit hat, ist mit dabei: für ein paar Tage lang ist ganz Puglia hier einmal vollbeschäftigt, jeder, der nicht im Rollstuhl fährt, der noch irgendwie gehen kann, selbst der geschlagene Cretino Mario Pappala aus Gemini, der sonst immer neben der Bartheke steht und sich von den Hereinkommenden auf die Schulter klopfen läßt, sitzt mit im Wagen, und sogar ich, Kinder, Frauen, so geht es in die Felder der Padúli hinab, die einem Großgrundbesitzer gehören, nein, nicht Signore Fettucci, sondern einem Großgrundbesitzer aus Gemini, der meistens im Norden wohnt –

«Paduli», es ist ein Ausdruck für die trockengelegten Sümpfe an der Küste, man nennt sie «Paduli» statt «Paludi» (Sümpfe), und während ich später schwer beladen mit meinem Korb voll Trauben in den Feldern stand, fiel mir noch eine dritte Variante ein:

PALUDI
PADULI
LAPIDU

(komm, sing mal)

Geminis Weinernte –

der meiste Wein geht nachher nach Norden in die Weinfabriken, nichts bleibt zurück, außer dem, was die Bauern für ihren

166

Eigenbedarf in Fässern gären, der Rest wird ihnen entzogen, fortgeschafft nach Norden, um den Chianti zu verbessern. Wir machen hier zwar den Wein, sagte Giorgio Materazzi, ein Vetter von Giuseppina, aber der Wein wird uns von vornherein entzogen und aus den Händen geraubt. Je besser unser Wein ist, desto schneller verschwindet er in den Gütertransporten des Grundbesitzers, und unser Anteil daran ist verschwindend, gemessen an der Arbeit, die wir jährlich mit den Pflanzen haben. Niemand hier bezahlt uns die Verbesserung, die dauernde Veredelung und Bereicherung der Weinfelder. Wir werden immer nur nach Zeit bezahlt, nie nach der Verbesserung des Bodens – frag Brindisini.

Cesare

Brindisini meint, der Wein in den Paduli müßte eigentlich längst uns gehören. Die ganzen Paduli hier.

Später Nachmittag, auf der Piazza von Gemini

Kurz nacheinander:

erst einer, der in rasender Fahrt mit seiner Lambretta durch die Straße kommt und, wie ich im Vorbeifahren erkenne, eine lange schwarze Krücke in der Hand hält, und gleich darauf einer, der auf einem uralten roten Motorrad durch die Menschen knattert und das linke Bein waagrecht nach hinten weg am Gepäckträger befestigt hat. Was, wenn sie jetzt umfallen, dachte ich – – aber das scheint gar nicht in ihren Denkkreisen zu liegen. Sie benutzen ihre Motorräder als Krücken, ja – und plötzlich sehen dann alle Fahrzeuge wie Krücken auf Rädern aus.

Morgen ist Donnerstag.

Im Weinfeld gearbeitet. Morgens und dann noch einmal nachmittags bis in den Abend hinein. Kaputt jetzt, aber auch froh mit meinem weindurchtränkten Körper, der lauter rote Flecken aufweist. Giuseppina begann plötzlich zu singen, als wir mit dem Ape langsam nach Gemini fuhren, Giorgio Materazzi vorn am Lenker und wir hinten zwischen drei vollgefüllten Fässern, hin- und hergeschüttelt im Windschatten, es war eine ganz eigenartige Stimmung, die aus dem Traubengeruch auf uns überging, wir taten so, als hätte uns das alles gar nicht angestrengt, der ganze Tag, oder als würde uns jetzt der zweite Atem aus der Lunge wachsen und wir müßten uns beweisen, daß nicht nur jeder von uns, sondern auch jeder einzelne Gegenstand in unserer Umgebung dieselbe Empfindung hätte. Für ein paar Momente schien alles wirklich dieselbe Gedankenrichtung zu haben. Die Bäume hatten Sinnesorgane, die Zweige konnten zuhören, und wir sahen sie so an, als könnten sie, wenn sie wollten, zu uns zurückblicken. Ich merkte, daß Giuseppina mehr und mehr so sang, als würde sie einer anderen Stimme zuhören. Die Töne, halb gesummt nur, kamen ebenso von ihr wie von ganz anderswoher. Nach einer Weile – kurz hinter der Abzweigung nach Ugento muß das gewesen sein – hörte sie dann zu singen auf, sah mich für einen kurzen Moment mit ihren ruhigen, dunklen Augen an und sagte, wie aus dem Nichts heraus: «Vendemmia!»

Lapidu

Nacht. Nacht. Auf dem Dach stehend. So eine kleine Ewigkeit schräg nach oben blickend, ohne mich zu bewegen. Unendlich weit entfernt. Manchmal denke ich, wie diese Worte wohl im Norden klingen. «Daheim in Deutschland.» Keine Gefühle mehr, keine Einschätzung für die Sprachangst von denen.

Noch vierundzwanzig Stunden.

Jetzt – wie ist das denn? Vorfreude? Erwartung? – – Der Wind weht von hinten, und die Haare fliegen mir vor den Sternen.

Sonnabend, 9. September

Gegen Mitternacht kam ich mit meinem Seesack am Strand von Torre Pali an, alles schien zu schlafen, in den Fenstern brannten nirgends Lichter mehr, die See war ruhig, schwarz. Nach längerem Dastehen hörte ich leise Stimmen auf den Booten. Ich pfiff zweimal in die Nacht hinein. Momente vergingen, dann ging hinten auf den Booten eine Stablampe an, die zunächst in meiner unmittelbaren Umgebung den Strand absuchte und dann langsam an meinen Beinen hoch bis zum Gesicht stieg. Geblendet von der Helligkeit, winkte ich in die Dunkelheit hinaus. Das Licht erlosch. Platschen, dann allmählich deutlicher werdende Ruderschläge. Nach einer Minute legte Giovanni neben mir am Strand an und zog mich vorn in den Bug hinein. Während der Überfahrt wechselten wir kein Wort mehr. Links zog der eingestürzte Turm von Torre Pali vorbei, schemenhaft dunkel, in regelmäßigen Abständen hörte man die Wellen, die gegen die untere Kante des Turms schlugen, dann verschwand er hinter uns, und die Umrisse der anderen Boote tauchten in der Nacht auf, Gemurmel und Zigarettenglühen, Quintino war da, auch Bruno und noch zwei andere, die mir flüchtig bekannt waren.
«Wo ist der Rote», fragte ich.
Nicht da. Quintino legte mir eine Decke über den Rücken und sagte, es könne noch lange dauern, bis die ‚Santo Spirito' hier vorbeikäme. Ich solle mich noch hinlegen.

Warten.

Mit geschlossenen Augen ... Ich schlief ein, halb, manchmal hörte ich auch nur die murmelnden Stimmen rings um mich, das unter den Booten glucksende Wasser, die Anstrengung, jeden Satz bis zum Ende zu hören, fiel mir schwer, ich nahm nur einzelne Brocken davon auf, wie Fremdkörper, Einsprengsel aus einem anderen Teil der Welt, vor die sich wieder Geräusche und Bilder des Wartens schoben, Müdigkeit überkam mich, trotz allem.

Was jetzt wohl vor sich ging: Antonio saß im Leuchtturm von San Giovanni, das war klar. Der Rote war wahrscheinlich nach Taranto gefahren und würde versuchen, auf der ‚Santo Spirito' hierherzukommen. Die anderen, um mich im Boot sitzend, ruhig und von Zeit zu Zeit an ihren Zigaretten saugend – mehr wurde mir nicht klar und mehr wollte ich im Moment auch nicht verstehen. Eine zunehmende Kälte kroch während des Daliegens von den Füßen an mir hoch. Ich rollte mich noch mehr in mir zusammen, bemerkte irgendwann, als ich aufsah, wie Giovanni unmittelbar über mir stand und draußen aufs Meer schaute. Dann wieder Ruhe und das gleichmäßige Auf- und Abschwanken des Bootes.

Gegen drei wurde ich von aufgeregten Stimmen geweckt. Quintino war ins andere Boot gesprungen und blickte mit dem Fernglas hinten vom Heck aus nach Torre Mozza hinüber. Bruno rief Giovanni etwas zu. Der nahm die Stablampe und gab zum Land hin zweimal Zeichen. Sofort kam von daher Antwort: ein heller Scheinwerfer strahlte von den Dächern her über den Hafen hinaus, lang, kurz, dann Dunkelheit ... Jetzt erkannte ich nordwest voraus die schwachen Bordlampen der ‚Santo Spirito‘. Sie war vielleicht noch fünf Kilometer entfernt. Wenn nicht alles täuschte, lag ihr Kurs genau parallel zur Küste, wenn nicht mit einer leichten Tendenz von der Küste weg, je weiter sie nach Süden kam. «Piano, piano», sagte Giovanni, als ich mich schon von merklicher Ungeduld gepackt nach dem Kurs erkundigte.
In Höhe Lido Marini ging zum zweiten Mal der Scheinwerfer auf den Dächern an. Lang, kurz. Noch einmal: lang, kurz.

Sekunden später fielen auf der ‚Santo Spirito‘ die Bordlampen aus.

Einen Moment lang war alles stockdunkel, und man hörte nur das leise Schwappen der Wellen. Bruno warf mir das Fernglas zu. Ich sah hinaus und erkannte auf dem Meer einen gespenstisch dunklen Fleck, der hinten quer im Wasser lag und, je länger ich hinstarrte, an beiden Enden immer kürzer wurde: die ‚Santo Spirito‘ drehte in einem langsamen Bogen vor uns auf die Küste zu. Nach weiteren drei Minuten (Giovanni und ich standen derweil dicht nebeneinander auf der Ruderbank und horchten in die Dunkelheit hinaus) hörte man bereits das ferne Stampfen der Maschinen.

Ein Pfiff (von Quintino, glaube ich).

Dann zweimal Blinkzeichen: kurz, kurz – vom Land her. Stampfen, Schaufeln. Genau um halb vier stellte sich die ‚Santo Spirito‘ für uns alle sichtbar zweihundert Meter vor der Küste quer und nahm jetzt wieder Kurs Südwesten. Verschiedene Schreie und Ausrufe wurden auf den Booten laut, ich wußte nicht genau, was sie bedeuten sollten, ob es Zeichen des Entsetzens oder der Freude waren. Alles, was ich noch weiß, ist, daß die Schreie nach kurzer Zeit in lähmende Stille übergingen, daß alle nach Westen schauten, wo die ‚Santo Spirito' ohne jede Bordbeleuchtung vorüberfuhr, und daß nach weiteren fünfzig, sechzig Metern ein plötzliches Schaben zu uns herüberdrang – – ein Geräusch, das einem in seiner fürchterlichen Fremdheit durch alle Gedärme geht: Blech auf Metall mit Stein und Felsen vermischt, knickende, in sich zusammenbrechende Eisenflächen, Bröckeln, Knirschen, etwas, das man zur gleichen Zeit in den Zähnen und in den Hoden spürt, am wenigsten noch in den Ohren.

Eine Sirene ging drüben an Bord an, setzte aber gleich darauf wieder aus. Wir legten uns in die Riemen und ruderten, ohne noch viel Worte zu verlieren, zur ‚Santo Spirito' hinüber. Quintino, der hinten am Ruder stand, ragte wie ein Schatten in den Himmel. Wenn er an seiner Zigarette sog, hellte sich für Momente sein von Falten und Bartstoppeln übersätes Gesicht auf und verschwand dann wieder unerkennbar in der Dunkelheit. Ich sah mich zum Meer um. Die ‚Santo Spirito' lag achtern voraus mit leichter Schlagseite auf einem Felsriff, das Heck war schräg ins Wasser gesunken, vorn, genau am Bug vorbei fiel jetzt absurderweise der flimmernde Lichtkegel des Monds, so daß man die winzige Felseninsel, die meines Wissens die einzige ist, die hier vor der Küste über das Wasser aufragt, schwarz gegen weiß erkennen konnte.

Oben an Deck blieb nach wie vor alles dunkel. Als wir unten an die Schiffswand fuhren, war die ganze Backbordseite entlang nichts zu hören, kein Pfiff, kein Flüstern, nichts. Quintino hatte inzwischen den kleinen Ankerhaken mit dem Tau verbunden und schleuderte ihn nun an Deck hoch. Er selber war auch der erste, der sich die viereinhalb Meter bis zur Reling hochzog und kurz darauf eine Strickleiter zu uns runterließ, an der wir dann einer nach dem anderen nach oben stiegen. Während des Hochkletterns fiel mir sofort auf, wie wenig ich meine geschwollenen Füße noch unter Kontrolle hatte, sie waren zwar an ihren Sohlen erheblich breiter geworden, ragten auch schon an beiden Seiten über die Sandalen hinaus, aber ich wußte nie, auf welcher Seite der Füße ich das beste Gleichgewicht für mich finden sollte, die Mitte war zweifellos das Unsicherste, was sich irgendwie machen ließ, fast automatisch kippte ich von der Fußmitte auf einen der äußeren Ränder hin, so als sei nur an diesen Rändern ein wirklicher Widerstand und als sei in der Mitte nichts als waberndes Ungefähr.

Als ich oben ankam, zog mich eine Hand über die Reling an Bord. Es war der Rote. Er war also wirklich auf der ‚Santo Spirito' hierhergekommen, hatte das Haar mit einem Gummiband hinten zum Pferdeschwanz gebunden und schien wie verwandelt heute, hektisch und unruhig. Wir liefen, ohne noch länger zu warten, die ganze Schifflänge entlang bis zum Bug vor, öffneten dort eine Luke, nirgends begegneten uns ein Matrose oder ein Besatzungsmitglied, kann sein, daß sie schon über Bord gesprungen waren, als dieses nervenzerfetzende Schaben durch das Boot ging, oder daß sie in diesem Moment noch irgendwo versteckt waren, um heimlich und von niemandem wahrgenommen von Bord zu gehen – wenigstens war hier alles finster und merkwürdig totenstill, als wir über die Eisenleiter hinunter in den Laderaum stiegen. Das Licht ließ sich nicht mehr einschalten. Offenbar war bei dem Unfall der Generator ausgefallen, wir stiegen über aufgestapelte Kisten, Fässer und Maschinenteile, die ich alle nur im schwachen Kegel der Taschenlampe erkennen konnte und an denen mir nur bestimmte Aufschriften wie «Feuergefahr», «Explosionsgefahr» usw. auffielen.

«Wo gehen wir hin», fragte ich.

Der Rote schlug hinten mit einer Eisenstange gegen die zugeriegelte Verbindungstür und verschwand hallend im Schiffsgang.
«Mach schnell», rief er.
Ich stürzte über die vor mir aufgerichteten Stahlplatten hinter ihm her, er war schon längst außer Sichtweite, als mir plötzlich klar wurde, daß ich mit den Füßen durch rieselndes Wasser lief – es kam, soweit ich merkte, seitlich vom Bug her hinter mir hergeflossen und begleitete mich den ganzen Gang hindurch, bis ich dann hinter dem Roten in eine neue Luke stieg und von dort in den Maschinenraum gelangte. Dauernd hatte ich das Gefühl, als würde ich (und der Rote vor mir) schief gehen. Wir beide gingen schief, mit einer starken, Bauch- und Schwindelgefühle erzeugenden Tendenz nach links herüber, obwohl mir völlig bewußt war, daß diese Neigung im Grunde nur durch die Lage des Schiffs zustandekam. Aber seltsam: sosehr ich mir auch klarmachte, daß die ‚Santo Spirito' schief lag und nicht wir – immer und ganz körperlich gesehen kam es mir so vor, als hätten wir beide Schlagseite und nicht sie.

Jetzt, als wir in den Maschinenraum eindrangen und von einem geisterhaft leisen Gluckern empfangen wurden, war endgültig zu übersehen, wie weit der hintere Schiffsrumpf schon unter Wasser gesunken war. Die schweren Turbinen, schräg vor uns, waren bis zur Hälfte überspült. Je weiter wir uns zum Heck vorarbeiteten (und wir taten es mehr hängend und über Stangen balancierend als vom Boden her), desto höher stieg das Wasser an.

«Kannst du schwimmen», fragte der Rote.

«Ja. Natürlich ...»

«Paß auf», sagte er, «diese Luke da drüben ist nur noch durchs Wasser zu erreichen – ich bleibe hier.» Damit wies er auf eine halbversunkene Tür am Ende des Maschinenraums und erklärte, ich solle genau in seinem Lichtkegel bis zur Tür vorschwimmen, dort viermal an der eingelassenen Kurbel drehen und die Tür mit gegen die Wand gestemmten Beinen vorsichtig aufziehen.

«Aber sieh dich vor, daß sie dir bei dem sofort nachströmenden Wasser nicht wieder zuschlägt. Von innen hat sie keinen Hebel ...»

Ich ließ die wichtigsten Sachen bei ihm und war kurz darauf schon unterwegs in seinem Lichtkegel. Abgesehen von ein paar Eisenkanten und Stäben, die mir während des Schwimmens von unten gegen die Beine stießen, kam ich einigermaßen unbehelligt zu der Luke herüber, kurbelte sofort das vernickelte Drehrad rechts um seine Achse und begann die Tür aufzuzerren. Ich weiß nicht, ob es jetzt durch die Tür kam, durch mein Aufzerren oder durch einen zeitlich schwer nachprüfbaren Zufall: kaum hatte ich die Tür einen Spalt aufbekommen, machte das ganze Schiff einen langsamen, aber dröhnend lauten, von Bersten und Schaben begleiteten Ruck nach rechts herüber und warf mir eine regelrechte Flutwelle über den Kopf. Die Tür versank augenblicks bis zum oberen Rand hin und glitt mir aus den Händen.

«Versuch es noch einmal», rief der Rote.

Schön gesagt. Während des Untertauchens hatte ich mindestens einen Liter Wasser geschluckt und spuckte jetzt noch Wasser und Schaum aus.

«Was ist denn dahinter?»

«Sieh nach.»

Die Tür war in dieser veränderten Stellung kaum noch aufzukriegen. Der ganze Druck des Wassers lastete auf ihr, und ich mußte jetzt immer wieder unter Wasser tauchen, um die längst versunkene Kurbel mit den Händen zu packen und dann, die angewinkelten Beine gegen die Wand gestemmt, bis zum letzten Rest meines Atems an ihr zu ziehen. Beim fünften oder sechsten Mal hatte ich sie soweit aufgezerrt, daß ich wenigstens ein treibendes Stück Holz in ihre Ritze stecken konnte. Durch den winzigen, freiliegenden Spalt ganz oben am Wasserspiegel rief ich, geschwächt wie ich war, lauter sinnlose Worte und Sätze in die Kammer hinein – ich will lieber nicht wiederholen, was es war. Denn es kam keine Antwort. Nichts. Das Wasser flutete mit einem mich selber immer mehr mitziehenden Sog in diesen Lukenspalt, und nichts kam da von der anderen Seite, kein Laut, kein Lebenszeichen.

«Wirf mir die Taschenlampe rüber», rief ich. Wut, Unmut, irgendsoein Gemisch von Zorn und Enttäuschung stieg in meinem Körper auf, ich kraulte ein Stück zum Roten zurück und sah ihn dort oben wie eine dunkle Motte auf der Stange sitzen. Was sollte dieses ganze Unternehmen nun, diese tagelange, unter wüsten Andeutungen begonnene Vorbereitung, wenn hier nur ein schrottreifes Schiff versoff und alles, was mich selber betraf, was meine hingehaltenen Hoffnungen und Erwartungen erfüllen sollte, völlig im Dunkeln blieb? Oder was sollte in dieser zulaufenden Kammer sonst zu finden sein? Der Rote sagte kein Wort zu mir. Er hockte einfach da und warf mir mit einer undefinierbaren Armbewegung die Lampe zu. Hätte ich noch die Kraft gehabt, ich hätte ihn oben von seiner Stange herab zu mir ins Wasser gezogen und zwei Minuten unter Wasser gedrückt, nur um zu erfahren, ob er mich in den letzten vierzehn Tagen fortwährend getäuscht hatte, ob er über die wahren Zusammenhänge (Bari, Taranto und die ‚Santo Spirito‘) längst informiert war oder ob er tatsächlich erwartet hatte, daß s i e hier zu finden sei.

Mittlerweile war die Kammer soweit vollgelaufen, daß ich die Luke langsam öffnen konnte. Ich schwamm mit der Lampe unter der Tür durch und leuchtete die noch verbliebenen Teile des Raums aus. Er war vielleicht zwei mal zwei Meter groß. Weiße, mit dickflüssiger Ölfarbe gestrichene Wände. Links ragten Aktendeckel aus dem Wasser auf, andere, lose auseinandergefallene und aufgeweichte schwammen im Wasser herum. Auch ein paar Zeichnungen und Zahlenlisten sah ich. Hinten in der Ecke lag ein noch trockengebliebener Stapel Pornohefte, die meisten Abbildungen waren mit italienischen Kommentaren versehen, aber auch ein paar deutsche waren dabei. Sonst? Ich wollte schon wieder aus der Kammer schwimmen, da fielen mir zwei frisch eingeritzte Buchstaben an der Decke auf. Die mysteriöse Kombination:

V X

X doppelt so groß geschrieben wie V. So als sei V die Hälfte von X (wie ja auch 5 die Hälfte von 10 ist) und als sei X aus zwei gegeneinandergestellten, verdoppelten V-Buchstaben zusammengesetzt. Aber was bedeutet das?

X eine Spiegelung von V auf dem Wasser? X als die große Unbekannte?

Ich tauchte aus der Kammer auf und sah noch eben, wie der Rote hinten durch die Luke kroch.

«Warte», schrie ich.

Die Kombination der Buchstaben hatte mich auf der Stelle wieder so unsicher gemacht, daß ich ihn weder fragen mochte, was sie zu bedeuten hatten, noch (wie ich vorher gedacht hatte) ihn mit einer Fülle von Vorwürfen überhäufen konnte. Er lief mit mir durch den Gang zurück, ohne sich nach mir umzudrehen und ohne darauf zu achten, wie ich mir während des Laufens die nötigsten Klamotten anzog. Vorn im Bug herrschte inzwischen große Betriebsamkeit. Halb Torre Pali war auf dem Zwischendeck gelandet und war in rasender Eile damit beschäftigt, die Ladung aus dem Schiff zu schaffen. Überall funzelten einem Stablampen ins Gesicht. Kisten wurden gehoben, Fässer gerollt, andere montierten die ausgefallenen Lampen und Elektroanlagen von den Wänden ab. Quintino dirigierte den Flaschenzug.

«Okay», fragte der Rote.

«Okay.»

Zwanzig bis dreißig Minuten vergingen, dann saßen wir alle wieder in den bis oben vollgeladenen Booten, fuhren zurück, die einen rudernd, die anderen mit ihren tuckernden Motoren. Die ,Santo Spirito' verschwand als Schattenriß in dem eben noch über den Horizont schimmernden Mondlicht, schwarz und mehr und mehr schemenhaft. Kurz bevor wir die Küste erreichten, gab es drüben in der Bugspitze drei dumpfe, kurz aufeinanderfolgende Explosionen, denen Momente später eine Fülle von aus den Luken schlagenden Flammen folgten, die sich dann langsam weiter bis zum Mitteldeck fraßen. Die ,Santo Spirito' brannte die ganze Nacht durch ... Heute morgen, als ich nach drei Stunden Schlaf die Straße zur Küste hinunterlief, stiegen immer noch Rauchschwaden aus dem Mittelschiff. Ein Hubschrauber kreiste über dem Riff, die Wasserpolizei war mit zwei Schnellbooten aus Gallipoli und Leuca gekommen, die Carabinieri aus Ugento. Aber von der Besatzung fehlte jede Spur. Niemand will sie gesehen haben. Es heißt, sie habe sich bei Nacht und

Nebel in alle Winde zerstreut ... Die Ermittlungen seien in vollem Gange, heißt es. Lauter umlaufende Mutmaßungen. Gerüchte, Sätze mit halb unter der Hand verborgenem Grinsen. Was soll man schon daraus machen? Da hinten liegt die ‚Santo Spirito'. Und nun?

September

Besuch von zwei Carabinieri. Heute nacht. Sie tauchten mit Maschinenpistolen im Trullo auf und wollten lauter unsinnige Einzelheiten von
mir wissen. Taub, abwesend. Auf einmal sprachunfähig (ich). Den einen
von ihnen kannte ich schon aus Gemini. Er ist einer von denen, die aus
unbegriffener Angst vor dem Staat, aus dem Gefühl heraus, einen un-
durchschaubar riesigen Apparat über sich zu haben, eine sich nach oben
hin immer mehr entziehende, immer fernere und mächtigere Gewalt, der
man hilflos ausgeliefert ist, zur Polizei gegangen sind und sich auf die
Seite der Gewalt geschlagen haben – –

eine einfache Logik: die Angst
vor dem Staat und deshalb die Unterwerfung unter den Staat und deshalb die Arbeit für den Staat, der jetzt mit Maschinenpistolen verteidigt
wird. Während er auf mich einredete, führte er sich wie ein leibhaftiger
Vertreter dieser Macht auf. Aber immer noch ängstlich. Dauernd fuch-
telte er mit seinem Ding da vor mir rum und behauptete idiotischerweise,
daß es geladen sei. Schmuggel, Contrabbando, das waren so die Worte,
die er in erregtem Tonfall durch den Raum warf.

Der andere war ruhi-
ger. Er wählt MSI und erhält Geld von den Faschisten. Schwer, einen
gemeinsamen Nenner zu finden, schon gar, wenn einem die italienische
Sprache quer im Hals steckt. Wir fanden ihn schließlich im Wein. Eine
halbe Flasche, dann legten sie ihre Maschinenpistolen beiseite. Noch eine
Flasche, dann zogen sie ihre Familienfotos hervor. Nach der dritten
Flasche (ich immer lächelnd, sie mit einer zunehmenden Neigung sich
überall breitzumachen, obwohl doch die Kiste in unserer Mitte stand und
dauernd Gefahr drohte, daß einer von ihnen sie öffnete) täuschte ich
große Müdigkeit vor, und sie gingen endlich nach Hause.

Lapidu

Nichts.

(Ein leises Singen in den Wänden. Ein langer, gleichmäßig hoher Ton, der wie aus dem Inneren der Steine kommt. Die ganze Mauer singt plötzlich. Woher kommt das? An den Gecchi kann es doch nicht liegen ...)

Mittwoch

Anfälle von Alleinsein. Wo bist du jetzt? In diesem Moment, kurz nach Sonnenuntergang? Wo schwirrst du herum? Vielleicht in einem Auto, in rasender Fahrt immer der Nacht entgegenjagend, den Tod vor Augen oder im Nacken – ist jemand bei dir, der dich immer weiter von mir forttreibt? Oder sitzt du in einem Zimmer, vielleicht nur wenige Kilometer von hier, und hast keine Möglichkeit mir etwas mitzuteilen, keinen Brief und keine versteckte Botschaft, die mir irgendein Zeichen geben könnte? Wie weit sind wir auseinander? Deine Flugwünsche, meine Wanderwünsche ... Ich würde sofort aufbrechen, würde alles stehen und liegen lassen und nur meine ganze Sehnsucht nach dir mit mir nehmen, wenn ich wenigstens wüßte, wo ich dich suchen könnte. Hier warten, das ist von Tag zu Tag immer unerträglicher. Nein, sag nicht, ich würde mich verzetteln. Es gibt keinen anderen Hoffnungsschimmer für mich, keine andere Aussicht. Ich liebe dich. Hörst du? Ich liebe dich, ich liebe dich.

Lapidu

«Il suonatore Jones.» (Bitte kapiert das endlich.)

Freitag

Dann ging ich zur Küste vor, kam quer durch die Macchia über die Kuppe und sah weit unten, im letzten Abendlicht, meine Meerprozession. Zwölf Boote hintereinander. Lichter. Girlanden. Das verwehende Echo einer Militärmusik. Und ich nicht dabei. Im ersten Boot stand die Madonna, höher und größer als alle anderen hinter ihr. Nirgends Fontänen...

Der Rote ist vorgestern nach Taranto gefahren. Cesare fährt nächsten Montag (nach Rom). Luigi und Alfonso haben im Moment keine Zeit für mich. Überall Aufbruch. Abschied. In Torre Mozza leeren sich täglich die Häuser. Wer noch nicht abgereist ist, packt seine Möbel (Bett, Stühle, Matratzen) hinten aufs Ape und tuckert langsam landeinwärts. Die meisten Türen sind schon verriegelt. Bald werden die Herbststürme einsetzen, sagt man. Die Emigranti kreuzen abends noch einmal die Piazza und sind dann am nächsten Tag verschwunden. Wer zurückbleibt, hat mit dem Sommer nichts mehr zu tun. Das ist längst Vergangenheit. Abschied. Aus der Musikbox dröhnen wie eine alte, ferne Erinnerung die Schlager der Saison.

Nachtrag – in San Giovanni:

Eine rosa Seelöwin lag am Strand. Ungefähr vier Meter war sie lang. Die Wellen hatten sie weit aufs trockene Ufer getrieben, und niemand wagte sich ihr bis auf mehr als drei oder vier Meter zu nähern. Die singende Riesin? Ich weiß nicht – ich selber sah die Sache durch ein Fernglas oben vom Leuchtturm aus und hatte zunächst nur den Eindruck, daß sie stark angeschwollene Flossen hatte. Wie kam sie hierher, in diese viel zu warmen Breitengrade? Was trieb sie ausgerechnet nach San Giovanni? Nach einer Weile kamen ein paar Frauen auf den Strand und brachten den Herumstehenden Spaten. Die Fischer begannen jetzt, Fuhre um Fuhre Sand über die Seelöwin herzuwerfen, ohne freilich dabei näher an sie heranzutreten. Der meiste Sand verflog in der Luft, und sie brauchten sehr lange, bis wenigstens die hinteren Flossen bedeckt waren. Dann, als nur noch die vordere Hälfte aus dem Sand ragte, kam mir die Seelöwin mehr und mehr verändert vor. Sie sah eigentlich gar nicht mehr wie eine Seelöwin aus. Ihr breiter Oberkörper, ihre Zitzen und dazu noch ihr Gesicht, das trotz der langen Barthaare seltsam altjüngferlich wirkte, das

183

alles schien auf eine immer mehr erschreckende Weise nicht für die See gemacht.

Lange Zeit bemühte ich mich, ihren Mund genauer auszumachen. Irgendwie hatte ich den Verdacht, daß dieser Mund mir etwas über ihre Vorgeschichte erklären konnte. Ich sage Mund, weil ich nicht glauben konnte, daß es ein Tiermaul mit dicken Kiefern war. Aber das war schwer herauszufinden. Ich sah nur eine Unmenge von schwarzen Muscheln, dort, wo der Mund sein sollte. Offenbar war er davon überwuchert. Ich dachte, vielleicht ist sie daran erstickt. Und als die letzten Schippen nun auch ihren Kopf und ihre Augen überschütteten, bis nur noch ein unscheinbarer Sandhügel wie viele andere auf dem Strand lag, hörte ich (schwer zu klären, ob in meinem Kopf, in meiner Erinnerung oder tatsächlich unter dem Sand hervor) einen dumpfen hohen Ton, wie von einer Stimme gesungen, aber seltsam fern und ungreifbar ... Soll ich nun sagen, daß sie es war?

16. September

Quintino ist heute nach acht Tagen Untersuchungshaft wieder freige-
kommen. Man konnte ihm nichts nachweisen. Giovanni und Bruno
müssen nächste Woche noch einmal hin. Ihre Version: Am frühen Morgen hätte sie ein lautes Krachen aus dem Schlaf geweckt, darauf seien
sie vors Haus gelaufen und hätten die ‚Santo Spirito' brennend vor der
Küste liegen sehen. Alles weitere – wo sich die Mannschaft aufhält, ob
sie vor oder nach dem Unfall wie und warum ins Wasser sprang, ob
irgendwo Schwimmwesten gefunden wurden und warum nicht vorher
ein SOS-Ruf an den Leuchtturm ging, das steht in den Sternen und wird
wohl auch bis auf weiteres nicht zu klären sein. Ist auch egal.

Was mich viel mehr interessiert: mit wem ist man von Bord gegangen?
(Viviane kann nicht schwimmen.)

Hat der Kapitän irgendwelche Verwandten hier in Puglia?

Wann kommt der Rote zurück? Ist er in Taranto, um neue Informationen
für mich einzuholen (für den Fall, daß er etwas herauskriegt, habe ich
ihm das Blaue vom Himmel herunter versprochen, Geld, das ich noch
gar nicht habe, das bestenfalls – wenn überhaupt – erst über Viviane
wieder greifbar würde und dann auch noch gewechselt werden müßte,
DM in Lire), oder hat er sich nur in Sicherheit gebracht?

Vor wem? Vor mir? Oder vor diesen Typen da? Von den Carabinieri
ganz abgesehen?

Was bleibt sonst noch für Wege? Spuren … Zeichen, die mich in eine
Richtung bringen könnten – ich müßte zum Beispiel endlich mal herausfinden, wieweit meine Träume von den Orten hier abhängen, und von
der Himmelsrichtung, in der ich schlafe.

(Antennen.)

Mit den Füßen zum Mond und dem Kopf nach Norden taucht sofort
die Augustenstraße in mir auf.

Wieweit ist eine Methode daraus zu machen?

Oder im Sitzen, jetzt ... Fortfliegende Gedanken, mit jedem Wort, das ich denke und das ich sage. Irgendjemand hat mir mal erzählt, daß die Gedanken nie aus der Welt zu schaffen sind, sich nie auslöschen lassen, daß sie, einmal entstanden, überall umhergeistern und immer andere Menschenköpfe aufsuchen, wie ein Gerücht, wie eine unmerkliche, von niemandem genau wahrgenommene Gedankenflut, die eigenständig umherwandert und nur manchmal die Illusion verbreitet, sie gehöre denen, die sie aufsucht. Stell dir vor: da kämen lauter Gedanken angeflogen, man weiß nicht von wem, die Luft, die Blätter, alles durchrieselt von solchen Dingen, die man zeitweilig auffängt, in sich hineinnimmt je nach dem Grad, in dem man sie fassen kann, und kaum ist das geschehen, schickt man sie schon wieder um Grade verändert aus sich hinaus, fort in die Ferne, dort hinten fliegen sie, sieh mal, ohne daß man je zu fragen wagte, wohin. Man ist völlig stumpfsinnig geworden.

Presicce

Abends. Eine alte Frau, die sich in schleichendem Tempo an der Wand entlang tastet. Sonst alles nur Männer. Zeitungen, Gemurmel im Schatten. Ein Hund läuft verirrt zwischen den Beinen umher und sucht seinen Herrn. Seltsame Angewohnheit: die alten Männer hier schneuzen sich alle mit der linken Hand aus und nehmen nachher ein Taschentuch, um sich zu säubern.

Cesare ist noch in Lecce (Fahrkarte kaufen).

Caffè del mondo, Montag

Ein amerikanischer Wagen soll in der Nähe von Lecce gesehen worden sein.

3 Uhr Nachmittag

Das platzt hier mitten in unsere Abschiedsgespräche hinein. Cesare hat gestern von einem Busfahrer gehört, daß östlich von Lecce, wahrscheinlich auf der Strecke nach Melendugno und Otranto (der Busfahrer selber war nicht dabei, er hat die Sache wieder von einem Reifenhändler erfahren) vor drei, bzw. vier Tagen ein amerikanischer Wagen rechts am Straßenrand gestanden habe, mehrere Männer seien damit beschäftigt gewesen, den linken Vorderreifen zu wechseln, und als nun der Reifenhändler (aus Neugierde, Freundlichkeit oder wie immer) ebenfalls am Straßenrand gehalten habe, habe man ihn mit einem Messer bedroht und gesagt, er solle hier endlich abhauen. Ob auch eine Frau im Wagen saß, hat Cesare nicht gefragt. Wir hängen inzwischen am Telefon rum und versuchen, alle nur erreichbaren Adressen in Lecce und Umgebung anzurufen, um wenigstens herauszukriegen, wo das war, an welcher Stelle der Wagen gestanden haben kann, was er für eine Farbe hatte, wie die Kotflügel und Heckscheibe ausgesehen haben und wie die nächsten Orte dort in der Gegend heißen, möglichst auch, ob es Ruinen in der Nähe gibt.

5 Uhr 10, eben Anruf

Acaia (nicht Ajaccio).

7 Uhr

Lelio Zilli wird mir sein Ape leihen. Bis dann.

(Abschied von Cesare – mit lauter halbverwehten Sätzen: «Wann gehst du nach Deutschland zurück? Bist du Weihnachten noch da? Laß dich nicht zusammenschlagen. Auguri. Wenn du Schwierigkeiten hast, such Mariangela oder den Buchhändler Giorgio in Galatina auf. Ich werde euch bald schreiben.» Dann fuhr er ab, und wir alle standen winkend, wie unglückliche Hühner auf dem Platz herum.)

Morgen früh.

19. September

Gegen 11 Uhr Abfahrt aus Presicce, zunächst nach Nocilia und Maglie, von dort weiter in Richtung Nordosten über Martano, Caliméra, Vernole nach Acaia. Zweieinhalb Stunden Fahrt. Hinter Caliméra wurden die Straßen allmählich schmaler, die Orte staubiger. Als ich einmal nach dem Weg fragte, merkte ich, daß man hier einen griechischen Dialekt sprach: «Téssares kiliometres» – dann ging es ins flache Land hinein, die Straße von Struda führte schnurgerade in eine Art Sumpfgelände, und dort endlich lag Acaia: eine quadratisch gebaute Festung, rings umgeben von einer mittelalterlichen Mauer, die an manchen Stellen zusammengebrochen ist, dahinter die Häuser, rechtwinklig angeordnet und schon ganz verrottet in ihrer Bauart, hie und da hing ein Stück Wäsche aus dem Fenster, Katzen, ein verschlafener Esel, der quer im Weg stand, aber fast nirgends Menschen.

Erinnerungen an Matera tauchten auf.

Der Geruch nach Abfällen. Die plötzliche Stille, wenn man hier anhielt und den Motor abstellte. Ein leiser Wind vom Meer her ging durch die Straßen. An einer Ecke sah ich einen Vorhang oben aus dem Fenster wehen, er war dunkelrot und wirkte auf mich wie ein herausgehaltenes Stierkampftuch. Nur für wen und für was? Ich fuhr langsam weiter und zählte jetzt merkwürdig zwanghaft die eingeschlagenen Fensterkreuze und Türen mit, einen Moment lang kam es mir so vor, als sei ich, ohne es richtig zu merken, aus der Zeit gefallen und müßte nun alles so real wie irgend möglich nehmen, um wieder in die Wirklichkeit zurückzufinden. Die sind hier alle ausgewandert, dachte ich. Natürlich. In jedem Haus hat noch vor Jahren eine Familie gewohnt, man sieht noch ihre Betten in den Ecken stehen, ihre Hocker und Stühle, vielleicht kehren sie manchmal in den Sommermonaten zurück und sehen, was daraus geworden ist.

Dann, zwei Ecken weiter, tauchten ein paar alte Männer vor mir auf. Ich fuhr zu ihnen vor und fragte, ob sie hier einen ausländischen Wagen gesehen hätten. Sie schienen mich nicht zu verstehen. Als ich meine Frage wiederholte (und überhaupt immer wenn ich jetzt bei jemandem anhielt und nach dem Buick fragte), schüttelten die Leute entweder gleich die Köpfe oder sie gingen, ohne mir zu antworten, in die Häuser zurück – –

auf die Dauer war das so entmutigend, daß ich bei niemandem mehr richtig anzuhalten wagte und nur noch ziellos um die Ecken bog, mal rechts, mal links, bis ich dann auf einen rotz- und speicheltriefenden Cretino stieß, der offenbar auch ein Taubstummer war und trotz seiner Sprachschwierigkeiten (er drückte bei meinem Erscheinen beide Zeigefinger in seine Ohren und streckte seine Zunge heraus, wohl um mir zu zeigen, daß er auf normale Weise nicht sprechen konnte) sofort Kontakt mit mir aufnahm. Immerhin e i n e r .

Ich schilderte ihm in großen Armbewegungen meine Frage, erklärte ihm die Ausmaße des Buicks, und er schien das alles zu verstehen. Sogar daß ich danach suchte (die Frage «wo?» machte ich mit einem fahrigen Blick in alle Richtungen und dazu einer beschwörenden Armbewegung zum Himmel), war einleuchtend für ihn. Dritte Straße links, erklärte er mir, dann immer geradeaus bis zur inneren Stadtmauer, an dieser Stelle solle ich nach rechts abbiegen und dabei zusehen (Augen), ob ich ein größeres Gebäude mit dicken Mauern fände, dort, ja genau, dort sei alles zu finden, Buick, Heckflossen, zerbrochene Fensterscheibe – wie ich ihn gefragt hätte.

Das Gebäude war ein Kastell.

(Nein, ich nahm ihn nicht mit.) Als ich aus dem Ape stieg, sah ich zunächst nur zwei mit Brettern und Balken verriegelte Eingänge, hinter denen hohe Steinhaufen begannen. Das ganze Innere war, trotz der heilen Außenfassade, offenbar eingestürzt. Rechts führte eine Steintreppe an der Mauer hoch, die ich jetzt, um mich erst mal umzusehen, hinaufstieg und die mich bis unter die Dachzinnen führte, von wo man einen ausgezeichneten, aber völlig sinnlosen Überblick über die Landschaft hatte. Vom Buick keine Spur. Einziger Mensch in der Umgebung: ein einsamer Cacciatore, der fünfzig Meter weiter durch die Felder ging, Gewehr auf der Schulter, ab und zu stehenbleibend und mit schläfrigen Augen in die Gegend blickend. Vögel waren hier wohl Mangelware ... Ich turnte in die Ruinen hinein und hütete mich, bei meinen Sprüngen allzuviel Lärm zu machen. Wenn hier noch jemand wohnen sollte, dann wollte ich ihn wenigstens nicht schon vorzeitig in die Flucht schlagen. Ein frommer Wunsch natürlich. Nach ein paar Schritten flog eine Fledermaus vor mir auf, kurz darauf noch eine, und während ich ihr noch nachsah, krachte über mir eine Schrotladung in die Mauer – sofort warf ich mich zu Boden, rutschte, halb auf dem Bauch liegend, halb mit den

Armen kraulend, zwei Meter tiefer in einen Schacht hinein, rappelte mich wieder auf und lief jetzt, da eine ganze Serie von neuen Doppelschüssen hinter mir hergellte, immer weiter in dieses Dunkel, das sich als ein noch halbwegs intakter Gang entpuppte, rechts und links fühlte ich die Wände, die alle paar Meter wieder einen Knick machten, dann schräg nach unten liefen und, als ich mich schon bücken mußte und mehr auf den Händen als auf den Füßen ging, durch ein enges Loch in eine Kammer führten, und in dieser Kammer – wo soll ich nun anfangen? In dieser Kammer lagen lauter Matratzen übereinander, ein umgestürzter Leuchter, daneben eine Wasserschüssel, auf der anderen Seite stand ein kleiner Holztisch mit Schriftsachen unter dem Fenster, ich sah auch einige Kleidungsstücke, Hemden, ein rotes Halstuch – fragt nicht von wem.

Während ich noch herumstand und überlegte, sprang draußen plötzlich ein Wagen an. Ich stürzte zum Fenster – das Geräusch, natürlich hatte ich es von Anfang an erkannt, aber ich war so geschwächt auf einmal, so benebelt, daß ich nur noch mit großer Mühe auf den Beinen blieb und eben noch rechtzeitig kam, um zu sehen, wie der Buick langsam davonfuhr, wie er kurz vor der Straße noch einmal anhielt und den hinterherjagenden Cacciatore in sich aufnahm, ehe er dann davonbrauste. Alles weitere, wie ich die herumliegenden Zettel unters Hemd stopfte, wie ich wieder zum Ape lief und dann auf dem Rückweg in allen Dörfern und Städten vergeblich nachfragte, war nichts als Hilflosigkeit.

Mein Gehirn war bis auf die Augenbrauen herabgesunken.

Trüb, gefühllos.

Als ich zu Hause ankam, hing ein Toter im Baum. Gut, auch das noch. Es war der Rote. Oder vielmehr: eine Strohpuppe des Roten – von Kopf bis Fuß seine Kleider. Woher? Was weiß ich. Ich schnitt ihn vom Baum ab, grub ihn ein (aus welchen Gründen, ist mir unklar) und ging dann nachher mit wirren Gedanken die mitgebrachten Papiere durch. Eine Schachtel mit Tabletten war dabei – diese weißen, rundlichen Pillen, wie ich sie schon aus Bari kannte. Und dann auch eine Adresse, immerhin: eine Einladung zum Abendessen in die Villa Antonelli in Morciano, 29. September 8 Uhr, gerichtet an Signor Quintino Di ... (der Rest ist ausgestrichen) und unterzeichnet von der Contessa Claudia d'Antonelli –– der halbnackten Frau im gelben Badetuch, ja (aber was soll das?), meine toskanische Villa in Morciano. Komm, schnür endlich dein Bündel zu, pack die müden Wünsche oben drauf und leg dich schlafen.

September

Mit geschlossenen Augen durchs Meer gehen, in hüfthohem Wasser. Die verlangsamten Schritte dabei und das leichte Schwanken, wenn eine Welle über den Bauch steigt. Beruhigt das? Klärt das?

Das Meer entzündet sich an der Sonne.

Risse, die durch den Boden und dann auch durch die Gedanken gehen. Luft. Stiche im Kopf. Jedes Geräusch wie eine unverstandene Antwort, jede Bewegung wie ein Rauschen.

Verstehst du, soviel in den Wind zu schießende Energie ist nicht mehr da, es gibt eine Art Leiden, die ausgespielt hat und nicht mehr im Recht ist.

Donnerstag

Auf der Straße nach Gemini (halb zwölf) überholte mich ein roter Lancia, der etwa hundert Meter vor mir stehenblieb, mich langsam an sich vorbeigehen ließ und dann – ich weiß nicht, warum, ich habe mich nicht umgedreht – im Schrittempo hinter mir herfuhr. Als er nach zweihundert Metern immer noch nicht weg war, sprang ich mit einem Hechtsprung rechts in die Felder und rannte um mein Leben.

Weiter. Die jammernden Bienen im Genick ging ich die sechs Kilometer nach Torre Pali herüber. Ich weiß nicht, was die Bienen an meinem Kopf so beklagenswert fanden. Sie folgten ihm zu Hunderten und versuchten sogar, von hinten auf ihm zu landen, was vielleicht daran lag, daß ich mich am Morgen in einem Feld voll Distelresten gewälzt hatte. Aber warum dann dieses Jammern? Selbst nach drei Kilometern waren sie noch nicht fort, blieben immer hinter mir. Wenn ich mich umdrehte, sah ich ihren Schwarm ganz schwarz gegen den Himmel. Was sollte ich schon machen? Etwa um mich schlagen? Losschreien? Das wäre sicher das Falscheste gewesen. Irgendeine unüberlegte Bewegung, und sie hätten mich an Haut und Haaren zerstochen, ich ging lieber weiter und nahm auch in Kauf, daß sie jetzt schon vereinzelt in meine Haare krochen, von rechts und links (immerhin ruhiger) rund um die Schläfen herum nach vorn kamen und sich in den Bart hängten. Wie Trauergäste.

Einen Landarbeiter, der vor mir auftauchte, umging ich, so gut es ging.

Aber irgendwann wurde mir klar, daß ich in dieser Aufmachung niemals in Torre Pali einmarschieren konnte. Allein schon der Anblick, aber noch mehr die äußerst naheliegende Möglichkeit, daß meine Bienen auf jedes Lachen sehr empfindlich reagieren würden, stand dem im Wege. Ich mochte mir gar nicht ausdenken, wie wild sie über das Dorf herfallen würden, wenn sie erst mal merkten, daß ihre Andacht als grotesk empfunden würde. Und umgekehrt: würden die Leute ein leises Entsetzen an den Tag legen, dann würde ihnen dasselbe passieren wie mir. Wenige Minuten würden vergehen, und das ganze Dorf stünde (im günstigsten Fall) reglos auf den Straßen, das Haar voller Bienen, keiner würde sich mehr trauen, eine plötzliche und sei es auch nur freundlich gemeinte Bewegung zu machen, alle würden nur noch heimlich die Sekunden zählen und auf den Moment warten, wo die Sonne ihnen den Kopf aufschlüge.

So stand ich jetzt da, auf halber Höhe über der Küste von Torre Pali, und wagte keinen Schritt mehr zu machen. Ich glaube, gut zwei Stunden stand ich so da, und nichts veränderte sich. Die Stille, um mich herum, die eine stechend heiße Stille war, begann ziemlich unangenehm im Hinterkopf zu glühen. Ich merkte, wie ich langsam ins Schwanken kam.

Hitze, Schwindelgefühl. Der Körper verspürte einen unwiderstehlichen Drang, aus sich herauszufliegen. Dann, mitten in die Stille hinein, genau an der Grenze meiner völligen Erschöpfung, läuteten die Glocken von Torre Pali 12 Uhr zu uns herauf. Kann sein, daß es die Glocken waren oder ganz einfach meine Schwäche: wenigstens sackte ich wie befreit (befreit auch von der Stille) in mir zusammen, meine Beine gaben nach, ich sank zu Boden, und die Bienen, die Bienen, die offenbar nur auf diesen Moment gewartet hatten, flogen mit einer unbeschreiblichen Erleichterung laut summend aus meinen Haaren in die Luft auf, zogen noch zwei Kreise über mir, bis die letzten Glockenschläge verklungen waren, und schwärmten endlich von dannen unter der Sonne weg in genau die Richtung, aus der ich gekommen war – sie, ich, mit dem Gefühl auf einmal, daß sie mich bei lebendigem Leib zu Grabe getragen hatten.

Denn – ja, wie ist das?

Wer beweist mir eigentlich, daß ich noch am Leben bin? Wer gibt mir ein sichtbares Zeichen davon? Manchmal denke ich schon, ich könnte irgendwann in einem unbemerkten Moment gestorben sein und würde mir nur noch einbilden, zu leben.

Torre Pali

Den Fidel-Castro-Typ in Morciano aufsuchen. Besser noch: abfangen.
(Er soll sich von Zeit zu Zeit im Caffè Torre Vado aufhalten. Das Caffè
hat aber laut Giovanni seit dem 1. September dichtgemacht.) Vielleicht
geht es mit Nägeln.

Vor Morciano, am Straßenrand

Achten darauf, wie schnell, wie langsam man atmet. Indem man darauf achtet, verändert man schon den Rhythmus. Jetzt – atmet man ein. Tut das noch der Körper oder ist bereits Absicht dabei? Holt man nicht schon etwas tiefer Luft als eben, als man nicht daran gedacht hatte, zu atmen? Jetzt hält man die Luft an und wartet, daß das Ausatmen beginnt. Langsam, fast unmerklich strömt die erste Luft aus den Lungen. Dann aber sofort stärker. Man hört die Nasenflügel, es gibt einen ungefähr sekundenlangen Luftstoß. Länger bestimmt nicht. Aber ist nicht auch dieser Luftstoß bereits mitgelenkt? Wie? Ich probiere und probiere und weiß es selber noch nicht.

Um 4 Uhr kam er. Das leuchtende Rot des Alfa Romeo in der Ferne, kurzweilig Sonnenreflexe auf der Scheibe, er drehte auf, verschwand noch einmal für etwa 300 Meter in einer Senke, und in dieser Zeit sprang ich aus der Macchia und streute meine präparierten Nägel auf die Straße, lief dann sofort wieder zurück und ließ ihn andonnern. Röhrende, nicht gerade abgedämpfte Auspuffrohre. Als er vorbeischoß, sprangen verschiedene Nägel über dem Pflaster auf. Gleich darauf (wegen des Tempos war er schon 200–250 Meter weitergefahren) kam der Wagen hinten ins Schleudern, die leichte Linkskurve ließ ihn auf der rechten Seite ausbrechen, er drehte sich schlitternd um 40 Grad, rutschte dann trotz aller Bremsmanöver ungefähr sieben Meter über die Straße hinaus, verriß dort nach links und blieb nach einer sauberen Kehrtwendung genau mit den Scheinwerfern zu mir stehen. Einen Moment lang nichts. Dann fluchendes Aussteigen, Rund-um-den-Wagen-Gehen, Gegen-den-Reifen-Treten. Den rechten Hinterreifen (und offenbar auch den Vorderreifen) hatte es erwischt. Ich ließ ihm erst mal Zeit. Kofferraum öffnen. Einsteigen. Mehrere Versuche, aus dem Feld zu fahren. Dann setzte ich mich in Bewegung.

Ein leises Lied (Comunque bella) auf den Lippen.

Ob ich ihm vielleicht helfen könnte, den Wagen auf die Straße zu schieben. Ja, natürlich. Was denn geschehen sei? Er setzte seine olivenfarbene Mütze ab und murmelte etwas von hinterletzten Apefahrern, die ihre Apes immer zu voll lüden, man könne auf diesen Straßen gar nicht mehr richtig zufahren, weil dauernd etwas Unvorhergesehenes im Weg läge. Ob ich aus Deutschland käme? Ja. Was ich da für ein Buch hätte? – Wir schoben den Wagen (er vorn am Steuer, ich hinten am Rücklicht) auf die Straße zurück, und während wir dann den ersten Reifen wechselten, erzählte ich ihm, daß ich hier zu archäologischen Studien nach Puglia gekommen sei, ich wohne in einem Trullo und beschäftige mich vor allem mit der Bauweise und Entstehungsgeschichte der Trulli, alles, was ich darüber herausbekäme, würde ich in dieses Buch schreiben. Wenn Sie richtige Trulli sehen wollen, sagte er, dann müssen Sie nach Alberobello fahren, da sind die Trulli alle weißgestrichen, haben spitze Dächer und stehen zu Hunderten zusammen. Aber hier ... Alberobello sei jetzt ein wichtiger Ferienort, und man müßte viel mehr solcher

Ferienorte bauen, er habe einen guten Freund in Lecce, sagte er, der plane ein siebenundsiebzig Häuser umfassendes Feriendorf, mit fließend Wasser, Bars, Diskotheken – dort gäbe es auch mit reinem Salzwasser gefüllte Swimmingpools, jeden Tag frisches Wasser, und nicht so einen Nagelschwachsinn wie hier auf den Straßen. Ob ich noch lange bleiben wolle.

Eine Weile, sagte ich.

Vorerst wolle ich noch meine Trulloarbeit beenden, und dann (das war jetzt etwas plump, aber ich mußte endlich sehen, daß ich auf den Punkt kam) sei es ja so, daß ich mich nicht nur für die Trulli der hiesigen Gegend interessiere, die übrigens viel älter und auch ganz anders geartet als die im Norden seien, sondern ebenso für die Palazzi und älteren Villen, besonders für die norditalienisch beeinflußten Fassaden, von denen es ja nicht sehr viele in dieser Gegend gäbe … Was machen wir jetzt mit dem Vorderreifen, fragte er. Achselzucken. Bartkraulen. Vielleicht kann man im Schrittempo bis zur nächsten Werkstatt fahren und dort den Reifen abgeben, sagte ich – es kam mir seltsam vor, wie er jedesmal mit merklicher Sprunghaftigkeit vom Thema abkam und umgekehrt ich, bei fast jedem Satz, mit hilflosen Umwegen die Schwierigkeiten des Siezens umging, ganz einfach weil es mir unvertraut war und weil er der erste war, der mich hier in Apulien mit Sie ansprach. Auf diese Weise redeten wir eine Zeitlang dauernd aneinander vorbei, bzw. umkreisten uns wie Phantome. Haben Sie einen Fotoapparat? Nein, das Wetter ist schön. So ungefähr.

Auf der Fahrt nach Torre Vado dann (ich hatte ihn gebeten, mich ein Stück in diese Richtung mitzunehmen) ragten hellgelbe Felsbrocken aus den Feldern auf. Einer davon sah wie eine Sphinx aus, hinten ein Schwanz und vorne ein zurechtgehauener Mähnenkopf. Es war aber nichts behauen. Ich fragte ihn vorsichtig, woher er die Fidel-Castro-Mütze hätte. Aus Bologna, sagte er. Aus einer Boutique in Bologna. Er sei dort mal zwei Jahre lang gewesen, zum Studieren – sein Vater hätte es so gewollt: «Turismo». Ja, das sei ein Studienfach. Was ich wohl meine: ob der Reifen inzwischen kaputt sei? Ob er mal etwas Krach machen solle, Gas geben? Als der Reifen zu stinken begann, ließ er es aber wieder bleiben. Jetzt sei er wieder da, sagte er, und würde sich mit diesen und jenen Dingen beschäftigen, ich solle lieber nicht nachfragen, es sei viel zu vieles. Gerade habe er zum Barbiere fahren wollen, und so ein Bart –

ob ich das nicht auch finde – sei ja das Komplizierteste von der Welt. Sein Name: Antonelli, Benedetto d'Antonelli. Wo er wohne? Einen Moment zögerte er, aber dann schien er sich wieder zu erinnern: In so einer Villa, sagte er. Ja. Lachen. Kann man diese Villa vielleicht einmal sehen – ich meine nur von außen, die Fassade ... Wenn Sie wollen, sagte er, kommen Sie in den nächsten Tagen einmal vorbei. Aber nicht vor fünf bitte. Und vergessen Sie Ihr Buch nicht ...

(Danke, ich werde noch ganz andere Dinge mitbringen.)

Lapidu

Jeans und Cordhose zusammengenäht. Seit neuestem leichte Kerbungen in den Beinen. Von oben nach unten. Gegen Mitternacht tauchte Giuseppina bei mir auf und blieb, bis es wieder hell wurde.

Sätze, während wir dalagen:

(Dösend, im Mondlicht ...)

Der alte Mann, der jeden Tag an der Straße nach Torre Mozza sitzt. Die gekreuzten Falten in seinem Gesicht. Wenn man vorbeigeht, hebt er nicht einmal seine Augen. Er scheint einen nicht zu sehen oder sehen zu wollen. Uralt und ganz verwittert sieht er aus, kaum noch zu unterscheiden von den Steinen. Es ist, als würde er mit unglaublicher Abwesenheit auf den Tod warten. Tag für Tag wieder. Bis er dann eines Tages mit der Mauer ganz verschmolzen ist und nur noch sein Hut über den Steinen aufragt. Der Rest Tuffi, Muschelkalk, Stein.

Wo sind eigentlich deine Freunde geblieben?

Sie: In Gemini hat man zwei Menhirsteine gefunden. Einer steht jetzt am Ortsausgang und der andere auf der Straße nach Acquarica. Rat mal, warum es gleich zwei sind.

Der Pater von Gemini hatte natürlich nichts Eiligeres zu tun, als kleine Kreuze oben drauf zu setzen.

Kirchenchoral (ich): O Lust, Lust, du wonnevolles Stöhnen ...

Wenn man hier ums Trullo geht, im Dunkeln, sieht es manchmal wie ein übergroßes Tier aus. Wie eine Kröte (sie). Oder wie ein doppelhöckriges Dromedar (ich).

Träumst du?

Nein, sagte sie, sie habe keine Träume. Sowie sie einschlafe, würde sie wie ein Stein in ungeheure Tiefen versinken und nichts mehr erleben, keine Geschichten und keine blutigen Mordanschläge auf den Grundbesitzer mehr, die sie sich am Tag so häufig vorstelle. Nur manchmal, kurz vor dem Einschlafen, würde sie ein bestimmtes, immer wiederkehrendes Bild sehen. Das sei eine Gruppe von zehn bis zwölf Männern, die mit seltsamer Freundlichkeit auf sie niederschauten und wechselnd an ihr vorbeizögen, meist sehe sie nur ihre Gesichter, die von einer übergroßen Helligkeit durchflutet wären. Wenn sie mir jetzt erklären solle, wie sie aussähen, könnte sie keinen einzigen beschreiben. Aber es seien immer dieselben. Jedesmal, wenn sie wiederkehrten, würde sie mit einem unersättlichen Glücksgefühl in ihre Gesichter schauen, das ganze dauere vielleicht drei, vier Minuten, sie zögen vorbei, manchmal kehrten sie auch rückwärts noch einmal vor ihren Augen zurück, und es gebe dann immer einen Punkt, an dem sie es mit der Angst bekäme, daß die strahlenden Figuren plötzlich verschwinden könnten. Dann dauere es noch höchstens zwei oder drei Atemzüge, und sie verschwömmen ihr in der Dunkelheit. Wer sie genau seien und was sie von ihr wollten – davon habe sie keine Ahnung.

Hast du mal mit ihnen gesprochen, fragte ich.

Nein, sagte sie, ich habe mir oft vorgenommen, es zu tun, aber immer wenn sie auftauchen, vergesse ich es oder ich verliere den Mut, mich ihnen zu nähern.

Halb zwölf

Schreibend umhergehen, dasitzen im um die Ohren wehenden Mittags-
wind, mal stärker, mal schwächer, der Feigenbaum vor mir beginnt bei
jedem Windzug leicht zu rauschen und schläft dann wieder ein. Zikaden,
Hitze. So dasitzen und darauf warten, daß die Wolken explodieren.

Noch fünf Tage bis Morciano.

Torre Pali

Wetterumschwung. Schirokko.

Wind der kriechenden Tiere.

Wenn er weht, sagt Bruno Zambelli, dann tauchen bald die Kröten, Vipern, Hauseidechsen, Riesenspinnen, Glückskäfer, Stechmücken und Skorpione aus ihren Verstecken auf. Ja, auch Skorpione. Ich fand heute einen krebsgroßen Skorpion an meiner Trullodecke. Schwarz, etwas behaart an seinen Beinen. Und unwahrscheinlich präzis in seiner Gangart.

Quintino beruhigte mich. Er sagte, die hiesigen Skorpione seien nicht tödlich, viel schlimmer seien die Krebse. Ob ich denn nicht die Geschichte mit den Krebsen kenne ...

Torre Pali im Winter:

Krebse wandern über die Klippen, ganze Scharen von Krebsen. Die Leute von Torre Pali schließen bereits ab November ihre Türen zu. Sie sagen, Krebse um diese Jahreszeit sind unberechenbar. Ihre Scheren schmecken bitter vom vielen Umherwandern. Man hütet sich davor, sie in die Netze gehen zu lassen. Wenn man sie in die Netze gehen läßt, mitten im Winter, sagen die Leute von Torre Pali, zerschneiden sie die Taue und wandern auf die Häuser zu. Ähnliches soll vor Jahren einmal vorgekommen sein. Damals, sagte Quintino, drangen sie sogar bis in die Kleiderschränke der Fischer vor, zerkniffen sämtliche Gummistiefel und Mützen und ließen auch die Tarockkarten nicht verschont. Dann, als sie schon einen großen Schaden angerichtet hatten, legten sie sich noch zu allem Überfluß auf die Teller und warteten darauf, gegessen zu werden. Kein Mensch habe sie in diesen Tagen anrühren wollen. Man wußte, welche Verbitterung und welche Kraft in ihren Scheren steckte. Seither verschließt man die Türen in Torre Pali, sobald man sie auf den Klippen wandern sieht. Denn ihrer Herr zu werden, sagte Quintino, in kalter Jahreszeit, wäre in Torre Pali blanker Wahnsinn.

Noch keine Neuigkeiten vom Roten.

Auch Giovanni, der jetzt wohl endlich mit der Sache (‚Santo Spirito‘) im Reinen ist, hat ihn in den letzten Tagen nirgends, weder in Lecce noch in der weiteren Umgebung gesehen. Niemand weiß etwas. Vielleicht ist er bis zur endgültigen Beruhigung der Lage untergetaucht und tritt dann wieder in alter Weise (hoffe ich) auf den Plan.

Was heißt Beruhigung, «Beruhigung»?

Hier laufen Gerüchte um, daß Alfonso Matta und drei weitere Landarbeiter noch in diesem Jahr entlassen werden sollen. Alle vier müßten nächstes Jahr das ihnen gesetzmäßig zustehende Stück Land bekommen. Aber Cesare ist weit weg und der Rechtsanwalt in Tricase ist seit ein paar Tagen plötzlich nicht mehr erreichbar. Signor Fettucci soll dessen ungeachtet noch vor kurzem nach Tricase gefahren sein. Und wenn Signor Fettucci nach Tricase fährt, dann kann man sich wohl ausrechnen, weswegen.

Der wachsende Unmut. Wut. Der Wunsch, eines Tages nicht mehr auf Schlangen, sondern auf anderes einzuschlagen.

Spuren von Wut:

In den Paduli hat sich eine Familie dieses Jahr zum ersten Mal geweigert den Wein aus ihrem seit 15 Jahren bearbeiteten Weinfeld an den Besitzer abzugeben. Bisher hat er mit Gerichten gedroht, aber es ist noch nichts passiert. Kann sein, daß er Angst hat. Sie wollen notfalls mit Schaufel und Spaten alles verteidigen, was sie bebaut haben.

Ihr Name ist «Manipuzzo». Wie sie im Paß heißen, kann hier keiner sagen.

Nachtrag, halb fünf

Der kleine Junge, den ich das letzte Mal in Torre Pali sitzen sah, mit einem Stock in der Hand, den er von Zeit zu Zeit auf den Boden schlug, ist Quintinos Sohn. Luciano. Diesmal saß er vor dem Haus und malte Kreise in den Sand. Begrüßt hat er mich auch diesmal nicht. Er scheint irgendein Gesetz zu befolgen, demzufolge es unerlaubt ist, sich Fremden gegenüber neugierig zu verhalten, ich weiß nur nicht, ob er es von den Alten hat, die ebenso ungerührt an ihren Tischen sitzen, oder ob es seine eigene Art von unergründlicher Verachtung ist.

Lapidu

Du, Gecco da oben. Warum bewegst du dich nicht, wenn ich dich ansehe? Magst du meine Blicke nicht? Sag nicht, daß ich zu viel getrunken
habe. Ich habe überhaupt nicht zu viel getrunken. Und die Musik hier
ist genauso für dich wie für mich. Erzähl mir mal, wie ist das, warum
könnt ihr euch alle gleich zweiteilen, verdoppeln, doppelt so lebendig sein
wie vorher und doppelt so gefährlich (sagt Giuseppina), wenn man euch
tottritt? Ist das wahr? Warum sagst du jetzt nichts? Hör mal, ich will
das jetzt genau wissen. Nein, ich bin nicht besoffen. Ich bin bloß ziemlich
allein heute, und ich will irgendein verständliches Wort hören, egal in
welcher Sprache, nur verständlich muß es sein. Verstehst du, deine Beine
machen mich auf die Dauer ziemlich magenkrank, wenn sie so fünf-
gliedrig über meinen Augen hängen und sich nicht im mindesten von der
Stelle rühren. Zeig endlich, daß du am Leben bist. Sonst bleibt hier
plötzlich die Zeit für mich stehen, und ich kann nichts mehr machen,
nichts mehr denken. Eingesackt. Versunken in Musik, die irgendwo von
jenseits aller Menschen kommt. Ich will nicht das Gefühl haben, längst
auf der anderen Seite zu sein. Ich will nicht in diesem Sud versinken.
Fern von allem. Verstehst du. Wenn ich jetzt wüßte, wie ich dir in diesem
Moment vorkomme, wäre alles – nein, nicht menschlicher, aber wirklicher ein bißchen.

Nachts, (außen – innen)

Das Innere auswendig lernen.

Mittwoch, 27. September

Markt –

in Presicce, nach einer flohdurchstochenen Nacht. Ich habe mir
die Flöhe wahrscheinlich bei diesem Fuchs in Torre Pali geholt, warf
mich bis in den Morgen hin und her, weil ich sie nicht von mir abschütteln konnte, richtete mich dauernd auf und kratzte an den Beinen entlang,
deren Umfang mir im Dunkeln völlig unglaubwürdig erschien, und
wurde sie nicht los – auch dann noch nicht, als ich mich gleich nach der
Morgendämmerung zum Brunnen schleppte und mehrere Eimer Wasser
über den Kopf goß.

Markt, sieben Uhr morgens, auf der Piazza und bis
in die Seitengassen hinein, mehrere Dutzende von Kleiderständen, Schuh-
ständen, Stände für Kinderschuhe und Stände für Frauenschuhe, blaue
und rosafarbene Baumwollballen, grüngefärbte Kücken, die man in
Plastiktüten verkauft. Und dannn och meine Stiche in der Haut ... Plötzlich sah ich überall nur noch Leute, die sich am Rücken kratzten, an die
Schulter griffen, einen Arm während des Herumstehens wie beiläufig
unter das Hemd gleiten ließen und sich bis an die Hinterbacken herunter-
kratzten, überall standen hier irgendwie Verwandte herum, die, ohne es
zu wissen oder sich einander noch davon zu erzählen, dieselbe Plage zu
bekämpfen hatten, mir kam es so vor, als würden mir für einen bestimmten Blickwinkel jetzt erst die Augen geöffnet, der Markt schien ein einziges, freilich verstecktes, nur für einen Eingeweihten sichtbares J u c k e n
zu sein, von dem ich nicht ausgeschlossen war –

mir wurde plötzlich
ganz fröhlich zumute. Ich war in Gesellschaft. Es war wie ein geheimes
Leben neben dem Leben. Und mir fiel auch plötzlich ein, daß es wahrscheinlich noch viele hundert andere von solchen Leben gab, von denen
ich nur im Moment noch nichts wußte und die mir aus irgendeiner Be-
fangenheit verborgen blieben. Eine unwahrscheinliche Neugier, sie zu
entdecken, ja überhaupt der Wunsch, alle Menschen hier anzufassen und
ihre Bewegungen zu teilen, alles körperlich zu spüren und zu verstehen,
die große Sucht nach Leben überkam mich. Absurd – gestern, heute: es
war, als würde das Leben gerade erst anfangen.

213

Nachmittags, zwischen Gemini und Acquarica

Sing mal:

Land, das mir aus den Schuhen wächst, das ich beschreite mit seiner roten Erde, kilometerweit Land, mit richtigen Hügeln, wirklichen Feldern und ungeahnten Steinmauern, bis mir irgendwo der zweite Atem aus den Lungen wächst, bis ich renne, laufe und nicht mehr die Steine in meinen Schuhen zähle, Land mit immer mehr Land in Sicht, Land zum Singen, stumm vibrierend bei jedem Schritt.

28. September

Alfonso Matta entlassen. Zehn Tage nach Cesares Abfahrt. Habe ihm Plastikeier angeboten (für F.), was er zunächst noch heftig ablehnt. Sein Wunsch: in den Norden gehen. Eine Stelle bei Fiat oder besser noch: in Germania, wo er einen Vetter hat.

(Er, ich.)

Stundenlange Versuche, ihn davon abzubringen.

Freitag, noch zehn Stunden bis Morciano

Den Tag um die Ohren schlagen. Plastikkapseln zu Alfonso (oder Luigi) bringen. Nicht zu viel Kräfte verbrauchen. Warten.

Halb elf.

Diese Seite fülle ich mit Zikadensirren an. Mir ist es ein Rätsel, woher die Zikaden so viel unermüdliche Kraft hernehmen – drei Mal pro Sekunde kommt ihr Sirren in einem seltsam ohrenbetäubenden Rhythmus, und das den ganzen Tag hindurch, sieben, acht sind es links von mir, vor mir vielleicht zehn und hinter mir wächst das Sirren in eine unabsehbar hohe Anzahl bis weit in die Pinien hinein. Jede, die ich einzeln hören kann, scheint den Takt für alle anderen angeben zu wollen, jede drängt noch auf einen schnelleren, lauteren, alle Hitze besiegenden Zikadenrhythmus, und tatsächlich ist es auch so, daß alle Zikaden sich manchmal in einen genau abgestimmten Rhythmus einschwingen, was dann beinahe wie ein Hämmern klingt, der ganze Wald um mich wirkt zeitweilig wie eine akustisch niederschmetternde Zikadenwalze, bis irgendwann ein leichter Windzug aufkommt, eine einzelne Zikade leicht ins Stocken gerät, eine andere einen langen, merkwürdig flötenartigen Ton hindehnt und alle anderen aussetzen, um gleich darauf – einander überbietend – wieder in Gang zu kommen,

erst die Gruppe rechts von mir, dann die links hinter mir, dann rund um mich alle, wie sie da oben in den Bäumen sitzen und nirgends, selbst wenn man näher hingeht und sie suchen möchte, zu sehen sind. Hätte sich nicht vor ein paar Wochen einmal eine Zikade nachts in mein Trullo verirrt, die plötzlich lauthals wie am Spieß schreiend auf dem Parka lag, ich würde wahrscheinlich glauben, daß die Zikaden aus nichts als Zikadensirren bestehen. Wenn man sie hier hört, scheint einem wenigstens richtiger, sie für das Geräusch der Hitze und der Bäume zu halten, nicht für leibhaftige Tiere – und nachts, wenn dann der ruhigere Flötenton der Grillen beginnt, klingt es wie eine Umkehrung dieses schrillen Baumgesangs: ein nächtlicher Gesang der Halme und der Gräser.

Kurz vor Sonnenuntergang

In den Taschen: eine Siebzehner-Kapsel mit eingebautem Feuerzeug, den Schlüssel zum Buick und dann vor allem die Schachtel mit weißen Tabletten aus Acaia.

Freitag/Sonnabend, geschrieben unter freiem Himmel, bei Mondlicht

Das Fest von Morciano.

Genau als die Grillen anfingen zu zirpen, als die letzte Helligkeit über dem Meer versank, kam ich bei meiner Villa in Morciano an. Die Fenster leuchteten mir schon von weitem entgegen. Zehn, zwölf Autos in der Einfahrt – die meisten aus Brindisi und Bari, aber auch einige aus Taranto und Rom. Wovon erzählen? Von meinem Umherschleichen durch die Büsche? Von meinen Blicken in die Fenster, Küche, Wohnzimmer, Salon? Dort, am Herd, wo mir einstmals die Katze entgegengefallen war, die unten am Boden immer noch weiterschnurrte, wo jetzt zwei schwarzgekleidete Frauen standen und etwas, das ich von draußen nicht sehen konnte, zerhackten ... Ein Fenster weiter, brennende Lüster, eine Flucht weit ins Haus hinein, in der weit hinten, offenbar von niemandem beobachtet und gestört, eine Gruppe von sechs Männern schon fast im Halbdunkel um einen Tisch stand und etwas beredete – es sah gleich auf den ersten Blick wie eine abgekartete Verschwörung aus, zumal auch niemand die Hände beim Reden erhob und einer, der sich alle halbe Minute wieder unauffällig im Raum umsah, eine Uniform anhatte und ganz offensichtlich ein hoher Carabiniere war. Hier bist du, dachte ich plötzlich, genau an dem Punkt, an dem alles in eine verborgene, ungeahnte Dimension absinkt, in einen Abgrund von Zusammenhängen, die man sich nur mit den wildesten Phantasien zusammenreimen kann: Signore d'Antonelli, ein hoher Carabiniere, ein kleiner Mann mit mehreren Warzen auf der Stirn, der vierte mit getönter Brille, groß, hager, zwei riesige Hände an seinen Armen, und dann noch die beiden anderen, die man nur von hinten sah und die einem dennoch in ihrer Ruhe richtige Schauergefühle über den Rücken jagten. Keine Ahnung, wovon sie redeten. Keine Ahnung auch, wieweit zum Beispiel der Buick darin eine Rolle spielte ...

Links, weiter, auf der Terrasse, ging das Fest vor sich. Stimmen, die lachten, etwas daherriefen und dann im Gemurmel der anderen Stimmen untergingen – manchmal kamen sie etwas näher, ein Paar, das sich vor mir an die Rosenbüsche traute und über irgendwelche Vorfälle in der Mailänder Scala plaudernd langsam im hinteren Teil des Gartens verschwand. Signora d'Antonelli, die Contessa, in einem roten, bis an den Boden reichenden Kleid, sie ging zwischen den Gästen umher und for-

218

derte alle mit einem immergleichen Lächeln zum Essen auf. Das Essen stand auf dem Tisch, verteilt auf mehrere, reich garnierte Terracotta-schüsseln, und wurde dort (obwohl es warm war und im Schimmer der Lampen sogar dampfte) von allen im Stehen eingenommen. Soweit ich verstand, waren es dünne Fleischscheiben, getaucht in eine undefinier-bare Fischsoße, ein gelb-brauner Kuchen, der sich dann beim Essen als Kartoffelbrei entpuppte und ähnliche Dinge mehr, die mir in den Bü-schen ziemliche Magenkrämpfe verursachten.

Zeit für meinen Auftritt.

Ich sah Benedetto, der etwas im Hintergrund zwischen zwei ebenfalls schwarzbärtigen Pugliesen stand, alle hatten hauchdünne Hemden an, weiß und hellrosa, die oberen Knöpfe fast bis zum Bauchnabel hinunter geöffnet, und wippten, wenn sie redeten, merkwürdig federnd auf den Schuhsohlen.
Hallo, buona sera, ciao, come va. Ja, ich habe hier die erleuchtete Fas-sade gesehen und wollte sie mir einmal von Nahem ansehen, am Abend kommt die Struktur dieser Fassaden viel besser heraus als bei Tageslicht. Ob ich auch nicht störe.
Nein, nein im Gegenteil, sagte Benedetto und stellte mich sofort mit aus-gedehnten Sätzen seinen Freunden vor, die nun entweder diese Architek-ten aus Lecce oder Umgebung waren oder andere, aus anderen adligen Familien stammende Pugliesensöhne.
Während meine Geschichte ablief (Trulli, Buch, Kunstgeschichte), hörte ich irgendwo hinter mir, wie eine Frau von einem jüngst vergangenen Fest sprach, wo man sich das letzte Mal getroffen hätte und wo der Gast-geber, «nostro amico tedesco», sagte sie (vielleicht sagte sie das jetzt nur, weil sie ebenfalls mit einem halben Ohr zu uns herüberhörte), alles so wunderbar arrangiert hätte, und dann fiel wie beiläufig der Name des Hauses:

«Villa Xerxes.»

Im ersten Moment geschah noch gar nichts, aber dann schlug es bei mir ein. «Villa Xerxes» – – «amico tedesco»: das konnte die Erklärung für «VX» sein ... gesetzt den Fall natürlich, daß dieser Deutsche irgendeine Verbindung mit den Typen in Bari hatte, aber daran zweifelte ich nicht mehr, jetzt, nachdem es schon die eine Verbindung (Einladung) gegeben hatte und mir zum ersten Mal eine mögliche Anwendung der mysteriösen

Buchstaben gegeben wurde: «Villa Xerxes», egal was dahinterstand und wieweit die Entschlüsselung wieder nur ein Code für andere Dinge war, ich hatte das Gefühl, diesmal eindeutig und endgültig auf der richtigen Fährte zu sein. Egal wohin sie führte.

«E allora, un scrittore, un esploratore», hatte Benedetto eben gesagt. Signora d'Antonelli kam hinzu. Noch einmal, diesmal aber schon von allen dreien, wurde ich vorgestellt. Wein, ja, aus großen Karaffen. Eine dunkle, beinahe ins Schwarze gehende Weinzucht aus Alessano, die mindestens 17 Prozent hatte und von Schluck zu Schluck immer mehr nach roter Erde schmeckte. Aber wozu erzählst du das? Wichtiger war doch, daß später ein Mercedes vor der Villa vorfuhr und daß ich, kaum ging dort die Tür auf, vier von meinen Pillen in die Karaffen warf. Denn der Mann, der dort aus dem Wagen stieg, war niemand anders als mein glatzköpfiger «Chef» aus Bari. Dieselben zur Seite gezogenen Augenbrauen, dieselbe Blässe im Gesicht und auf der Haut. Jetzt oder nie ... jetzt oder nie, murmelte ich wie besinnungslos vor mich hin – und mußte mich tatsächlich einen Augenblick bemühen, die ins Gehirn eintretende Lähmung (wie nennt man so etwas: «Erwartungsmüdigkeit», «Aufregungserschöpfung») von mir abzuschütteln. Der Glatzkopf wurde gleich im Salon von Signora d'Antonelli begrüßt und trat dann, offenbar gut aufgelegt und immer wieder lachend neben ihr hergehend, auf die Terrasse hinaus, wo er – Moment, ganz ruhig – alle der Reihe nach mit großem Hallo und Caro-amico begrüßte und plötzlich unmittelbar vor mir stand ... Kein Wort, kein winziges Zeichen des ungeheuren Schrecks, der jetzt in ihn fahren mußte. Nur ein gewöhnliches «Buona sera». «Buona sera.» Und vielleicht ein um eine Spur zu langer Blick, dann ging er weiter, umarmte Benedetto und die anderen Freunde hinter ihm und schüttelte schließlich einer riesigen, am Ende der Terrasse förmlich zu allen Seiten auseinanderquellenden Frau die Hand: «Hallo», sie sprach englisch, genauso wie ihr zwei Köpfe kleinerer, neben ihr fast verschwindend kleiner Mann in Tropenhemd, der lächelnd die Hand ausstreckte: «I am John. That's my ex-wife, you know.»

Fünf, zehn Minuten. Kein weiterer Blick zu mir herüber. Kein Näher- oder Fernerrücken. Aber dafür tranken jetzt alle aus den vollen Karaffen Rotwein – meine Pillen, das war mir klar, mußten auf die Dauer ihre unvermeidliche Wirkung tun, so, wie ich es vorausgesehen hatte und wie meine Tests (mit Kröten und Salamandern, die kurz nach der Berührung übermäßige Sprünge durch die Luft machten und sich dabei am ganzen

Körper aufblähten) nicht anders voraussehen ließen. Erste Anzeichen: die Engländerin verlangte es zu singen. Sie wankte, bereits etwas summend, über die Stufen in den Salon zurück und schmetterte plötzlich von drinnen her eine Arie, die ihr Mann am Klavier so gut es ging begleitete, in den Garten hinaus. Benedetto kam und klopfte einer Frau neben mir ziemlich gewalttätig auf die Schulter. Sie war aber nicht erschreckt, sondern lachte. Andere, vor allem die Älteren, begannen jetzt ebenfalls zu lachen, egal was es für einen Grund haben konnte, jeder winzige Schlenker, ja im Grunde jede Bewegung und jeder Atemzug schien schon ein Anlaß zum Lachen. Signora d'Antonelli rief plötzlich: «Warum sind wir eigentlich so fröhlich», und hakte sich dann lachend bei dem Carabiniere ein, der inzwischen auf die Terrasse getreten war, während die singende Engländerin unermüdlich ihre Arie fortsetzte.

«Salute.» «Salute, a tutti.» Wo war der Glatzköpfige geblieben? Für einen Moment hatte ich ihn aus den Augen verloren – doch jetzt sah ich ihn dort hinten über den Rasen schwanken, er war ganz ernst dabei, war vielleicht der einzige, der (außer mir) nicht übermütig geworden war. Seine Arme ruderten, nein, nicht beschwingt, sondern wie die Arme eines Verlorenen, der nicht mehr weiß, wo er einen Halt findet und wie er wieder das Gleichgewicht zurückerlangt. Ich folgte ihm, zunächst noch im Dunkel der Bäume, schlich eine Zeitlang neben ihm her und sprang dann in seinen Rücken.

«Das wärs also.»

«Lassen Sie mich», sagte er und wollte wieder in den vorderen Teil des Gartens gehen. Aber ich hatte ihn schon am Boden und schleifte ihn in die nächsten, etwa fünf Meter entfernten Büsche mit. Auf ihn einzuschlagen, war im Moment völlig sinnlos, weil er genug Schwierigkeiten mit seinem Körper hatte. Dennoch passierte es mir immer wieder.
«Wo ist Viviane?» Links, rechts. «Wo habt ihr den Buick, ihr Schweine.»
«In dieser Lage rede ich nicht mit Ihnen», sagte er, «Sie scheinen sich nicht bewußt zu sein, was passiert, wenn einer meiner Freunde hier vorbeikommt.»
Mit der flachen Hand von links.
«Wo ist sie?»
«Ich weiß überhaupt nicht, von wem oder welcher Viviane Sie reden. Vielleicht erinnern Sie sich daran, daß Sie uns die Akte VX geben wollten.»

Ein Schlag in den Unterkiefer. Noch einmal. «Wo ist die Villa Xerxes?»

Das endlich schien zu zünden. Bei dem Wort «Xerxes» erstarrten seine eben noch ziellos durch die Bäume wandernden Augen, der Blick fiel direkt in meine Augen hinein und verharrte da über mehrere, mir selber erschreckend lange Sekunden hinweg, ehe er dann – ja, wie sage ich das? – fast in eine Art Lächeln überging.

«Sie haben also die Akte», sagte er. «Wissen Sie ...»

Schlag auf den Mund.

«... Sie haben uns durch Ihre Briefe sehr in Verwirrung gestürzt. Erst durch den ersten, Sie können von Glück sprechen, daß unsere Leute so gut darauf vorbereitet waren, denn andernfalls ...»

Schlag in dieselbe Richtung.

«... und dann durch den zweiten, der wohl ein ziemlich hergeholter, aber zugegeben effektvoller Trick oder wie immer Einfall war, uns von Ihnen fernzuhalten, das heißt ...»

Schlag. Noch einmal Schlag. Waren es nun die Pillen, oder lag es an seiner Unerschütterlichkeit, daß er trotz meiner Schläge in immer längeren, merkwürdig diskursiven Sätzen sprach, während ich, der doppelt so stark über ihm lag, immer mehr ein Würgen in der Kehle fühlte und, um nicht gleich loszuheulen, meine Hände nun selber Stück für Stück enger um seinen Hals legte, drückte?

«Wo ist die Villa Xerxes, herrje?»

«Warum fragen Sie?»

Ich begann jetzt tatsächlich über ihm zu weinen.

«Bitte bedenken Sie», sagte er langsam, «wenn irgendjemand etwas von der Akte erfährt, ist Ihre Freundin tot.»

«Ist sie da?»

Rütteln, Würgen.

«Ja.»

«Und wo?»

Meine Hand bekam fast einen Krampf an seinem Hals.

«Mir ist plötzlich ganz schwindlig», sagte er.

«Wo ist sie?»

«Bei – Locorotondo.»

Ich zwang ihn, noch eine Tablette herunterzuschlucken.

Einen Moment lang Ruhe, Atemholen und nichts. Dann sah er mich plötzlich an:

222

«Machen wir es doch einfach», sagte er, «Sie sagen uns, bei wem Sie die Akte hinterlegt haben, geben uns die vorhandenen Kopien, bekommen von uns das Geld, und wir sind quitt, Ihre Freundin ist wieder frei. Klar? Klar.»

Aus allem, was er da sagte, ging hervor, daß er an meinen zweiten Brief tatsächlich glaubte und daß er wohl auch annahm, nicht Viviane, sondern ich hätte die Akte mit mir nach Süden genommen – wahrscheinlich hatte sich Viviane (genauso wie ich es tat, nur eben von der umgekehrten Seite her) darauf hinausgeredet, daß sie nicht die Akte hätte und daß sie dann wohl bei jemand anders zu suchen sei, und darauf hat man sofort angenommen, ich sei dieser andere, und hat Viviane fürs erste festgenommen, um mich damit unter Druck zu setzen und zu verhindern, daß ich etwas Unangenehmes damit tue. Sie konnten mir demnach nichts antun, wegen dieses Briefes, in dem ich mit der Veröffentlichung gedroht hatte, und konnten offenbar auch Viviane nichts antun (hoffe ich!), wegen mir, weil ich dann um so sicherer Rache nähme, genauso wie sie aber auch sicher sein konnten, daß ich nichts gegen sie unternehmen würde, solange sie Viviane in ihrer Hand hätten. Ein Wahnwitz von Verflechtungen. Und jetzt, wenn nicht alles täuschte, jetzt versuchten sie uns mit Geld in alles reinzuziehen und damit abhängig zu machen, schweigsam und mitschuldig, ihre einzig verbliebene Lösung.

«Haben Sie nicht gemerkt», sagte er nach einer Weile, «daß wir alle Gefahr von Ihnen abgehalten haben? Erst den Besitzer von Ihrem Trullo. Und dann die Carabinieri ... Sie wären längst mehrmals verhaftet worden, wenn nicht das Wetter so schön ... und unsere guten Beziehungen zur Sonne, was sage ich, zum Mond sogar ... sehen Sie sich mal den Mond an.»

Er hatte jetzt seine Arme um mich geschlungen und lallte ins Dunkel hinein:

«... in Locorotondo, da gibt es einen wunderbaren Wein. Warum macht ihr uns bloß solche Schwierigkeiten? Wir könnten Arm in Arm die ganze Bande von der Straße schießen. Jeden Stiefel einzeln, und jede Faust.»

«Mit welchem Schlüssel kommt man in die Villa rein», fragte ich möglichst beiläufig.

«Schlüssel, wieso Schlüssel», sagte er und begann gleich sehr verworren in seinen Taschen zu suchen, in denen er natürlich keine Schlüssel mehr fand (ich hatte sie längst an mich genommen), aber er erzählte dabei in einem großen, manchmal kaum enträtselbaren Durcheinander von seinen vielen Schlüsseln und von den zahllosen Türen, die sie nacheinander auf-

223

schlössen, offenbar jede Tür schien nach Locorotondo zu gehören und jede Tür führte weiter in den Keller der Villa Xerxes hinein.

«Schade, daß ihr beide draufgehen müßt», sagte er manchmal. Aber er redete auch von ihren «schönen, undurchdringlichen Augen» und daß sie ihn ganz betrunken machte.

«Und der Wagenschlüssel?»

«Steckt ... Moment.» Er stand plötzlich auf und wankte der offenen Rasenfläche entgegen.

Ich wollte ihn noch zurückholen, aber hinten vom Haus her kamen in diesem Moment mehrere, groß mit den Armen winkende Menschen, die ihn schon von weitem mit seinem Namen riefen und sich dann halb totlachten, als sie seine angeschwollenen Backen sahen. Er hakte sich bei ihnen ein und sagte nur, er müsse jetzt nach Hause gehen.

Ums Haus. Nach vorn. Er drinnen, ich draußen. Meine ganze Aufmerksamkeit richtete sich darauf, ob er in einem der Räume telefonieren würde. Aber er schien gar nicht auf die Idee zu kommen, hatte wohl auch keine Komplizen, auf die er sich in diesem Moment verlassen konnte. Einmal hielt ihn jemand an und pflanzte ihm einen Kuß auf, aber er lief nickend und «Ciao-ciao-grazie» rufend weiter, eben noch entdeckt von Signora d'Antonelli, die etwas später mit ihm aus der Vordertüre trat und ihn zum Mercedes begleitete. Ob er denn wirklich schon gehen müsse? Ja, sagte er, er habe keine Zeit mehr.

Ich trat dazwischen.

Vielleicht sei es besser, sagte ich, wenn er in diesem Zustand nicht allein führe. Ich würde mich gern anbieten, ihn zu begleiten.

Sie kennen sich?

Ja, ja, wir haben uns schon begrüßt ...

Damit stieg er ein und schlug, ohne mich noch anzusehen und obwohl ich ihm noch einmal anbot, ihn zu fahren (schließlich griff ich sogar vorn in sein Handschuhfach und flüsterte ihm zu, daß er womöglich nicht weit kommen würde), kurzerhand die Tür zu, ließ den Motor an und fuhr ab.

Der Rest ging schnell. Bereits auf der Hälfte des Hanges kam er einmal ins Schleudern, fing sich noch einmal, fuhr ein Stück weiter, und unten gab es dann den langerwarteten Knall, eine Stichflamme im Innern, Poltern, dann Dunkelheit.

Die Gesellschaft kam nach und nach in den Vordergarten. Die einen verstanden gar nicht, was da unten geschehen sein sollte, die anderen rannten, wenn sie etwas mitbekamen, völlig sinnlos aufs offene Feld hinaus. Um mich kümmerte sich niemand. Nein, keine Erklärung. Ich ging davon und hielt mich mit einem wirren Gefühl im Bauch oben am Mond fest. Die einzige Erinnerung.

Nachtrag:

Als ich zu Hause ankam, drang mir ein unangenehm bitterer Geruch entgegen. So etwas wie schlechter Atem, oder wie die Ausdünstungen von jemandem, der bestialische Angst hat. Ich kroch in den Eingang, doch kaum war ich drinnen, empfing mich ein leise pfeifendes Geräusch. Es kam hinten von der Matratze her, zwei Mal: fast asthmatisch, wie ein Röcheln, nur viel entsetzlicher. Ich versuchte zu erkennen, was da drüben an der Mauer war – meine Hand danach auszustrecken wagte ich natürlich nicht. Das erste, was ich dann ausmachen konnte, war ein großer dunkler Klumpen – der nach hinten offenbar unabsehbar lang wurde. Direkt neben der Matratze. Kurz darauf merkte ich, daß der Klumpen sich gleichmäßig ausdehnte und zusammenzog. Er atmete offenbar. Ja, kein Zweifel, er atmete. Ich sah jetzt schon, daß er eine Haut hatte. Das heißt, keine Haut: er hatte faustgroße Pocken auf seinem Leib. Endlich funkelte da auch etwas. Das wenige Licht, das hier hereinfiel, gab jetzt die Reflexpunkte von zwei viel zu großen Augen zu erkennen. Ich trat einen Schritt zurück und stieß gegen die Mauer. Trockene Erde rieselte zu Boden. Das war ein Gecco!

Ein überdimensional großer, riesenhafter Gecco, der da hinten im Dunkeln saß und plötzlich, als die Erde herabrieselte, seine faltigen dicken Hinterbeine herausschob und drei Schritte zur Seite machte. Wie er sich vor mir davonwälzte, ragte er fast über die Höhe meiner Knie auf. Und er war lang! Mit seinen Beinen, vorn, hinten, wie er sich jetzt langsam über die Matratze schob und auf der anderen Seite stehenblieb, war er gut zweieinhalb Meter lang.

Ich stolperte rückwärts aus dem Trullo und fühlte plötzlich den Schreck des ganzen Tages in mir hochsteigen. Weiche Knie, ja. Und alles, Waden, Oberschenkel, Knie, alles tat mir weh. Es war – wie denn? – wie eine persönliche Rache an etwas, das noch viel zu neu war, um irgendwie verständlich in meinen Kopf zu steigen, oder, was weiß ich, Strafe. Bedürfnis zu schreiben, den ganzen Schrecken und die ganzen Schmerzen aus mir herauszuschreiben. Da oben steht jetzt der Mond ... Du da, Lapidu. Seid ihr noch da, ihr beiden Kuppeln. Ist niemand gekommen und hat euch hier in die Luft gehen lassen, jeder Stein noch auf dem anderen, jeder – Moment, ja – mondbeschienen, sternenüberglänzt. Sag endlich mal: Lust, dieses alte Lied mit den Sternen wiederzusingen, nur mit einer ganz anderen Melodie und mit dabei langsam durch den Himmel wandernden Augen. Hallo, he, Lapidu.

Eine Zeitlang blieb ich so stehen und hörte sein schweres Kriechen ab und zu. Dann schlich ich noch einmal nach drinnen und nahm, schwerfällig beäugt von seinen übergroßen Augen, alles, was ich greifen konnte, den Parka, die herumliegenden Hemden, Segeltuch mit mir und schleppte es nach draußen.

Diese Nacht werde ich auf dem Dach schlafen müssen.

Ob er an die Pillen gekommen ist? Keine Ahnung. Ihn auszuräuchern, hätte wahrscheinlich wenig Sinn – ich weiß nicht, wie er darauf reagiert, und dann könnten alle Knallerbsen dabei draufgehen. Nacht. Schlaft gut. Morgen: nach Locorotondo, das sind ungefähr 140 Kilometer nach Norden, zu Fuß vier oder fünf Tage, wenn ich über Land gehe und nicht doch irgendwo in den Bus einsteige. Die Nacht hat Riesenschatten.

Abschied, Abschied. Bin nicht mehr ins Trullo gegangen. Könnte gar nicht genug atmen, saufen, um bei Sinnen zu bleiben. Dort hinten steht Lapidu. Auf der einen Seite zieht es mich schon fort in eine fern von hier gelegene Gegend, auf der anderen hält es mich fest, geh nicht weg, was willst du, dies ist deine Gegend hier, warum läufst du von hier fort? Dreh jetzt nicht durch. Das Meer da unten – es sieht schon fast wie ein Erinnerungsbild aus. Etwas, das sich verkrampft in mir. Der Wind, heute, ist eigens für mich wie ein Schmerzgefühl gemacht. Die Sonne wärmt wie zum letzten Mal. Alles schon wie. Nein, hört mir jetzt zu: ich will euch das jetzt sagen. Was denn? Was denn bitte soll ich euch jetzt sagen? Daß ich am liebsten in tausend Stücke zerspringen möchte und sein möchte wie ihr. Daß ich die Farbe der Paduli annehmen möchte. Und eure Farben. Warum laßt ihr mich auch gehen?

Bei Parabita

Steine gegen Köpfe werfen. Die Köpfe durchbohren.

Bäuche aus der Erde ziehen und das große Freudenfest beginnen.

Die Knochen verholzen. Die Sehnen gegen den Mond schießen. Den ganzen Körper gegen die Erde anstemmen.

Da, sie dreht sich.

S. Catarina

Ein großer alter Hund am Hafen. So möchte ich einmal werden. Keine falsche Bewegung. Ruhe. Große Aufmerksamkeit.

2. Oktober

Nachts schlief ich in einer Olive, in ihrem ausgehöhlten Stamm, angelehnt an die Rinde. Als ich wieder aufwachte, wußte ich nicht mehr, wie ich in ihre Höhlung getreten war. Vor meinen Augen war eine Ritze, durch die ich eine andere, zerborstene Olive sah, die ebenfalls innen hohl war und ein paar große Löcher hatte, durch die ich eine dritte, genauso durchlöcherte Olive sah ... Nur sah ich keinen Ausgang mehr, durch den ich mich nach draußen zwängen konnte. War mein Körper über Nacht derart angewachsen oder hatte sich der Baum während des Träumens (wie denn?) eingeengt?

(Geträumt, daß es Mücken gäbe, die einem während des Schlafens in die Augen stechen.)

Ich mußte mich mühsam nach oben ziehen, mußte mehrere Minuten lang in der Baumhöhlung bis in die Zweige klettern, und als ich dann endlich draußen war, rannte ich, ohne mich noch einmal umzudrehen, davon, weil ich Angst hatte, der ganze Olivenwald könnte sich hinter mir auf die Beine machen und mir nachwandern.

Manduria

Caffè, Amaro, Caffè, Amaro – und so putscht man sich langsam in eine Gleichmutsstimmung hinein. (Ich schreibe das nur, um meine angeschwollenen Beine zu beruhigen.)

Drei junge Carabinieri kommen die Straße entlang. In der Mitte einer, der einen höheren Rang hat, er hat einen kurzgeschnittenen Vollbart wie ein Seemann, und die beiden neben ihm sehen wie seine Leibwache aus. Vielleicht sind sie es auch. Sie tragen ihre weißen Schlagstöcke locker in der Hand.

Nebenher geht ein Mann, der nur mühsam schritthalten kann. In der linken hat er eine Krücke und in der rechten einen Stützstock. Das linke Bein ist ein Holzbein und das rechte nur ein Stecken. So kommt er die Straße herunter und sieht die Carabinieri, als wolle er noch einmal mitmarschieren, an. Aber sie beachten ihn nicht.

Jetzt ist er ins Caffè gekommen und redet mit mir über drei Tische weg. Was ich da schreibe. Che fai...

Taranto, notte

Jemand rüttelt an einer Straßenampel, bei Mitternacht.

Das wirkliche Wuchern des Wunsches, ein Lebendiger zu sein. Die Stärkung der schwachen Stellen. Der Einbruch der unkontrollierten Träume in die Wirklichkeit, selbst auf die Gefahr hin, auf einem Stecken durch die Wolken gehen zu müssen und haufenweise Sud zu trinken, bis der Tramontana die letzten Schwaden aus dem Kopf bläst.

So oder so.

Auf der Suche nach dem Augenblick, wo man ganz anwesend ist.

2 Uhr morgens

Los, kommt doch, zeigt euch doch. Mare grande. Mare piccolo. Ich werde euch mit Küssen übersäen. Alle.

Nicht mein Tag heute. Morgens verpaßte ich den Bus, weil irgendwelche Mädchen auf der Straße standen, die miteinander lachten und mir manchmal Blicke zuwarfen. Sie hatten kurze Röcke in Taranto gekauft. Und dann wanderte ich stadtauswärts, immer mit dem rechten Bein auf der Grasnarbe und dem linken auf dem Pflaster. Die Füße taten mir weh. Autos fuhren nur wenige. Jedesmal wenn ich mich umdrehte, merkte ich, wie mir die Ballen auseinanderglippten. Aber niemand wollte anhalten. Endlich ein Ape, das etwa drei Kilometer auf der Straße fuhr, das war nach drei Stunden, und ich hätte genauso gut auf den nächsten Bus warten können, er mußte demnächst auf der Straße auftauchen, in zehn Minuten vielleicht, zehn Minuten – ich lief in idiotisch humpelndem Dauerlauf gegen die Hitze an, dann endlich sah ich die nächste Haltestelle vorn, am Straßenrand, aber sie war auf der linken Seite.

Dahocken und warten. Als der Bus kam, geschah dann, was ich die ganze Zeit erwartet hatte. Er gab mir ein Lichtsignal, hupte zweimal und fuhr mit vollem Tempo an mir vorbei, um zweihundert Meter weiter oben, wo eine kleine Kreuzung war, für Sekunden anzuhalten und jemanden herauszulassen. Dann war er fort.

Gleich mußte aber noch einer kommen, das wußte ich. Ich hatte es heute morgen auf der Anzeigetafel gelesen. Also zur Kreuzung rauf. Hitze, Hitze. Wenn nicht hier, dann wird er dort hinten halten, sagte ich mir. Ja, und kaum war ich nun dort oben, kam auch schon der nächste Bus von Ferne angefahren, hielt – nein, nicht mein Tag heute – weiter unten an der Haltestelle und donnerte dann trotz all meiner flehenden Armbewegungen an mir vorbei, das war der letzte Bus, der hier bis zum Abend fuhr. Und kaum noch ein Auto, das in den nächsten zwei Stunden kam. Trampen – wie soll man denn trampen an solch einem Tag. Wahrscheinlich sieht man schon von weitem wie ein Verlierer aus, wenn irgendwann mal ein verirrter Fiat auf dieser Strecke fuhr. Ich hatte Lust, mit Steinen zu schmeißen. Okay, ja. Trottete einfach nur so weiter.

4. Oktober

Rituno, Trullodorf, vielleicht zwanzig Familien wohnen hier. Ich werde zum Mittagessen eingeladen. Fünf Minuten vor Mezzogiorno. Das einzige Radio des Dorfes läuft so laut wie möglich. Eine Piazza ohne Esel. Die spitzen Trulli tüncht man hier nicht einmal weiß. Das überläßt man den Reicheren. Ganz in der Ferne sieht man Locorotondo, aber es führt keine richtige Straße dorthin. Wie ich von Lecce spreche, «Lecce», stoße ich auf allgemeines Achselzucken. Lecce – nie gehört. Alles, was man hier kennt, sind Martina Franca, Cisternino, Locorotondo. Ich soll mit der Frau schlafen, sagt der Mann.

Am Tisch

Die ganze Zeit das Gefühl, einen Eselsschrei im Kopf zu hören.

Nach dem Mittagessen

Ich gehe weiter. Auf einem blendend hellen, quer durch die Felder führenden Weg. Nach zwei Kilometern überholte mich ein Ape, das unmittelbar neben mir stehenblieb. Schon wieder das. Aus dem Ape stieg ein Mann, der mich sofort in unangenehme Diskussionen verwickelte. Er wollte immer wieder wissen, warum ich hier auf diesem Weg ginge, warum ich nicht die weiter östlich liegende Straße benutze und warum ich nicht mit dem Auto fahre. Ich habe kein Auto, sagte ich, ich gehe hier zu Fuß, ich will mir die Landschaft ansehen. «Si, si, ma perchè. Perchè questa via, questo vilaggio ...» Allmählich merkte ich, daß der Mann einäugig war – es war schwer zu erkennen, weil er die ganze Zeit mit zusammengekniffenen Augen gegen die Sonne stand. Seine Stimme wurde immer erregter. Plötzlich kam er auch mit der Frage heraus, warum ich bei dieser Familie gegessen habe, es müsse doch einen Grund haben, nein ich solle jetzt keine neuen Ausreden beginnen, ich sei bei dieser Familie dort im Dorf gewesen, und ich solle ihm sofort erklären, was ich dort gewollt habe.

Wieviel Kilometer sind es bis Locorotondo, versuchte ich einzuwerfen. Aber der Mann hatte plötzlich eine dicke Stange in der Hand, die an der Mauer hinter ihm gelehnt hatte, es war ziemlich unangenehm. Angst – nein, nur jetzt keine Angstregung zeigen ... Wieviel Kilometer sind es noch bis Locorotondo, wiederholte ich. Ich versuchte, so gut es ging, zu lächeln. «Quattro, quattro», sagte er, aber das wollte er gar nicht wissen, seine Stange begann ihm zu schwanken. Ich muß einen ungeheuren Fehler begangen haben, in irgendetwas eingebrochen sein, was kein Fremder ungefragt betreten darf. Vielleicht war er einer von denen, die man vorher fragen muß. Er trug kurze Hosen und sonst nur ein graues Unterhemd. Mein Lächeln gab mir ein paar Sekunden. «Grazie», sagte ich und ging langsam – so gut es ging, angstlos – meiner Wege. Ihm blieb gar nichts übrig, als mir nachzurufen, ich solle mich hier besser nicht mehr sehen lassen. «Ciao», rief ich. «Ciao.» Und ich winkte ihm zu, damit er endlich seine Stange wieder herunternahm. Kurz darauf sprang er ins Ape und fuhr in einer dicken Staubwolke an mir vorbei, fort ins nächste Dorf, zu nächsten Freunden – besser, ich gehe hier jetzt vom Weg ab.

Locorotondo

In Locorotondo wischen sie abends mit einem Feudel die Straße auf.

Nachts, Schmerzen in den Beinen

Was ich wohl in einem Monat, wenn ich an das, was ich morgen vor mir habe, zurückdenke, für ein Gesicht machen werde ...

Vielleicht werde ich dann nur noch lachen, lachen und von meiner Angst erzählen.

5. 10.

Ein umfriedeter Garten, eine lange Mauer drumherum, und drinnen lauter hochaufragende Bäume. Hohe, dunkelgrüne Pinien, die Schatten werfen, und unter ihnen kleinere Bäume. Zwei Baumhöhen. Und mittendrin ein paar Palmen. Das Tor mit dem Eisengitter. Das Haus durch den Gartenwald, der immer auch ein Zeichen von viel Wasser (Reichtum) ist, kaum sichtbar.

«VILLA XERXES» stand auf einem Schild draußen am Tor, und darunter der Name des Verlegers – meines, ja, meines (lange nicht mehr geträumten) Verlegers, der aber nicht da war.

Leer, wie ausgestorben, alles draußenherum verriegelt und gegen die Welt versperrt.

Nur ganz hinten im Schatten hockte, wie ich endlich herausfand, ein älterer Gärtner oder Landarbeiter, schlief da, vor sich auf den Tisch gebeugt, und schlief auch nachher noch, als ich ihm die Hände gebunden hatte und längst im Keller verschwunden war. Die anderen, murmelte er halb in den Träumen vor sich hin, seien ins Dorf gegangen, Caffè trinken. Wenig los hier, keine Besucher mehr. Es gab eine Fülle von Türen, die ich nacheinander aufschließen mußte. Benommen von Weingeruch. Fässer. Die Kühle von auf dem Boden knirschenden Füßen. Das Klirren des Schlüsselbunds, wenn ich eine neue Tür aufschloß und dann mit beiden Händen nach dem Schalter suchte. Licht, eine ganze Reihe von Glühbirnen, die aber nicht viel heller machten. Meine im Kopf verhallenden Herzschläge. Schlucken, und immer so gegen die Furcht anschluckend gegen die Furcht angehen, bis irgendwann die Decke direkt am Kopf liegt und um einen die Räume immer breiter werden. Der Weingeruch verlor sich allmählich.

Eine schwere (fast panzerartige) Tür führte in den letzten, lächerlichen Grad der Helligkeit hinein, und darin erkannte ich jetzt, daß man die Fässer mit Pulverfässern vertauscht hatte und weiter den Wänden zu eine unabsehbare Menge von Gewehren gestapelt hatte, immer je zehn Gewehre der Länge und Breite nach, bis in Brusthöhe übereinander. Dazwischen lagen Kisten herum, deren Inhalt mich eine Zeitlang in starke Verwirrung stürzte. Klar. Es hätte hier ein Wind wehen müssen.

Ein klarer Wind. Und dann, da war aber nichts, nein, nur diese Pritsche und das rötliche Eisengitter davor, das inzwischen aufgeschlossen war, im Halbdämmer. Ihre Schuhe. Die Reste von verschiedenen Zigarettenschachteln und eine (ich glaube) Carabinierimütze, auf der ein blauer Wollfussel lag. Ruhe, sehr große Stille. An die Wand hatte sie einen mir unbekannten Namen geschrieben: «Anita Lagni», in hohen klaren Buchstaben, die ganz offensichtlich von ihr stammen mußten und wohl auch mit ihrem Filzstift geschrieben waren. Filzstift –

als sei das der letzte, mir noch verbleibende sichtbare Teil von dir. Als seist du auf Buchstaben reduziert und existiertest nur noch in ihnen. Eine fixe Idee (von wem und für wen denn?). Ein unverrückbares Schriftbild.

Erst als ich schon wieder fort war, heraus, zurück und mit einem brennenden Gefühl in meinem Magen, vorbei an meinem Wächter und, als könne alles nur ein Traum sein, mit dem Wunsch, endlich aus diesem Traum aufzuwachen, schwante mir langsam, was Anita Lagni heißen konnte. Es konnte ein schlichtes Kehrwort sein, also (vielleicht doch) wirklich von ihr und (das aber dann sicher) für mich als Code bestimmt: ANITA LAGNI – das heißt von hinten gelesen: INGAL ATINA, IN GALATINA.

«IN GALATINA», hört ihr.

(Das wäre dann: wieder alles zurück, kehrt nach Süden, bis fast nach Lapidu hinunter, noch südlicher als Gallipoli ...)

Heute ist der 5. Oktober. Schlagt mir bitte das Bein weg, wenn ich im Irrtum bin.

Halb sechs

Ein Donnern, wohl von Gewittern, hinten im Rücken. Ganz dumpf und in der Ferne nur, während hoch oben ein Flugzeug durch den Himmel zieht. Die klare, schneidende Luft.

Murge

Schneid dein Gesicht heraus, trag es sieben Kilometer über die Murge
und pflanz es dort in die Erde ein. Sag auch meinetwegen, daß dir heute
die Knochen gesungen haben und daß ein kleines Mädchen, als du vor-
beigingst, schreiend die Dorfstraße hinuntergelaufen ist, erzähl von den
Kindern in Martina Franca, die sich am Ortsausgang zu einer Gang
versammelt haben und beinahe im Gleichschritt auf größere Entfernung
hinter dir hergegangen sind, ohne daß du etwas ändern konntest oder
das Singen in deinen Knochen irgendwie mindern konntest, erzähl von
ihrem Flüstern, alles, was du willst, aber laß den Anblick von diesen
berstenden Beinen hier in Frieden. Von dieser Lächerlichkeit an Fortbewegung.

Murge, nachts

Soviel Einsamkeit auf einmal durch die Nacht zu tragen, abgeschnitten von Gefühlen, die mich ein Stück weiterbringen, da hinten zu dem Strauch zum Beispiel, ohne Gesellschaft in den Gedanken, unklar, ob es mir jetzt besser ginge, wenn ich unter Menschen wäre, jeden Augenblick in Erwartung einer unsichtbaren Mauer, die alle Geräusche beendet, wie lange geht das noch, fragt man, wie lange trägt man noch diese zerschlissenen Schuhe mit sich herum, bald, am Ende des nächsten Feldes, wenn nicht da auf einmal alles anders wird, fällt die schwarze Vergessenheit über dich her, und du bist ganz finster geworden in dir, läufst vielleicht noch ein paar Meter wie abwesend durch die Luft hindurch, aber die Luft ist schwarz, nichts kommt dir entgegen, nichts, das dich berühren oder wärmen mag, du bist dir selber fremd geworden, ein finsterer Schemen von einer unglaubhaften Verlassenheit, der sich bemüht Schlaf zu finden.

Morgens

Gekotzt, gekotzt und dann weitergelaufen.

(Sprünge im Kopf, von einem Moment zum andern wechseln die Dinge ihren Standort, Häuser machen einen Ruck, Blicke auf Menschen, die eben noch woanders gestanden haben, die Abstände und Entfernungen sind absurderweise gleich geblieben, alles wie vorher, nur daß keine Einzelheit mehr an ihrem Platz steht.)

Francavilla

Aber wenn ich jetzt die Luft in Stücke zerreiße und sage: ich bin es nicht,
ich bin ein ganz anderer. Gibst du mir dann Antwort, sag?

Manduria

Eusepia Paladino. Sie war Medium, heißt es. Konnte in gefesseltem Zustand entfernte Gegenstände bewegen, Tische zum Wandern, Glocken zum Klingen bringen. Warum hat sie keine Häuser zum Einstürzen gebracht, Villen in Brand gesetzt, Dächer abgetragen, Großgrundbesitzern die Kurbelwelle verbogen, oder wenigstens Geldberge versetzt – in alle Luft auffliegen lassen, so daß jeder etwas abbekommt? Warum hat sie an all das keinen Gedanken verschwendet?

Morgen ist Mittwoch.

Bei Maruggio

Heute ist Mittwoch.

Am Meer

Die Beine machen nicht mehr mit.

Mühe, die Augen aufzukriegen, während ich das schreibe.

Klebrige Luft. Manchmal ein dünner Nieselregen, der mir angenehm hier auf die Schulter fällt. Seit zehn Stunden keine Fortbewegung mehr.

Am Meer

Meine Position: sechzig Meter von den Wellen entfernt, am Rande der Dünen, mit dem Kopf ins erste Weinfeld hinein.

Nacht.

Träume, aufgewacht, wieder eingeschlafen. Kann sein, daß es jetzt Freitag oder Mittwoch ist. Meine Uhr ist stehengeblieben.

Ich befand mich (wann? kann im Schlaf gewesen sein) am Ende einer Straße. Nach rechts zweigte ein kleiner Weg ab, der sich aber bald im Acker verlief, nach links ging gar nichts. Noch unentschlossen, wo ich weitergehen sollte, sah ich einen blauen Mantel auf mich zufliegen, der mir den Kopf abschlug. Das rasselnde Davonrauschen verging in Kürze. Dann Ruhe. Ich konnte mich nicht begraben.

Später kamen Möwen über den Strand geflogen, die sich eine nach der anderen in die Dünung setzten. In der Ferne erklang etwas wie das Geräusch von Spitzhacken, die schwingend in den Boden gerammt wurden. Angenehm, fand ich.

Das muß wohl ein Traum gewesen sein.

Ab und zu kriechen hier Schlangen vorbei, die mir ein Gefühl von Wärme einflößen. Briefe in den Träumen, nach Presicce, Gemini – Giusiane, so hieß ein Wort darin.

Das Rauschen einer sich überschlagenden Welle kommt von links, zieht hinten vorbei und setzt sich auf der rechten Seite fort, bis es sich langsam verliert, während von links schon das nächste Wellengeräusch heranrollt.

Schlaf.

Daliegen und zusehen, wie ein Cacciatore von Manduria her langsam näherkommt, auf einige Entfernung an einem vorbeigeht und sich dann in der anderen Richtung entfernt. Den langen leeren Strand entlang.

Das war wohl ein Traum.

Aus dem Schlaf ins Meer gewankt und aus dem Meer wieder in den Schlaf gewankt.

Morgen mehr.

Oktober

Zwischendurch:

Schwierigkeiten, den Wind in eine andere Richtung zu drehen. So, ohne Hilfe, schafft man das nur mit Mühe. Mit beiden ausgebreiteten Armen, eine Stunde lang oder noch länger. Dann drehte er sich ein kleines bißchen. Immerhin.

Der veränderte Wind.

Direkt von vorn jetzt, damit die Beine nicht so laut singen müssen. Schirokko. Tieffliegende Wolken, die aber vielleicht genausogut durch die Gedanken ziehen. Man müßte mal herauskriegen, warum das Singen in den Knochen nur aus den Beinen kommt, wieviele solcher Waffenlager es hier noch im Süden gibt und wieweit die Carabinieri damit zusammenhängen,

ob Augen frieren können, abends, und warum dieser Wein hier nicht geerntet ist

und was passiert, wenn man mit den Fingern den Horizont da hinten durchschneidet, ob dann alles Wasser hinten in die Tiefe abläuft und die Gedanken sich langsam in Luft auflösen.

«Quattro dolori.»

Schön, das zu hören und dabei den Wolken zuzuschaun. Vorn, hinten in den Beinen. Es scheint manchmal mehrere Kilometer entfernt, was sich da in meinen Gelenken abspielt. Die Folge meiner Pillen oder was. Meines Schreibens.

Oft, wenn die Augen aufgehen, merkt man, daß man im Traum ein Bündel Weintrauben gegessen hat, und wenn sie dann wieder zufallen, sieht man die tiefgeduckten Wolken über sich. Ab und zu schert eine aus und rollt ein Stück für sich alleine über die Küste weg, um sich dann wieder hineinzumischen. Aber meistens quirlen sie miteinander hinten nach Norden hoch, gemischt mit etwas Regen, der aus den

Wolken fällt … Träume von Regen, der noch während des Fallens verdunstet. Keine Kraft mehr, den Kopf zu heben. Man denkt nicht mehr. Man bewegt sich nicht mehr. Man liegt nur noch da, die Arme schlaff über die Beine gelegt, und versucht zu atmen.

Oktober

Vier Beine.

Nein, das ist jetzt kein Schlaf. Vier Beine.

Gute Nacht.

Tag

Morgen vielleicht die Luft, es zu erklären.

Ich habe vier Beine gesagt.

Nachts, nachlassender Wind

Wenn nicht alles täuscht, reißen im Westen langsam die Wolken auf. Eine Spur von Mond, der auf dem Wasser flimmert. Ganz weit hinten auf das Meer hinaus.

In ein paar Stunden der erste Gehversuch.

15. Oktober

Zu schreiben von diesem Tag, der der längste seit langem gewesen ist, von meiner vierbeinigen Wanderung über die Hügel und die Weinfelder. Mit dem ersten Licht schob ich mich aus dem Feld heraus und betastete den kühlgewordenen Sand um mich. Ein paar Möwen flogen über dem Strand auf. Es gab keine Wolke am ganzen Himmel. Das überströmende Gefühl, endlich wieder in klare Luft hineinzusehen. Alles, auch die Boote dort hinten und das Meer mit seinen matten, gegen die Küste schlagenden Wellen schien in Erwartung der am Horizont aufsteigenden Sonne zu sein. Dann sah ich eine Möwe in der Luft schweben, die ein leuchtend gelbes Licht bekam. Eine zweite stieg auf und legte sich, wie ich fand, fast süchtig in die Sonnenstrahlen hinein, während am Boden noch alles im Schatten lag.

Sucht, Bedürfnis, auf die Beine zu kommen. Der erste Versuch aufzustehen scheiterte an der Unkontrollierbarkeit der vorderen Füße. Auch war es zunächst notwendig, zwei große Löcher in die Hose zu reißen, damit die hinteren Beine frei herausragen und sich den Umständen entsprechend bewegen konnten. Genau von den Hüften abwärts war es (wie viele Tage vorher?) geschehen, und jetzt, jetzt – viel zu lange her, um noch darüber zu staunen. Meine zweigeteilten Beine, äußerlich zweigeteilt, innerlich verdoppelt, wie ich längst hätte wissen sollen: es gab nur die Möglichkeit, alles noch einmal von vorne zu sortieren, vorn rechts, links die einen Beine, hinten rechts, links die anderen Beine und dann den Körper darüber zu schwingen, bis er über ihnen zur Ruhe kam, vielmehr schwankte. Ein letzter Rest von Schwindelgefühl stieg durch meinen Kopf hindurch, aber dann stand ich da und sah im Osten die Sonne aufgehen, sah einen Streifen Licht über all die Kilometer zu mir herüberkommen, sah, wie sich die Farben um mich veränderten und wie mit jedem Atemzug mehr Leuchtkraft in die einzelnen Dinge kam, sah oder vielmehr fühlte, wie sich die Zweige und Gräser unter den ersten Strahlen langsam nach oben schoben, wie alles eine Richtung bekam, in der es sich erheben konnte, Stück für Stück aufrichten und zweifellos auch denken konnte. Das Auftreten der Sonne hatte das Denken der Dinge verändert. In diesem Gedanken sog ich meine Lungen voll und setzte mich langsam in Bewegung, drei, vier Schritte zunächst, ehe ich aufgrund meiner Ungeübtheit wieder zusammenbrach, sofort aber wieder aufstand und weitere sechs Schritte auf die Sonne zu machte.

Die Schwierigkeit des Gehens lag in der neuen Verlagerung des Schwergewichts und in der gegenseitigen Behinderung der Beine. Wenn ich das ganze Körpergewicht auf die vorderen Beine legte (die ungefähr 5 cm kürzer sind als die hinteren und deren Füße, weil sie noch keine Hornhaut haben, jetzt die Schuhe bekommen hatten), pendelte ein hinteres Bein dazwischen und brachte den Ablauf der Schritte meistens schon im Ansatz durcheinander. Legte ich dann das Gewicht auf die beiden hinteren, stießen sie fast automatisch gegen die herabhängenden vorderen und kamen nie richtig dazu, einen Schritt zu machen. Das Problem war, an alle vier Beine gleichzeitig zu denken, alle vier gleichzeitig in einem bestimmten Rhythmus zu benutzen, und mir gelang das erst, als ich damit anfing, die beiden seitlichen zu einer Art Gleichtakt zu bringen, also die beiden linken Beine im gleichen Zug vorzuschwingen, wie ich die beiden rechten aufsetzte und mich nach vorne legte, um dann dasselbe auf der anderen Seite zu wiederholen, die linken Beine aufzusetzen und die rechten Beine nachzuziehen und nach vorne zu schwingen, eine Art Schaukelgang, Paßgang, der mich während des Gehens manchmal an Dromedare erinnerte.

Mein Weg über die Hügel, landeinwärts, durch die abgelegenen Felder, an Kakteen vorbei. Die Sonne war inzwischen höher in den Himmel gestiegen und verlor alles Rot. Es gab nur wenig Landarbeiter, die man von Zeit zu Zeit in der Ferne sah. Selten Begegnungen. Wenn ich an eine Straße kam, hielt ich mich meistens erst eine Zeitlang in der Deckung auf und horchte auf die Geräusche, die anrollenden Lastwagen, die über viele Kilometer her langsam näherkamen und sich dann wieder in der Stille verloren. Fliegengesumm. Ein umgestürztes Straßenschild gegenüber: nach «Nardo» und «Gallipoli». Kann sein, daß es dieselbe Stelle war, an der ich schon einmal vor mehreren Monaten geschlafen habe, aber ich mußte jetzt weiter, querfeldein. Copertino lag weit hinten am Ende der Ebene. Alles, was mit Menschen zu tun hatte, war weit. Nur die Sonne und die Stille waren nah. Ich merkte, wie mir die Beine langsam schwer wurden.

Nach und nach gelang es dann zeitweilig, auf drei Beinen zu gehen. Eins ließ ich ausruhen, das heißt es bewegte sich nur zum Schein mit, berührte aber den Boden nicht. Auf diese Weise erholte es sich von den Anstrengungen der letzten Stunde und konnte nach einer Weile wieder auftreten, um ein anderes zu entlasten. Die Folgen waren vielleicht Schwankungen, kurzweilige Schieflagen und möglicherweise auch Verzerrungen meiner

Körperlage, die aber von innen heraus sehr ruhig schien, auch wenn ich zwischendurch mit beiden Armen durch die Luft fuhr und schwimmähnliche Bewegungen machte, um den Körper im richtigen Gleichgewicht zu halten. Es war viel eher eine Lust. Häufig griff ich in die Luft hinein und redete dabei irgendwelche Sätze vor mich hin. Redete wohl auch mit der Sonne, die mich mit einer Fülle von Licht überschüttete und keinerlei Antwort gab. Immer wieder versuchte ich, so lange als möglich in sie hineinzusehen, ohne dabei die Augen zu schließen. Nachher lief ich dann oft minutenlang mit einer blendenden Helligkeit durch die Felder und begann zu singen. Meine einsame Wanderung ... Was für Gefühle ich dabei hatte. Schmerzlos, vollkommen schmerzlos. Höchstens manchmal ein kleiner Zusammenbruch mitten im Gehen. Ein Einknicken, Wegsacken, plötzliches Schlingern in der Luft. Aber ansonsten völlig schmerzlos.

Gegen Mittag tauchten die ersten Trulli vor mir auf, rechts und links in der Landschaft, wieder mit Flachdächern, die Eingänge und Stufen ohne Putz. Ein Geruch von hellgrauen Steinen wehte vorüber. Dann kehrten auch die Mauern allmählich wieder, kamen von beiden Seiten näher herangelaufen, verzweigten sich schräg nach vorn hin, es fiel mir auf, wie zwischen den Füßen immer mehr Steine aus der Erde wuchsen. Umwege um Steinhaufen. An überwucherten Mauern entlang. Zeitraubendes Hin- und Herwandern, bis man endlich einen günstigen Überstieg gefunden hatte, ohne sich in den Brombeeren zu verheddern.

Einmal stieg ich auf solch eine Mauer hoch, nahm sogar beide Hände mit zu Hilfe und sah, als ich oben ankam, ein altes Motorrad unter mir. Eine rostrote Motoguzzi. Vielleicht nur weil die Sonne sosehr blendete, blieb ich eine lange Zeit über ihr stehen und blickte sie an. Niemand, der kam, niemand, der sich in der näheren oder ferneren Umgebung hören ließ, kann sein, daß er irgendwo schlafen gegangen war oder im Schutz einer entfernten Olive sein Brot aß. Im Schloß steckte noch der Schlüssel – ich stand da auf der Mauer wie über einem Tier, das man nicht verscheuchen will. Fühlte mich auch zum ersten Mal angeblickt, noch voller Unsicherheit und Staunen. Dann beugte ich mich vorsichtig nach vorn über, stieg (in Erwartung, gleich auf einem warmen Tierrücken zu landen) Stück für Stück weiter wie auf eine Augentäuschung herunter und schwang endlich beide rechten Beine über die Motoguzzi, um sie zu starten und mit einem langsamen, tuckernden Geräusch auf ihr davonzufahren. Am Ende des Ackers fand sich eine Mauerlücke, die zu einem kleinen Weg herausführte, von dort ging es in einer Art Zickzackkurs immer weiter nach Süden zwischen den Feldern durch, umgeben von Dornhecken, Mauern und Fichi d'indias, die in wechselnden Farben an mir vorüberflogen, manchmal waren sie rot, manchmal knallgelb, in Richtung Galatone/Galatina.

Die vorderen Beine hatte ich einigermaßen sicher auf die Vorderpedale gesetzt, die hinteren (nach längerem Suchen) schräg nach hinten auf die des Hintersitzes. Eine schöne Staubwolke wirbelte auf, wenn ich mich nach ihnen umsah. Ich brauchte nie zu bremsen, nie zurückzuschalten, fuhr aber eigentlich auch nicht schnell. Kurz vor Galatone stieß der Weg bei einem Kruzifix auf die Asphaltstraße, ein einsamer Peperoniwagen rollte vorbei, bis oben hin vollgeladen mit Peperonischoten. Dann wieder Ruhe. Galatone – ein älterer dünner Mann trat auf die Straße, wankte ein Stück an den Häusern entlang, schien mich aber im Vorbeifahren nicht zu sehen. Ich erkannte ein paar Hauseingänge wieder (von damals, als ich mit Giovanni nach Lecce gefahren war). Die Palme auf dem Marktplatz. Die eingefallene Kirche am Ortsausgang. Dann ging es in die Ebene nach Galatina, weit hingestreckt und im Hineinfahren erst nach einer Weile mehr und mehr hügelig.

Ganz hinten lag Galatina, tauchte auf, verschwand wieder, erschien von neuem. Eine leuchtend weiße Stadt, die über den Feldern schwebte, zwischen den Augen schwamm. Ein Dunst von Mittagshitze machte sie fast unwirklich, obwohl die ersten Häuser jetzt schon an mir vorüberzogen, obwohl ich versuchte langsamer zu fahren und dabei merkte, daß die Bremse nicht mehr intakt war, sie reagierte offenbar überhaupt nicht, ich mußte zurückschalten und dann, als ich in eine Seitengasse gebogen war und hörte, wie laut alles widerhallte, auch noch die Maschine abstellen, um nicht unnötig in den Mittelpunkt zu geraten. Das also war Galatina, Galatina, von dem ich seit Tagen so viel geträumt hatte. Ich rollte beinahe lautlos, zwar immer leicht abwärts, durch die engen gewundenen Gassen auf das Zentrum zu, kam an schlafenden Hunden vorbei oder Eseln, die mit weit herunterhängendem Kopf aus einem Eingang standen, roch auch verschiedene Male Weinfässer und Brot aus Bäckerläden, aber der Ort war um diese Zeit immer noch wie ausgestorben. Eine Kurve nach links auf einen kleinen Platz herüber, den ich noch bis zur Hälfte umfuhr – dann kippte ich um, mit allen meinen vier Beinen, sortierte sie mühsam unter dem Blech der Motoguzzi hervor und sah, als ich wieder dastand, wie hinter mir zwei schläfrige Männer unter ihrem Hut hervorsahen und kaum erstaunt schienen.

Mein Anblick, nein, nein, nicht der Rede wert. Ich wankte, so gut es ging, unauffällig, über die leere Mitte des Platzes weg und suchte das nächste Caffè auf, um meine Beine unter einem Tisch zu verbergen. Ein kahler, langgezogener Raum. Hinten in der Ecke drehte sich ein müder Ventilator in der Luft. Die Wände waren hellgrün gestrichen. Was der Wirt dachte, wie er mich beim Bestellen betrachtete (ob er vielleicht ganz freundlich war), weiß ich nicht, weil ich ihm nicht ins Gesicht gesehen habe. Von Zeit zu Zeit drangen einzelne Stimmen aus dem Nebenraum, Karten, die auf einen Tisch geschlagen wurden, Geräusche von rollenden und gegeneinanderklackenden Poolkugeln. Dann stand der Caffè vor mir.

Auf dem zerkratzten Holztisch, der voller verborgener Strukturen war... Der Zwang, auf ihn herabzustarren. Je länger ich hinsah, desto mehr erkannte ich die flüchtigen Umrisse einer Landkarte, die Umrisse vom Salento und fast alle Orte, die ich darin aufgesucht hatte, entdeckte meine ganze Reiseroute der letzten Monate, meine nach außen getretene und jetzt auf diesem Tisch wiederkehrende Lebenslinie, von Matera bis Lapidu, weiter nach Novaglie, Lecce, der Weg nach Locorotondo und zurück über Manduria. Jetzt war ich in Galatina angekommen und versuchte mein Leben weiterzuverfolgen, aber ich fand keinen Weg mehr. Eine Fülle von Linien führten über den Tisch fort, ohne daß man einen klaren Fortgang darin erkennen konnte. Eine Zeitlang wußte ich nicht mehr, ob ich meine Reise wirklich aus dem Tisch herausgelesen hatte, oder ob ich sie in ihn hineinsah, wie eine Phantasie. Nach und nach verschwammen mir die Linien dann vor den Augen. Kann sein, daß ich einschlief. Eine Weile.

Im Dahindösen. Mit den Geräuschen des Wirts hinten im Rücken. Das Fauchen, Zischen, auch Gurgeln der Caffèmaschine, wenn der heiße Dampf durch die eingeschobene Ladung geschossen wird. Das Wenige, was vorbeikam. Ab und zu ein Fahrrad. Eine Katze auf dem Pflaster ...

Komm, überschlag das.

Gegen Nachmittag hörte man irgendwann das Trappeln von Hufen auf der Straße. Der Kopf eines Mulis, der im Ausschnitt der Tür draußen erschien, langsam vorbeizog. Ein Strick hinter ihm. Eine alte, ganz in Schwarz gekleidete Frau, die ihn vorantrieb, und hinter dem Muli dann ein schwarzer Wagen, der am Ende des Stricks vorüberrollte. Als die

Frau aus dem Bild war, war gerade erst der Kühler zu sehen – ein einge-
drückter Kotflügel vorne rechts, Risse in der Scheibe, dahinter im Innern
die zerfledderten Vordersitze und Hintersitze, Verwüstungen auf allen
Seiten bis über die Heckscheibe hinaus, gut ja, das war mein Buick,
mein Buick – – wenn es ihn nicht noch einmal in dieser Gegend gab ...
Ich zahlte und folgte ihm bis auf die Landstraße nach Noha hinaus, ging
hinter all dem her, der Frau und dem braunen Muli, der vor den Wagen
gespannt war, blieb immer etwas auf Abstand, soweit keine Leute in der
Nähe standen, machte Umwege über Hinterhöfe und Häuserdächer, sie
zogen ruhig und von niemandem angesprochen durch die halbe südliche
Vorstadt hinaus, bis wieder die Felder vor ihnen lagen und hinten im
Land (ich weiß nicht: eine Werkstatt, eine Tankstelle oder was sie dort
suchten) zwei oder drei helle Häuser zu sehen waren.

Als keine Deckung mehr da war, setzte ich mich – erstmals im Trab
jetzt – in Bewegung, rannte trotz aller Unbeholfenheit schon bald an
ihnen vorbei und blieb endlich mit zitternden Knien vor dem Muli stehen,
eigentlich um zu fragen, ob ich ihnen etwas am Motor reparieren könnte,
irgendetwas helfen könnte. Aber die Frau lief sofort, ohne sich noch
einmal umzudrehen, in die Felder fort, ergriff offenbar die Flucht vor
mir, obwohl ich ihr noch mehrmals nachrief, ich wolle ihr nichts Böses
tun («niente male, niente male» – es klang beinahe lächerlich in diesem
Augenblick), sie raffte während des Fortlaufens immer wieder ihre
schwarzen Tücher über dem Kopf zusammen. So verlor ich sie langsam
aus den Augen. Der Muli war inzwischen stehengeblieben und sah mich
mit gespitzten Ohren an. Ein bißchen Wind wehte von Osten her. Drüben
in Galatina hörte man von Zeit zu Zeit einen heiseren Lautsprecher
durch die Straßen fahren, der irgendwelche Ereignisse ankündigte. Das
wiederkehrende Schwindelgefühl im Kopf. Das Schnauben des Mulis,
während ich ihm über den Hals strich. Und dann: Als ich um den Buick
ging und den Kofferraum hinten aufmachte, lag neben dem Ersatzreifen
und Werkzeug eine in sich gekrümmte, von mehreren Decken und fremden Kleidungsstücken umwickelte und, wie ich jetzt feststellte, vierarmige
Frau darin. Es war Viviane.

Lapidu, nachts (sie schläft neben mir)

Mit dem reparierten Buick bis nach Lapidu gekommen. Die Kiste stand
noch da. Nichts in die Luft geflogen. Der übergroße Gecco schien im
ersten Moment verschwunden, lag dann aber vertrocknet und starr ganz
am hinteren Ende des Trullos. Seine Schwanzspitze, auch die Zehen
zeigten Spuren von Versteinerung. Wir haben ihn vorsichtig nach draußen
gezogen und neben dem Feigenbaum begraben.

Während du schläfst. Die fortlaufende Gewohnheit, in dieses Buch hineinzuschreiben – aus welchem Bedürfnis heraus? welcher Angst? Angst, es könnten die Schmerzen in den Knien wieder anfangen, sobald ich damit aufhöre («quattro dolori»), oder als könntest du wie eine Phantasie aus meinen Augen schwinden. Und ich mit dir. Kann auch sein, daß ich das alles jetzt für euch da oben aufschreibe. Hört ihr.

Sie kann sich gleichzeitig die Haare kämmen und ein Feuer mit mir machen. Sie kann mir über die Stirn streichen und mich mit drei anderen Armen umarmen. Manchmal schlingt sie beide oberen Arme um meinen Hals und zieht sich mit den unteren an meinen Körper heran, umschlingt mich gleichzeitig am Hals, am Rücken und an der Hüfte, irgendwann hab ich sie dann auch rückwärts auf meine vier Beine gehoben, und wir haben uns zu lieben begonnen, heute nachmittag in einer riesigen Stille rings um Lapidu, bis nach und nach die Grillen anfingen zu singen und uns, falls sie wollten, wechselseitig daliegen, seitlich umeinanderrollen und über unsere Arme und Beine lachen sahen, obwohl wir keine Ahnung über unsere Geschichte hatten und uns noch so gut wie gar nichts von uns erzählt hatten, sie, ich, die Arme und Beine in den verschiedensten, nie vorher erprobten Verwirrungen (in denen wir uns manchmal kaum noch auskannten), dann schliefen wir miteinander ein und ließen es dunkel um uns werden. Die Nacht kam über uns.

Später, im Dunkeln. Was ich alles noch sagen wollte ...

Während ich über ihr lag, bis zur Besinnungslosigkeit in Schlaf verfallen, hörte ich einmal weit in der Ferne das Meer rauschen. Es war ein Rauschen, das ich von hier aus noch nie in solcher Deutlichkeit gehört hatte. Jede einzelne Welle, jedes Überkippen schien ein ganz neues, nur für uns gemachtes Zeichen zu sein, Zeichen, daß wir hier am Leben waren und daß wir die Welt mit neuen Augen sehen müßten.

Dein Haar riecht nach Regen.

Im Schlaf – die großen Augenkugeln unter den Lidern. Die großen, fast wie sehenden, verborgenen Augen. Die Ruhe und Übersicht, die in dein

Gesicht einzieht, wenn sie geschlossen sind. Die Entspanntheit der Haut, die dann ganz weich wird.

Die ungeheure Ruhe nach dem Orgasmus.

Davon immer nur reden. Dies ist die Welt da. Und das hier ist die Luft. Und das sind wir. Lauter Dinge, die wir sonst nie richtig bemerkt haben. Daß alles sich mit einem Schlag, und zwar von innen her, verändern kann. Obwohl es von außen her anscheinend oder scheinbar genau das gleiche ist. Bin ich denn anders geworden als damals, als ich noch mit zwei Beinen war? Und ist er, «Romeo», mein Schwanz inzwischen anders geworden?

Ohne jetzt irgendwie nachzudenken, die Augen nach oben auf die Sterne da, die Hand blind übers Papier reisend, während die Augen sich an den Punkten da oben festsaugen, hoch-tief, eine Fülle von immer mehr auftauchenden Lichtpunkten fällt herab, ein Sturz von Sternen, die dennoch immer noch dableiben, von wo sie eben fortgeschossen sind, weil.

Weil, wenn jemand, der jetzt singen könnte, singen würde, und zwar die ganze Musik, die er in seinem Bauch hat, dann würde er jetzt fliegen, und zwar genau in der Geschwindigkeit, in der seine Augen jetzt nach oben fliegen. Du oder ich, oder irgendetwas, das zwischen uns in der Luft lag. Il suonatore Jones.

Schläfst du?

Nichts, gar nichts zu widerrufen von dem, was wir in diesem Moment gefühlt haben. Heute und nachts und bis in die Sternfälle hinein, dein Haar, das über meine Beine fällt, der Wind da hinten, der die Geräusche der Litoranea herüberträgt, deine manchmal in die Luft gehobenen Arme, während du mich mit den anderen Armen umschlungen hältst, ich muß mich noch gewöhnen an soviel Ruhe in uns.

Halb sechs

Von Mitternacht bis jetzt geredet, erzählt, Zigaretten geraucht. Als ich zwischendurch einmal einschlief, las Viviane in diesem Buch hier. Das Glühen der Zigaretten über uns, während wir sprachen und das Hallen unserer Stimmen an der Decke hörten. Den Kopf zurückgelehnt, auf das Segeltuch, das seine eigene Geschichte hat. Der aufkommende Muskelkater in den Beinen, jetzt, wo wir uns geliebt haben, ganz besonders in den Oberschenkeln, obwohl du ja sagst, du spürtest überhaupt nichts. Wer von uns braucht wessen Zärtlichkeit mehr?

Lapidu

Seit zwei Stunden: sechs oder sieben Männer, die sich hinten in den Oliven aufhalten. Ungefähr 200 Meter von uns entfernt. Rechts sitzen zwei am Wegrand und schauen von Zeit zu Zeit zu uns herüber. Die anderen haben Hacken und Spaten mitgebracht, lockern um sich den Boden auf, aber ich habe sie noch nie hier gesehen. Kann sein, daß wir beobachtet werden. Viviane meint, wenn es welche von den Typen sind, würden die nur abwarten, was wir tun.

Wir packen inzwischen unauffällig die wichtigsten Sachen in den Buick – immer je einer von uns, während der andere mit irgendetwas beschäftigt auf dem Dach sitzt. Um zu schauen. Werden sehen, was passiert, wenn wir mit dem Buick von hier wegfahren. Ob sie uns folgen.

Wohin? Noch keine Ahnung.

Die Akte VX liegt irgendwo in der Nähe von Castel del Monte vergraben. Aber es ist noch zu früh, um jetzt dort hinzufahren. Nicht, ehe wir die letzten Erinnerungen hinter uns gelöscht haben. Und dann, wohin weiter? Zurück nach Deutschland? Mit einer langen Liste von Namen, Daten und diesem ganzen offenbar lückenlosen Zusammenhang (Viviane sagt auch manchmal «finster» oder «phantastisch» dazu) – wer wird uns das eigentlich abnehmen und wer wird es veröffentlichen, wenn wir nach Deutschland gekommen sind? Etwa die Augustenstraße?

Jetzt fährt da hinten ein roter Lancia vorbei, hält an, fährt langsam weiter. Kann sein, daß es derselbe wie der von Gemini war. Kann aber auch sein, daß wir uns alles nur einbilden, und die da hinten sind wirklich Landarbeiter... Es wäre nützlich, Ferngläser zu haben. Viviane hat schon eine Menge Kapseln in den Seesack gepackt. Dem Roten soll es gut-gehen, sagt sie. Sie redet nicht viel von ihm, erzählt lieber von den Gärten und Terrassen, auf denen sie in der Zwischenzeit gewesen ist, hoch über dem Meer offenbar, mit dem Blick nach Osten und, wie sie sagt, in freundlichster Bewachung. Ja, ich beschäftige mich hier. So gut es geht. Sie vermutet, daß es auf dem Gargano gewesen ist, kann aber nichts genauer rekonstruieren, weil sie auf dem Hin- und Rückweg im Kofferraum gelegen hat. Hoffentlich komme ich hier bald wieder vom Dach runter. Gleichzeitig schreiben und beobachten, aufs Papier starren und mit halben Augen in die Oliven blicken, fällt ziemlich schwer, wenn man so in Erwartung ist. Viviane meint, daß die Frau vor dem Buick vielleicht eine Tante des tätowierten Matrosen gewesen ist, denn der habe zuletzt auf sie aufpassen müssen und habe sich noch in Galatina von seiner Tante mit haufenweise Dolce verpflegen lassen. Das Gesetz der Abhängigkeiten ... Nein, nein, ich habe keine Angst.

Und was, wenn das da einfach Leute wären, die von unserem Körperzustand gehört haben und deswegen hergekommen sind, um uns, unter dem Vorwand von Landarbeit, zu betrachten? Was soll ich alles noch schreiben? Leicht bedeckter Himmel hier. Wenig Wind. Von Zeit zu Zeit dringen die Geräusche der Spaten zu uns herüber. Die verschiedenen Arten von Schlafmitteln, die man dir gegeben hat. Komm, laß uns endlich losfahren.

Oktober

Aufbruch von Lapidu. Noch ehe du alles richtig gesehen hast – das Wandern der Schatten am späten Nachmittag, die vielen Geschichten der Steine, die ich dir noch erzählen wollte. Wir fuhren zunächst zum Meer herunter, bei Torre Mozza dann wieder nach Gemini hinauf. Spätestens als wir die Litoranea erreichten, wußten wir, daß sie mit zwei Wagen hinter uns herfuhren. Ein breiter Kegel von Licht lag auf dem Meer, flimmerte schwach und unwirklich, während alles andere um uns im Schatten lag. Abstand: ungefähr 150 bis 200 Meter. Manchmal, wenn wir beschleunigten, können es auch viel mehr gewesen sein, und wir verloren sie kurzweilig aus den Augen. Das eine war ein blauer Simca, das andere ein älterer Opel mit deutschem Nummernschild, meist fuhr er als letzter hinter dem Simca her. Viviane hatte das Transistorradio neben mir angestellt und meinte, wir sollten lieber erst langsam fahren und sie dann, in einem unerwarteten Augenblick, abhängen.

Gemini, Gemini. Als wir hindurchfuhren (ich weiß nicht, ob es das letzte Mal gewesen ist), sah ich plötzlich Giuseppina vorn auf der Straße stehen, sie schien mich einen Moment lang zu erkennen, blickte herüber, wurde dann aber hinten im Rückspiegel immer kleiner und winkte, kurz ehe wir abbogen, noch einmal halb wie fragend hinter uns her. Kann sein, daß sie etwas gerufen hat dabei.

Ugento. Casarano. Unsere Idee war, über Maglie nach Otranto zu fahren. Wenn wir sie bis dann abgehängt hatten, wollten wir sehen, wohin wir mit den nächsten Schiffen von da fahren könnten. Vielleicht auch nach Griechenland, eine Zeit, Viviane sagte, daß es manchmal Fischerboote nach Igoumenitsa gebe – wenn man Glück hätte, würden sie einen mitnehmen, und wir hätten keine Probleme mit unseren Pässen mehr. Unklar, wie unser Körperzustand auf sie wirken würde. Die vier Arme konnte man unter einer Wolldecke verbergen. Aber bei mir war es schwierig.

Der wiederkehrende Traum, unterwegs zu sein. Nacheinander kuppeln, Gas geben, auf die Bremse treten – alle meine Füße ausprobieren. Der Blick auf die vielen Kurven und die Möglichkeiten, die vor uns lagen, du saßt einfach neben mir, ab und zu tauchten die beiden Wagen hinter uns auf, verschwanden zwischen Oliven. Wir waren völlig furchtlos geworden. Kurz vor der Abzweigung nach Maglie hielten wir versuchsweise rechts am Straßenrand, ich ging hinter die nächste Mauer, um zu pinkeln und um zu sehen, ob sie an uns vorbeiführen. Fünf, sechs Sekunden, dann hörte ich ihre Motoren näherkommen, eine einzelne Biene flog um meinen Kopf herum, und gut, ja, sie fuhren an uns vorbei ... Wohl weil die letzte Kurve so nah war, konnten sie nicht mehr rechtzeitig hinter uns anhalten, wenigstens nicht ohne aufzufallen, so fuhren sie ruhig (und als hätten sie noch nie von uns Notiz genommen) über die Kreuzung nach Maglie, um die nächste Kurve – ich war inzwischen wieder zum Buick zurückgelaufen, bog rechts in die kleine Straße hinein, gab Gas, fort, auf und davon und mit der größtmöglichen Geschwindigkeit in Richtung Otranto. Vor Supersano ging es nach links, in die Nähe von Botrugno dann auf die Umgehungsstraße, wir sahen weit in der Ferne die Häuser von Maglie, sahen Mengen von Tabakblättern, die man an den Straßenrand gestellt hatte, aber es gab keinen Opel und keinen Simca mehr, wir waren sie losgeworden, hatten sie endgültig abgeschüttelt. Wenigstens glaubten wir das.

Die wüste, steinige Hochebene, je näher wir der Ostküste kamen. Il mare ionico.

Otranto. Schräg herab am grauen Kastell vorbei in die Gassen der Altstadt, die bis zum Meer herunterführen. Viviane hatte mir von einer kleinen griechischen Kirche erzählt und von türkischen Überfällen, bei denen man sich immer wieder gegenseitig umgebracht hatte. Als wir vor der Kathedrale ankamen (wo wir vorerst den Wagen abstellen wollten), kam uns ein roter Lancia entgegen. Ich riß sofort die Tür auf und rannte mit dem Seesack in das Hauptportal der Kathedrale hinein. Wußte wieder nicht, ob es eine Verwechslung war, ob ich nicht alles anders oder doppelt sah. Doch während wir nun ins Hauptschiff gingen und uns vor einem riesigen, die ganze Kirche ausfüllenden Mosaikfußboden sahen, traten zwei graugekleidete Männer in den Eingang. Hinten rasselte der Vikar mit seinem Schlüsselbund. Ein riesiger Lebensbaum lag vor uns, so groß, wie ich noch nie einen dargestellt gesehen habe, jeder Schritt, den wir machten, hallte von verschiedenen Seiten wider, ebenso wie die Schritte der Männer hinter uns, die jetzt ins Weihwasser griffen, sich bekreuzigten. Wir gaben uns unauffällig Zeichen, daß wir in einem großen Bogen über den ganzen Lebensbaum gehen wollten, so ruhig, wie überhaupt nur möglich, hinten im Seitenportal gab es eine Tür, durch die man wieder nach draußen kommen konnte, zu ihr wollten wir uns hinarbeiten, Bild für Bild weiter, wie Touristen (oder wie Lebende), gehen, stehenbleiben, schauen, langsam weitergehen ...

Das Schwanken der Mosaiksteine unter mir. Je langsamer wir vorangingen, desto mehr verwirrte mich die Verschlungenheit der Bilder. Äste, die sich um Menschen wanden, die wiederum nach Fabelwesen Ausschau hielten. Ein Vogel mit Hahnenkopf und Schlangenleib konnte seine Flügel nicht bewegen. Oben galoppierte das Einhorn. Auf dem unteren Ast saß eine Frau, die eine Mischung aus Schwanz, Kind und Ast aus ihrem Schoß zog. Der ganze Lebensbaum wurde von zwei Elefanten getragen. Dahinter schwammen Fische hindurch, Wale, ein Delphin mit einem Menschen darauf und Kaiser Alexander der Große, der sogar mit Namen verzeichnet war. Neben der Arche Noah ragte eine Axt im Stamm, die offenbar schon seit Jahrhunderten da zu sehen war. Doppelköpfige Wesen. Die beiden Männer hielten sich inzwischen hinten im rechten Flügel der Kirche auf, wir konnten sie nicht mehr erkennen, weil es dort zu dunkel war, hörten nur noch von Zeit zu Zeit ihre Schritte. Links näherten sich Tiere, die in Äste bissen, Tiere, denen Pflanzen aus dem Mund wuchsen, auf Ästen sitzende Frauen, Frauen, die sich auf den Zweigen ans Geschlecht faßten, nicht nur auf der Sündenseite, Äste, die sich um Hände und Füße schlangen und nach Menschenhälsen griffen, zweiköpfige, dreiköpfige Stiermenschen, Stiermenschen mit Flügeln, Greife, herzförmige Blätter an den Zweigen, Hirsche mit durchschossenen Hälsen, auch ein Löwenkopf mit vier Körpern war dabei. Eine zweiflossige Sirenusa.

Ganz oben ritt König Artus durch die Paradiesvertreibung.

Darunter begannen die Sternzeichen. Wir hatten noch ungefähr vier oder fünf Bilder bis zur Seitentür. Gemini, die Zwillinge: ein Mann und eine Frau, neben denen links groß ein Schnitter mit der Sichel ging. Rat doch jetzt nicht, was das war. Denk nicht nach. Waage: ein Ochsenkarren. Krebs: ein Drescher. Hinten sahen wir noch die deutschen (fast deutschen) Worte «Oktober», «November», konnten auch noch erschließen, daß sich die beiden Männer etwa auf der Höhe von Alexander dem Großen aufhielten, dann glitten wir aus der Tür hinaus und liefen draußen sofort durch ein Gassengewirr zum Hafen hinunter. Es blieb alles ruhig zunächst.

Kinder, die in den Innenhöfen Ball spielten. Ab und zu ein Frauenkopf, der in einem Fenster über uns erschien. Ein Eimer Wasser, der aus der offenen Tür heraus auf die Straße gegossen wurde. Ungefähr hundert, zweihundert Meter ging das so, und wir liefen einigermaßen ungehindert (einander jetzt festhaltend) über das Kopfsteinpflaster, dann tauchten zwei Männer hinter uns in der Gasse auf – kann auch sein, ja, gut, daß es wieder nicht dieselben wie in der Kirche waren, sie hatten Baskenmützen auf den Köpfen, wirkten eine bißchen jünger, aber es waren zwei, es waren zwei. Der eine von ihnen pfiff etwas schräg von oben herab durch die Zähne, und der andere winkte dazu, wie mir schien, darüber setzten sie sich dann beinahe im Laufschritt in Bewegung und kamen hinter uns her. Schnell. Wir rannten jetzt – soweit man bei mir von Rennen sprechen kann. Viviane hielt meinen rechten Arm mit zwei ihrer Arme fest umschlossen und paßte auf, daß ich beim Laufen nicht aus dem Gleichgewicht kam. Als wir unten den Hafen erreichten, löste unser Erscheinen sofort ein dreiseitiges Kesseltreiben aus. Alles war offenbar abgekartet. Rechts hinten (nahe dem Anlegekai) sah ich vier oder fünf Männer, die sich binnen von Sekunden auf uns zubewegten. Irgendjemand schrie etwas. Wir verstanden nicht, was. Von links kamen in diesem Moment zwei Autos auf uns zugefahren – mir wurde plötzlich klar, daß man inzwischen aufgehört hatte, uns auf Entfernung zu beobachten, und offenbar annahm, wir hätten in der Zwischenzeit die Akte aus ihrem Versteck geholt, vielleicht, dachte man, bei dieser Mauer vorhin (als ich mich einen Moment lang hinter ihr verborgen hatte). Man wollte jetzt uns.

Nein, das war noch immer keine Angst in uns. Wir waren ganz ruhig. Hatten nur sehr wenig Zeit zum Überlegen. Vor uns lagen ungefähr zwölf Fischerboote verschiedener Größenordnung. Mit den größeren kannte ich mich wenig aus. Aber mit einem kleineren probierten wir es, sprangen nacheinander auf, konnten auch tatsächlich den alten Heckmotor in Gang setzen (Viviane zog an der Winde, während ich bereits hinten die Taue über den Bootsrand zog) und starteten in den Hafen hinaus, um die Mole – etwas Ähnliches hatten wir eigentlich schon im letzten Jahr einmal machen wollen, aber nicht so wie hier, in solcher Fluchtbewegung. Drüben am Kai sahen wir jetzt eine Anzahl von Leuten aus verschiedenen Richtungen zusammenlaufen, den Wagen anhalten, jemanden aussteigen. Der andere Wagen fuhr mit großer Geschwindigkeit bis zum äußersten Punkt des Hafens vor und sah, wo wir hinfuhren ...
Es ging nach Süden herum, schon weil wir dann den Wind in unserem

Rücken hatten, hinein in die Wellen, die uns mit sich vorannahmen und dabei in langen Bewegungen aufwärts und abwärts trugen. Der Motor glich sich dem Rhythmus an, wurde mal lauter, mal leiser, rechts hinten sah man eine rötlichbraune Felsküste an uns vorbeiziehen. Es wurde auch langsam dunkler.

Irgendwo, wenn wir ein Stück weiter waren, wollten wir an einer unbeobachteten Stelle an Land gehen, von da an, sagten wir, nur noch bei Nacht weiterlaufen und uns am Tag in irgendwelchen Unterschlüpfen verbergen, damit wir endlich vergessen werden und nicht mehr jeden Morgen wieder von diesen Typen weiter verfolgt werden. Die Wellen färbten sich dunkelgrün und trieben in regelmäßigen Abständen ein Stück Gischt am Rand vorüber. Unser Boot hieß «Marilena». Vorn unter dem Bugdeckel lagen Taue, Gummistiefel, ein altes, zusammengelegtes Segeltuch. Neben dem Benzinkanister Reste von einem Schafskäse, die wir hinten am Steuer sitzend aufteilten. Sonst wenig zu entdecken. Keine Ruder, keine Bordbeleuchtung. Irgendwann während des Vorüberfahrens ging oben über den Felsen der Leuchtturmscheinwerfer an, begann über das Meer hinaus zu kreisen und glitt uns nach immergleichen Pausen ungefähr eine Sekunde lang über die Gesichter. Das Gefühl, schon weit entfernt zu sein, weit entfernt von allen Dingen und allen Gedanken, die wir an Land hatten. Gut vier Kilometer hinter uns fuhren mehrere Fischerboote aus dem Hafen. Sie hatten ebenfalls ihre Bordlampen angestellt, grüne und rote, obwohl man sie noch gut mit bloßem Auge erkennen konnte, bogen langsam nach Süden ab.

Die ruhig rollenden Wellen rings um uns. Hier, dort, das Blinken des Leuchtturms vom Capo d'Otranto. Und weit drüben die Leute auf den Booten – – wir brauchten lange, bis wir verstanden, daß sie (ja, sie!) auf diesen Booten hinter uns herfuhren. Binnen von wenigen Minuten hatten sie bereits ein entscheidendes Stück zwischen uns aufgeholt, richteten schon manchmal Scheinwerfer in unsere Richtung. Wir drehten zur Küste ab und suchten nach einer halbwegs geeigneten Stelle, um an Land zu gehen.

Weiter.

Unsere Fahrt auf die Felsen zu, quer zum Wind. Wie sie vor uns immer weiter in die Höhe stiegen, immer größer und dunkler wurden. Der lauterwerdende Widerhall des Motors. Verdoppelung der Geräusche ...

Steilküste, das war hier alles Steilküste über uns, nirgends eine klare Möglichkeit an Land zu gehen, nicht einmal eine halbe, selbst wenn wir diesen Wellengang nicht gehabt hätten, der alles noch erschwerte, die Wellen schlugen gegen die Felsen an, spritzten auf und hätten uns unweigerlich mitsamt unserem Boot einmal umeinandergewirbelt. Wir wären irgendwo zwischen den Steinen da über Bord geschlagen. Nirgends ein Stück Sandstrand oder auch nur Buchtandeutung, die Felsen schienen nach oben hin sogar eher noch ein bißchen überzustehen, wir hätten sie niemals erklettern können, abgesehen davon, daß wir auch gar nicht den Mut dazu gefunden hätten. Welcher Wahnsinnsmut in welcher Wahnsinnsstimmung hätte uns denn hier aus dem Boot herausholen können? Die Felswand war ganz finster geworden. Manchmal sah man so wenig, daß wir den Abstand zu ihr nur noch an der Lautstärke des Motors ermessen konnten. Fünfzehn, zwanzig Meter fuhren wir so neben den Klippen her, ohne uns noch Veränderung zu erwarten, Viviane hatte absurderweise ein Lied zu singen begonnen, als könne sie damit alle Probleme von sich abschütteln. Völlige Gedankenleere. Dann sahen wir ein schwarzes Loch vor uns.

Das Klatschen der Wellen war dort hinten viel ruhiger als anderswo. Es kam, beinahe wie ein Rauschen, tiefer aus dem Inneren der Felsen heraus. Gluckste zwischen den Steinen. Ich zog das Ruder herum (konnte mich jetzt zeitweilig nur noch auf mein Gehör verlassen) und fuhr in die völlige Dunkelheit hinein, das Geräusch des Motors hallte nach wenigen Metern auf einmal von allen Seiten wider, kurz darauf krachte es unter der «Marilena», wir wurden ein Stück nach vorn geworfen, konnten aber noch rechtzeitig den Motor hinter uns ausstellen und trieben in die Grotte hinein – ohne zu sehen, ohne das Ausmaß der Gewölbe und Tropfsteine über uns zu ermessen. Vorn links vom Bug her drang Wasser durch die Bootsplanken. Ich kletterte zur Ladeluke vor und raffte die wichtigsten Dinge zusammen, während Viviane hinten am Rand mit ihren Händen weiter ruderte. Dann stießen wir an. Ein meterhoher Stein, der nach oben hin spitz zulief. Andere, schräg aus dem Wasser ragende Steine waren bröcklig, zerborsten und ließen sich mit ihren vielen Kanten kaum anfassen. Dahinter stieg eine glitschig-poröse Wand an.

Das Segeltuch. Die Gummistiefel, die wir uns überzogen. Wir paßten uns, halb mit den Beinen im Wasser stehend, halb hinten an die Wand gelehnt, in die Steine hinein. Hände und Arme ineinander verschränkt. Die Nähe unseres Atems bei soviel Meeresrauschen, so glitten wir miteinander in einen halbwachen Schlaf, ohne daß jemand näherkam, ohne daß wir Motoren hörten.

Die «Marilena» ist irgendwann gegen Mitternacht auf Grund gesunken.

Morgens

Fischerboote vor der Grotte. Drei oder sechs. Sie scheinen zu warten, daß wir mit unserem Boot wieder herauskommen. Uns ergeben.

Lächerlich.

Ich habe vor einer Stunde eine Kapsel vor die Einfahrt geworfen.

Fische, die es jetzt zu uns hereintreibt. Damit ihr Bescheid wißt. Unsere Füße sind warm, angenehm warm. Nur, mag sein, eine gewisse Erstarrung in den Knöcheln, vielleicht auch weil sie von graubraunen Muschelbänken umschlossen sind und sich nur mit Mühe überhaupt bewegen lassen.

(Wieviel anders ist es bei dir? Was heißt es zu sagen, du spürst eine starke Hitze in den Armen?)

Plan: Heute abend ... Wenn es dunkel geworden ist.

Grotte

Unsinn, Unsinn. Viviane kann nicht schwimmen.

Noch eine Kapsel vor den Eingang geworfen. Die Fontäne war diesmal sogar noch höher als die Grottenöffnung, aber niemand reagierte darauf.

Wieviele Stunden sollen wir hier noch zubringen?

Es ist klar (wahrscheinlich), daß, wenn wir uns hier zeigen, wenn wir uns bis zur Öffnung vorwagen und zu ihnen rüberwinken, daß sie uns dann sofort abknallen, hörst du, oder, wenn sie zurückwinken, daß gerade das dann eine Falle ist und daß wir (ich sehe alles klar vor mir) dann niemals wieder aus ihren über ganz Apulien verstreuten Gärten kommen, es sei denn (aber das ist völlig aussichtslos), daß sie darauf aus sind, uns zu kaufen.

Oder wenn ...

Leicht gesagt, verdammt, geh doch mal rüber und sieh nach, ob es nicht doch vielleicht einfach Fischer sind. Natürlich sehen sie wie Fischer aus. Natürlich. Aber warum sagst du mir nicht, ob du auf der «Santo Spirito» gewesen bist? Das Herunterwürgen der Fische und der kleinen Augen da, was wohl am anderen Ende der Welt ein Luxus ist. Das Gluckern, Klatschen der Wellen im Kopf.

Es ist so schwer, gegen dieses Meeresrauschen anzukämpfen.

Tropfsteine, ja, es gäbe auch viel von großen Tropfsteinen zu berichten, von grünschillernden Kegeln, die an beiden Seiten der Einfahrt vor uns aufragen, von gebündelten fließenden Steinformationen, die alle möglichen Formen um uns annehmen und sich je nach der Tageszeit verändern, hinten links sind es absurderweise eine Madonna mit ihrem Kind (genau), an anderen Stellen sind es Steingesichter, steinerne dicke Olivenstämme, es gibt sogar die bekannten Knorpellöcher, die man sonst nur in den Olivenstämmen findet, Farben, die sich überall verändern, eine langsam über uns herfallende Müdigkeit, ein andermal.

Das Wasser, an den Zapfen da, das unablässig auf uns niedertropft.

Ist dir eigentlich aufgefallen, daß die Grottenöffnung beinahe wie Lapidu aussieht – nur wie im Negativ: dort, wo in Lapidu Steine waren, ist hier Luft und Himmel und dort, wo in Lapidu Himmel war, ist hier jetzt Stein?

Nein. Ich kann noch sehr gut sprechen, es tut nur im Mund weh.

Wahrscheinlich wegen dieser vielen Tropfen, die hier nie vorhersehbar über uns herfallen und so kalkig, merkwürdig trocken schmecken, obwohl sie doch immerhin den Durst ein bißchen löschen. Schreiben ist nur manchmal viel einfacher ... Unsinn. Du träumst ja.

Tag

Soll ich jetzt eine Geschichte aufschreiben, die Geschichte vom Flimmern des Wassers vor uns? Von unserem Dahocken und wie wir nach einer Stunde ungefähr (oder wie lange war das?) merkten, daß wir ganz gedankenverloren hineinschauten und keine Bewegung mehr machten, der Körper in der Pose des Hineinstarrens ganz erstarrt, die Arme, die Schultern, alles in einer lange schon unverrückbaren Haltung, nichts wollte sich mehr woandershin verlagern und schien auch nicht mehr von unserer Willenskraft beeinflußbar.

Komm, erzähl.

Ich dachte zeitweilig daran, irgendetwas zu bewegen – hielt es dann aber für ein völlig irreales Unterfangen. Der Körper schien ganz und gar dem Flimmern zu unterliegen, nur der Hals wippte beinahe unmerklich aufwärts und abwärts, wahrscheinlich war es das Blutpochen in unseren Adern, das ihn heimlich von innen heraus in Bewegung hielt. Ich versuchte etwas zu sagen, aber es brauchte endlos lange, bis ich meine Lippen dazu gebracht hatte aufzugehen. So als würde man sich gegen das Gesetz der Stille vergehen. «Idiotisch», sagte ich schließlich. Viviane brachte ein kaum verständliches Lachen heraus und sagte dann – was war es? «Los.» Wir rissen uns beide aus unserer Haltung heraus, zogen, zerrten uns förmlich in halbe Beweglichkeit hinein, die wir auch einige Zeit durchhielten, ohne zu wissen, welche untergründigen Veränderungen wir damit auslösten, ich schloß versuchsweise die Augen, um dem überstarken Flimmern vor mir zu entgehen, aber es drang mühelos durch die Augenlider, flackerte jetzt in Farben. Wenn ich einen Schlitz aufmachte, begann es sofort zu regnen darin, was jede Bewegung wieder zum Stillstand brachte. Ein unaufhörlicher Lichtbeschuß. Binnen kurzem sanken wir wieder in eine neue Körperstarre hinein, diesmal etwa eine Viertelstunde lang, obwohl es auch sein kann,

los, jetzt, gegen die Erstarrung

an,

daß es viel länger gewesen ist, und wir hatten längst alles Zeitgefühl verloren (meine Uhr liegt hinten im Meer, neben der «Marilena», manchmal denke ich schon daran, wie ihre Buchstaben unter dem Wasser hervorschimmern, spiele sie für mich durch – «Marilena», «Marelina», «Marylin», «Merlin» usw., obwohl ich sie von hier aus gar nicht sehen kann).

Das Alphabet der Beziehungen neu erlernen.

Alles neu verwechseln lernen. Los. Warum zum Beispiel siehst du mich manchmal an, als ob es mich gar nicht gäbe? Und warum haben wir nie daran gedacht, daß du mit den Armen gleichzeitig ein V und ein X machen kannst?

Nur unsere Pupillen bewegten sich in bestimmten Abständen hin und her. Dann riß ich meinen Kopf herum und versuchte, ehe die nächste Erstarrung über uns herfiel, wenigstens meine Hände in Bewegung zu halten, griff zu den letzten Seiten hier und schrieb einfach los, über das Flimmern und was uns daran in der letzten Zeit gefangen hält, egal was, nur etwas Bewegliches, halbwegs Bewegtes muß es sein, verstehst du, die nächsten Sätze, wenn mir nichts mehr einfällt, werde ich nur noch irgendwelche wahllosen Zeichen aneinanderreihen, oder in die Luft schreiben. Oder wann endlich geht diese Sonne hinter uns unter?

Abend

Auslöschen, auslöschen

und noch einmal ganz anders, von vorn. Mit
dem Blick auf den Horizont, der da hinten immer dunkler wird. Was
hast du verloren. Jetzt. Die Schiffe zählen, die am Horizont vorbeifahren.
Das Murmeln der Wellen. Vielleicht werden wir noch einmal ihre Sprache
verstehen, damit etwas mehr Stille herrscht. Die Ruhe, unter Menschen
zu sein, zu lachen. In einem nie verstandenen, aber dauernd vorhandenen
Zusammenhang zu stehen. Die völlige Vergessenheit beim Reden und
die Wiederkehr von seltsamen Rissen in den Steinen. Warum ich kein
Baum bin. Fast die letzten Reste von Helligkeit schwinden aus den
Augen und hoch über Lapidu, stell dir vor, tauchen die ersten Sterne
auf. Wie soll man seine Gedanken zählen, wenn sie nicht draußen sind
und draußen eine genau wahrnehmbare Form annehmen. Kann sein,
daß bald die Steine über mir für mich denken oder daß ich ihre Gedanken
für sie denke oder daß sie meine Gedanken sind. Ja, irgendetwas schwindet. Und welcher Unmut erklärt, daß dies schon wieder ein Tag gewesen
ist. Jetzt ist es hinten finster geworden und du schläfst oder träumst nur,
von einem braunen Stuhl und einem Tisch davor. Auf dem Tisch wird
ein warmes Brot geschnitten. Geruch von Wärme, der allein aus diesen
Gedanken kommt, die immer noch nicht draußen sind, immer noch
drinnen sind. Mit den Händen ein langsames, nicht zu Ende gebrachtes
Gespräch führen – es liegt in den Geräuschen, welche Antwort wir uns
auf welche Frage geben, dem Rauschen der Steine, unserem Atem. Nein,
nein, ich kann noch alles gut hören. Manchmal gibt es auch nichts mehr
(in uns) als diese kaum merkliche Strömung der Luft, die Wahrnehmung
dieser Bewegung, wie kann man sagen, ein besinnungsloses Erstaunen.

Morgendämmerung

Geträumt, ich sei noch einmal zweibeinig. Du kamst über die Augustenstraße gelaufen, winktest mir durchs Verkehrsgewühl entgegen, kamst aber nicht näher, obwohl oben im zweiten Stock ein Fensterkreuz brannte. Ein lächerlich grüner Gecco kroch über die Straße und verlor sich in den Pfiffen der Polizisten, die ansonsten nicht viel zu tun hatten. Stell dir vor. Du hattest nur zwei Arme an den Schultern. Niemand wunderte sich darüber – plötzlich, als ich dir entgegengehen wollte, merkte ich, daß ich mit meinen zwei Beinen die Balance nicht mehr halten konnte, ich war auf zwei Beinen furchtbar hilflos, genaugenommen konnte ich auch gar nicht geradeaus gehen, sondern rettete mich von Gegenstand zu Gegenstand, um nicht unter die vorbeirollenden Straßenbahnen zu fallen, hielt mich überall fest und klammerte mich an, ohne genau zu sehen, was es war, eigentlich war ich fast blind in dieser Art zu gehen, die mir als die unnatürlichste von der Welt erschien, immer wieder blieb ich an Menschen hängen. Das heißt ich wankte auf sie zu und umschlang sie wie ein hilfloser, viel zu groß gewordener Klammeraffe, der sich nicht mehr zu sprechen traut. Bei dir bin ich auf diese Weise offenbar nie angekommen. Du standest auf der anderen Straßenseite und versuchtest mit deinen Armen über den Verkehr zu fliegen. Endlose sinnlose Flugbewegungen. Bis zum Ende des Traums sind wir uns in diesem Verkehrsrauschen keinen Schritt nähergekommen. Eher sanken wir noch, vielleicht wegen des Torkelns, unentwegt weiter voneinander weg, oder die Straße wurde unentwegt breiter. Immer größere Autos fuhren vor unseren Augen weg. So verloren wir uns dann Schritt für Schritt aus den Augen. Ich wünschte nichts sehnlicher, als endlich wieder aufzuwachen.

Tag, Tag

Keine Kapsel mehr geworfen. Der Kiefer schwer. Die Hand kommt lange nicht mehr bis zum Seesack. Die Zunge muß so etwas wie ein Stumpen sein, schön, nur weiß ich nicht, welche Farbe sie hat.

Kannst du das hier lesen?

Der Kopf.

Wieweit läßt er sich jetzt noch bewegen, und kannst du bis zu meinen Augen sehen, hier, sag, es kommt alles angeflogen, in einer unaufhörlichen Flut von Gegenlichtgedanken, die um uns zerplatzen. Oder was?

Dort, von jenseits der Wolken, kommen die lautlosen Berge angeflogen und legen sich neben dir nieder, um zu schlafen. Dort, ganz hinten im Wind, stottert ein altes Ape durch die Wolken und weiß nicht mehr, wo die Straße ist. Dort, eigentlich müßtest du das jetzt sehen, fängt der Wind an mit den Armen zu winken. Dort raucht man im Stehen und träumt davon, festen Boden unter den Füßen zu haben.

Es gibt keine grünen Steine mehr zu zerstreuen.

Den Wind verschlucken.

Ich liebe dich, ja, ganz schlimm.

Wann?

Die Vorstellung, dich jetzt sehen zu können, könnte ich nur den Kopf
ein Stück zur Seite wenden, und sei es auch nur ein kleines bißchen, um
dich zu sehen, nein, nein, alle meine Träume umschwirren mich draußen
jetzt.

Grotte

Unangreifbar, fest, mit allen Beinen in die Steine eingewachsen, nichts könnte uns hier etwas anhaben, selbst wenn sie noch kommen wollten und uns herausholen, würden sie uns nie mit ihren Händen aus diesen Steinen reißen,

gebt endlich auf. Bald sind wir so ruhig in unsere Bewegungslosigkeit versunken, daß wir, kann jemand meine Hände sehen, aber ihr werdet nichts daran ändern können, daß wir uns irgendwann aus eigener Kraft aus diesen Muschelbänken erheben werden und fliegen werden wie Menschen. Du, eine lange Reise da über die letzte kommende Seite weg, das Rauschen unserer Finger,

Klarheit,

wie wir euch völlig ungesehen aus den Augen schwinden werden,

wie wir das Glück da drüben, wo ihr längst gestorben seid, aus den Feldern ziehen werden, um es über Land zu tragen und jedem, dem wir begegnen, aus vollen Armen zuzuwerfen,

il suonatore Jones,

ein halber Versuch zu lachen vorhin, der seltsam lächerlich an meiner Bewegungslosigkeit zugrundeging, es gab nur ein paar dünne Luftstöße, die drinnen aus den Lungen kamen, ohne daß sich draußen rund um den Brustkorb etwas rühren wollte,

Kalk,

Lust, jetzt deine Hand zu sehen,

wie Antonio Urru auf den Leuchtturm steigt und den ganzen Horizont mit einem Scheinwerfer nach uns absucht, während wir längst an Land sind,

wie Lelio Zilli mit einem versteinerten Embryo aus dem «Caffè del mondo» tritt und Cesare Brindisini, kaum ist er in Rom angekommen, sofort wieder den nächsten Zug nach Süden nimmt,

Ankommen, Ankommen,

wie Alfonso und Luigi eines Mittags kurz vor ihren Feldern wieder um-
kehren und beschließen, Signore Fettucci bei aufsteigendem Dreiviertelmond ins Meer zu jagen,

kannst du mich noch lesen?

Giuseppina da, in ausgedehnten Kreisen, rings um Lapidu.

Dein Haar

riecht nach deinem Haar.

Da oben – wo denn? – ist nichts, gar nichts,
nicht einmal der Anflug einer Wolke. Wir müßten viel mehr sein, dutzende, viel mehr als dutzende, Bruno, Giovanni, Giuseppina und alle mit
dabei in diesem Wind.

So werden wir alle plötzlich aufstehen und
leben. Signore Fettucci, wenn er je zurückkehrt, wird unser Saufkumpan
im «Caffè del mondo» sein und keinen Pfennig mehr haben als wir. Das
Meer wird uns vor lauter Verwunderung jeden Morgen um den Hals
fallen.

Jetzt, nein, jetzt.

Geladen, von Schüben, die über die Kimmen der nächsten Berge gehen,
rastloses Glücksverlangen da, dort und da hinten weiter, wenn ihr wollt,
ich könnte mir auch die letzten Reste von meinem Hemd abreißen, all
diese Fetzen, die mir noch an den Schultern hängen, hinten im Wind
geht eine Klarheit ihrer Wege, stumm und mit dem Lied von anderen
Tagen im Ohr,

von gestern und morgen, wenn ihr wollt, wenn ihr wollt.
So werden wir miteinander die Steine von Lapidu gegen den Abend
wälzen. So werden wir hier eines Tages auftauchen und unserem versteinerten Körper das Buch aus der Hand nehmen.